该书为国家社科基金项目"作为社会历史批判的政治经济学批判（14BKS034）"的最终成果

ZUOWEI SHEHUI LISHI PIPAN DE
ZHENGZHI JINGJIXUE PIPAN

作为社会历史批判的
政治经济学批判

隽鸿飞　郭艳君　著

人民出版社

目　　录

上篇　政治经济学批判的历史与逻辑

下篇　政治经济学批判的问题

导　　言

　　在马克思思想形成和发展过程中,政治经济学批判作为马克思思想的重要构成部分具有极其重要的地位和作用。如何理解马克思的政治经济学批判及其与马克思的一般形而上学批判、空想社会主义批判之间的关系,不仅对于理解马克思思想的整体性及其形成的过程具有极其重要的理论意义,而且对于阐明马克思思想的历史发展及其当代意义具有同样重要的价值。研究马克思的政治经济学批判,可以有多个不同的视角,如传统的理论经济学视角,即将马克思的政治经济学批判理解为科学的经济学理论;也可以从哲学的视角,如将马克思的政治经济学批判阐释为存在论或历史观;当然也可以从其本身所具有的社会历史批判性质入手,去分析马克思政治经济学批判的基本性质及其与唯物史观的关系。我们是从对马克思思想的生成论阐释入手,力图阐明马克思政治经济学批判的社会历史批判性质,从而为理解马克思思想发展的内在逻辑提供一个清晰的线索,并遵循马克思思想发展的逻辑线索探讨一般形而上学批判、政治经济学批判与空想社会主义批判之间的关系,进而阐明马克思思想的整体性及其当代意义。

一、一个思想史的回顾

　　对于政治经济学批判在马克思思想中的位置,特别是其在马克思主义思想体系中的地位问题,学术界在相当长的时期内的理解是有问题的,即局限于现代学科门类的划分,将马克思的政治经济学批判理解为一种不同于资产阶级政治经济学的、科学的经济学理论,从经济学的视角展开对马克思政治经济学批判的研究。

首先,将马克思的政治经济学批判理解为一种科学的经济学理论,在马克思主义思想史中是有悠久传统的。早在马克思在世时,马克思就更多地被视为无产阶级革命家、经济学家,而各个不同时期的马克思主义者在接受马克思思想时,也更直接地关注的是马克思的经济学思想,特别是马克思借助经济因素展开的对现实的社会变革的分析。尽管恩格斯晚年不止一次地强调在不同的历史文化传统中,历史地继承下来的政治、法律制度,宗教、哲学等思想意识因素都会直接影响到社会历史发展的进程,甚至会直接影响到历史变革进程中形成的新的社会结构和政治组织,但"我们在反驳我们的论敌时,常常不得不强调被他们否认的主要原则,并且不是始终都有时间、地点和机会来给其他参与相互作用的因素以应有的重视。"①这导致的一个直接的后果就是在形式上马克思、恩格斯总是将经济因素摆在首位,但事实并非如此。

另外,由于马克思早期思想形成过程中,几部重要的著作当时都没有出版,特别是涉及马克思实现哲学革命变革、政治经济学批判思想形成过程中决定其基本理论定向的《黑格尔法哲学批判》《巴黎笔记》《德意志意识形态》没有出版,以致于直到1927年后这些重要的著作才陆续为马克思主义学界所知晓。也就是说,此前的马克思主义思想家都没有看到过这些著作,因而他们在理解和阐释马克思的思想时,自然也无从理解和把握马克思的政治经济学批判与马克思一般形而上学批判之间的关系。甚至第二国际理论家仅仅把马克思主义理解和阐释为经济决定论,根本否认马克思思想的哲学基础。

因此我们看到,在马克思主义思想史发展的早期,马克思的政治经济学批

① 《马克思恩格斯选集》第4卷,人民出版社2012年版,第606页。

判思想更多地被理解和阐释为一种科学的经济学理论,被看作为无产阶级革命进行的理论准备。虽然在对马克思、恩格斯思想文本的研究中涉及到政治经济学批判与马克思唯物史观之间的关系,但由于缺少足够的文本支撑,而将马克思的政治经济学批判著作视为唯物史观的运用,或者说其中包含着丰富的唯物史观思想。

其次,基于现代学科门类的划分,将马克思的政治经济学批判理解为一种科学的经济学理论,认为政治经济学批判是马克思对资本主义社会经济运行规律的揭示,阐明了资本主义剥削的秘密。因而马克思的政治经济学批判应属于经济学的研究领域。这一理解既受到恩格斯《反杜林论》一书结构的影响,更直接源自列宁的《马克思主义的三个来源和三个组成部分》一文。在《反杜林论》中,恩格斯为了批判杜林,实质是按照杜林的哲学体系来安排《反杜林论》一书的结构的。按恩格斯的说法就是为了批判杜林,"这使我不能不跟着他到处跑,并以自己的见解去反驳他的见解。因此消极的批判成了积极的批判;论战转变成对马克思和我所主张的辩证方法和共产主义世界观的比较连贯的阐述,而这一阐述包括了相当多的领域。"①因此,尽管在《反杜林论》中恩格斯按哲学、政治经济学和社会主义三编来安排全书的结构的,这并不代表恩格斯是将马克思思想分为这三个部分,而是为了批判杜林跟着杜林的结构跑的结果。但列宁在1913年写的《马克思主义的三个来源和三个组成部分》、1914年为"格拉纳特百科辞典"第7版撰写的条目"卡尔·马克思"中,都是按哲学、政治经济学和社会主义三部分来划分马克思思想的,并且明确指出:"马克思学说是人类在19世纪所创造的优秀成果——德国的哲学、英国的政治经济学和法国的社会主义的当然继承者。"②在马克思主义思想史的后来发展中,这一划分就成为一个基本的原则。

因此,按照现代学科门类的划分,马克思的政治经济学批判是作为理论经

---

① 《马克思恩格斯文集》第9卷,人民出版社2009年版,第11页。
② 《列宁全集》第23卷,人民出版社2017年版,第41—42页。

济学的一个二级学科或方向，隶属于经济学门类。这导致了一个直接的后果就是，将马克思哲学思想的研究与政治经济学批判的研究分割开来。从经济学角度的研究主要面临两个任务：其一是建构马克思主义政治经济学的学说体系，进而阐明资本主义剥削的秘密和资本主义必然灭亡的规律；其二是探索社会主义经济建设的规律，为社会主义经济体系的形成提供理论基础。从哲学角度的研究，则关注的是政治经济学批判中蕴含的唯物史观的内容，因为政治经济学批判被视为运用唯物史观研究资本主义的范例。

这种状况在我国一直到 20 世纪后半期才逐步发生了改变。自 1978 年"实践是检验真理唯一标准大讨论"之后，有关异化和人道主义问题的研究成为哲学界特别是马克思主义哲学界探讨的中心问题。这一方面是基于对"十年文革"的深刻反思，另一方面则是受西方马克思主义，特别是人本主义马克思主义思想的影响。此时主要是从《1844 年经济学哲学手稿》中的异化劳动理论入手，展开对资本主义社会的批判和对社会主义社会人的问题的分析，并没有真正将关注的目光转向马克思对政治经济学的批判。在某种意义上可以说，此时马克思主义哲学界的研究仍属于哲学领域，并没有真正深入到对马克思政治经济学批判的研究。突出地表现在哲学界的研究由异化劳动理论的研究深入到对人、对人的主体性和实践等问题的研究，进而形成了中国马克思主义哲学界对马克思思想的重新阐释，并初步奠定了中国马克思主义哲学研究的基本格局。但对异化劳动理论的研究及其引发的对资本主义的批判则为对马克思政治经济学批判的深入研究奠定了坚实的基础。因为随着中国改革开放历史进程的展开，当代中国社会的发展一方面面临如何促进中国传统社会的现代转型、推进现代社会形成的问题；另一方面同样面临的是如何在现代社会建构的过程中避免陷入资本主义开创的现代文明的困境问题。因此，在相当长的一段时间内，中国马克思主义哲学界将批判的重心指向文化批判这一层面。这种对资本主义的文化批判一方面应当成为工业文明所要求的理性的和创造性的文化模式的催生剂，另一方面又要努力成为现代理性文化的局限性和弊端的解毒剂。也就是说,当代中国社会转型过程中的文化批判承载着双重的使命,既要通过消解传统的社会结构和人与人相依附的关系,促进自由自觉的、理性的现代社会主体的生成,又要避免由于个体主体性的过分发达,形成与社会总体对立的状态而陷入新的异化的境地。正是对《1844 年经济学哲学手稿》《神圣家族》《哲学的贫困》《雇佣劳动与资本》等文本的研究,使政治经济学批判与唯物史观形成之间的关系问题被突显出来,使对政治经济学批判的研究成为重新阐释唯物史观不可回避的问题,进一步推进了马克思主义哲学界对马克思中晚期政治经济学批判著作的研究。及至 20 世纪 90 年代末,对马克思政治经济学批判的研究已经成为国内外学术界共同关注的热点问题。究其原因,大概包括这样几个方面:

第一,自 1978 年"实践是检验真理的唯一标准"大讨论开始至 20 世纪末,中国的马克思主义哲学界已经逐步摆脱了苏联教科书体系的束缚,开始形成了具有中国特点的对马克思思想的重新阐释,即重新阐释唯物史观的问题。这就直接将政治经济学批判与唯物史观的关系问题作为必须面对的问题提了出来。换言之,就是必须重新思考政治经济学批判在整个马克思思想形成和发展过程中的地位和作用问题。此时对政治经济学批判的研究,已经不再停留于对政治经济学批判中蕴含的唯物史观思想的研究,而是通过分析马克思政治经济学批判形成和发展的内在逻辑,一方面力图阐明在马克思创立唯物史观进程中政治经济学批判的作用,另一方面就是对唯物史观重新阐释的基础上,探讨政治经济学批判的基本性质问题,就其实质而言是力图阐明《资本论》(政治经济学批判)在何种意义上是马克思的历史观问题。

第二,随着改革开放进程而来的中国传统社会的转型,在消解了传统社会结构的同时,使个体逐步摆脱了血缘、地域等的束缚,获得了个体的独立,而商品经济的发展和社会主义市场经济体制的建立则为获得独立的个体主体提供了广阔的活动空间。在这一过程中,由于传统的伦理道德规范的解体、新的现代性制度体系尚未形成,从而使现代性社会建构过程中出现的一系列问题在中国社会生产发展过程中呈现出来。这就使对资本主义开创的现代性社会的文化批判必然地转向现代资本主义社会生产的批判。这一批判是在几个不同维度上同时展开的：其一，是对传统的社会主义生产模式的反思和批判。通过回到马克思主义的经典文本，批判分析传统社会主义单一的计划经济体制存在的问题，不断突破苏联社会主义模式的束缚，不断推进中国特色社会主义经济体制的改革和创新；其二，是反思和批判资本主义生产方式，特别是对资本主义生产方式的现代发展及其后果的反思和批判，探寻克服和超越资本主义发展模式的内在困境，以推动社会主义经济体制改革的进程。这两个方面都需要建立在对马克思的政治经济学批判的深入研究基础之上。

第三，随着日益深入的世界全球化进程的展开，全球市场的形成，中国特色社会主义通过改革和开放日益深度参与到全球化进程之中。如何借助资本推动的全球化进程来实现中国特色社会主义的发展，如何在深度参与全球化进程中理解和阐释全球化时代资本主义的新变化及新的资本主义危机，就必须回到马克思思想，回到马克思在批判资产阶级政治经济学的过程中展开的对资本主义社会的批判及其理论逻辑。因为当今的时代依然是资本主义时代，是资本所主导的时代，日益深入的全球化进程及伴生的激烈的反全球化，都根源于资本逻辑。正是马克思的政治经济学批判为现代资本逻辑的批判奠定了理论基础。因此，深入对马克思政治经济学批判的研究，不仅仅是要解决当代中国社会发展中的问题，而且对于解决全球化时代人类面临的共同问题具有同等重要的意义。在某种意义上可以说，当代人类面临的共同问题不过是资本主义开创的现代资本主义社会问题的普遍化。正是由于资本的全球扩张，使资本主义社会的问题成为人类面临的共同问题，资本主义的危机成为人类共同的生存和发展危机。特别是随着东欧剧变和苏联的解体，全球冷战格局的结束，资本主义的千年王国并没有到来，反而陷入更深刻的危机之中，突出表现为 2008 年的世界金融危机及其后果、日益深入的全球化与反全球化浪潮等。这一切，都要求回到马克思的思想文本之中，重新理解、阐释政治经济学批判的当代意义。因为不是别人，正是马克思通过批判资产阶级政治经济学阐明了资本主义金融危机的实质——资本主义生产方式的危机。

正因如此，无论是从理论研究方面来说，还是从为了解决现实的人类社会发展中的问题来说，都需要回到马克思，回到马克思对资本主义社会的批判与政治经济学批判的统一，重新理解和阐释马克思政治经济学批判的实质、地位及其当代意义。为此，必须突破传统的学科门类的划分，真正站在人类的、时代性问题的高度来重新审视马克思的政治经济学批判。

二、马克思学说的总体性

如何理解马克思政治经济学批判的实质、地位及其当代意义，必须从重新阐释马克思思想的总体性入手。因为只有从思想的总体性入手，才能打破传统的学科门类的界限，真正理解马克思思想的各个不同的构成部分、各个不同思想领域之间的相互关系，才能阐明政治经济学批判在马克思思想体系中的位置。

如果认真分析马克思主义思想史及其当代发展状况，我们就会发现一个十分有趣的现象，那就是马克思的思想及其文本似乎是一个取之不尽的宝藏，各门不同的社会科学都可以从它那里获取相应的理论资源，用以解答其自身面对的理论问题和现实问题，从而构成了极为庞大而繁多的世界性的马克思主义图景。之所以如此，一方面是以"改造世界"为使命的马克思主义一经诞生，便彻底地影响和改变了现实的世界历史进程，特别是 20 世纪的世界历史进程，以至于任何以现实的人类世界及其历史为研究对象的思想家都不可能绕过或忽视马克思主义，无论他对马克思主义是持赞同还是反对的态度。因为这个现实的世界历史世界的形成及其发展始终是与马克思主义的形成、发展、传播相联系的。另一方面，正是马克思批判资产阶级的政治解放揭示了资本主义所开创的现代性人类社会的根本问题，并深刻揭示了这一问题的实质及其可能的解决路径,从而使任何对现代性人类问题的研究都可以从根源上溯及到马克思对资本主义的分析和批判。更为重要的是,无论对现代性人类社会的根本问题的理解和把握,还是在批判资本主义的过程中推动的现实的人类世界的变革过程中,马克思从来都没有执着于学科门类的划分,而是从多个不同学科领域去理解和阐释其面对的"总问题"——解放何以可能的问题。对此,必须进行具体的分析:

首先,学科门类的划分古已有之,但其在现代社会形成过程中的快速分化实际上是人类社会快速发展、社会生活领域迅速分化的结果,不同的学科门类的形成和发展的现实根源是日益充分发展的社会分工及其造成的人类社会生活领域的分裂。不同的学科门类分别以人类社会生活的各个不同的领域为研究对象,并逐步形成、发展出一整套的话语体系、理论逻辑,从而形成了不同的学科门类。这种学科门类划分的优势在于,使对人类社会生活的各个不同领域的研究日益深入、细致,并逐步形成了完整的理论阐释系统。但这种研究同样带来了严重的问题,那就是彻底地割裂了人的现实的社会生活,形成的不过是对人的存在的碎片化的解释。因此,正如自然科学的发展日益呈现出学科交叉与融合的趋势一样,人文社会科学领域跨学科的研究日益成为一种新的趋势,这种趋势不仅仅表现在研究方法的相互借鉴、观点的相互交织,更为深入的则是提出理论系统的深入融合的需求。其所以如此,就在于人及世界本身的存在就是整体性的。而马克思提出的"总问题"也正是建立在对人与世界的分裂的批判基础之上的,其根本的目标则是消除这种分裂和对立,重建人与社会的统一。因此我们可以说,马克思的思想虽然涉及到哲学、政治学、经济学、社会学、人类学、历史学、法学等诸多的学科领域,但马克思并不是分别研究了各个不同领域的不同问题,而是从不同的学科领域入手,深入揭示现实的人的分裂状态及其后果,从而形成对现实的人的生存状况的总体性理解和把握,或者说他在不同的学科领域实际上谈的是同一个问题,那就是"解放何以可能"的问题。因此,马克思思想是总体性的,是超越学科门类划分的。这种总体性和超越性就体现在他对人类性的"总问题"的理解和把握之中。

其次,马克思的"总问题"是人的解放何以可能的问题。在《德法年鉴》时期,马克思通过批判性地分析宗教解放、政治解放与人类解放的关系,揭示了资产阶级政治解放之后现实的人的生存状况,确立了其理论面对的"总问题"。在《论犹太人问题》中马克思指出,政治解放并不是没有矛盾的人类解放的方法,因为政治解放的直接后果是造成了市民社会和国家的二元对立,其实质不过是人的自我分裂和对立,在现实中表现为市民社会的个人与政治国家中的公民、无产与有产、劳动和资本的分裂和对立。① 因此,消除人的分裂和对立、重建个体与社会的统一、实现人的解放就成为马克思面临的根本问题。正如马克思所说:"只有当现实的个人把抽象的公民复归于自身,并且作为个人,在自己的经验生活、自己的个体劳动、自己的个体关系中间,成为类存在物的时候,只有当人认识到自身'固有的力量'是社会力量,并把这种力量组织起来因而不再把社会力量以政治力量的形式同自身分离的时候,只有到了那个时候,人的解放才能完成。"② 也正是在《德法年鉴》时期,马克思阐明了人的解放的可能性和现实条件,那就是彻底的革命理论与无产阶级的结合。

人的解放问题作为马克思的"总问题",其得以实现的方式同样是总体性的。这种总体性不仅表现在革命的根本目的是人的总体性的恢复,而且表现在革命的方式上,即彻底的、全面的社会结构的变革。从理论角度来说,彻底的革命需要彻底的革命理论,而理论的彻底性的实质就是把握事物的根本——"人的根本就是人本身","从而也归结为这样的绝对命令:必须推翻使人成为被侮辱、被奴役、被遗弃和被蔑视的东西的一切关系"。③ 也就是说,真

① 参见郭艳君:《马克思"德法年鉴"时期的思想变革及其理论意义》,载《马克思主义与现实》2008年第1期。
② 《马克思恩格斯文集》第1卷,人民出版社2009年版,第46页。
③ 《马克思恩格斯文集》第1卷,人民出版社2009年版,第11页。

正的解放就是要将人的世界——人的全部关系——还给人自身，恢复人的全部本性。而且这种恢复并不是外在的，而是内在的——即通过人自身的活动来实现的。换言之，任何真正的解放都是人的自我解放。因此，人的解放不仅仅是一个理论的任务，而且是一个现实的任务。而这个现实的任务的承担者就是无产阶级。

因为无产阶级是伴随着资产阶级的政治解放而形成的一个非市民社会的市民社会阶级，一个从一出生就被锁链彻底地锁缚着的阶级——无产阶级在传统社会的解体过程中虽然获得了自由，但这种自由是一无所有的自由，是选择饿死还是接受资本家剥削的自由。无产阶级由于其自身存在的性质而遭受普遍的苦难，无产阶级不能要求享有任何特殊的权利，因为他们已经丧失了一切人的权利。因此，无产阶级不能通过寻求某种特殊的权利来改变自己的状况，更不能求助于历史的权利。无产阶级所遭受的普遍苦难使其成为具有普遍性的领域。因为他们是同整个现存制度的前提相矛盾，而不是同整个现存制度的结果相矛盾。如果不能从其他一切社会领域解放出来，无产阶级也就不能解放其自身；如果无产阶级不能实现其自身的解放，也就不能解放其他一切社会领域。因为无产阶级的存在表明人的完全丧失，只有通过人的完全回复才能恢复自己真正的人的本质。也就是说，无产阶级的产生虽然是根源于这个社会制度，但同时他的存在也意味着这个现实的社会制度的解体，因为他存在本身就是这个世界制度的解体。因此，无产阶级革命不仅是政治性质的，而且是社会性质的。只有通过革命彻底地消解资产阶级政治革命建构起来的社会结构，才能使无产阶级不再作为无产阶级、资产阶级不再作为资产阶级而存在，从而实现全人类的解放。① 也正是在这个意义上马克思说无产阶级不

---

① 这一点对于理解马克思的政治经济学批判具有极其重要的意义。因为对于马克思来说，真正的革命不仅仅是无产阶级夺取政权，而在于通过夺取政权而实现的社会结构的根本性的变革，从而才能实现真正意义上的人的解放。只有理解了这一点，才能理解为什么马克思在唯物史观创立之后的政治经济学批判转向对资本主义社会结构的历史性分析及其与早期政治经济学批判的内在联系。

解放自身就不能解放全人类,不解放全人类也就不能解放自身。这不过是同一革命过程的两个方面,而不是两个不同的阶段。这也就是为什么马克思后来明确强调无产阶级必须打碎旧的国家机器、建立无产阶级专政,而不是简单地掌握资产阶级国家机器并利用它来达到自己的目的的根源。换言之,建立无产阶级专政仅仅是真正的社会革命的开始,而此后必然进入一个漫长而艰苦的社会结构性变革时期,没有社会结构性的变革,真正人的解放是不可能完成的。因此,对于马克思来说,人的解放的问题就是资本主义时代人类必须面临的永恒问题。正是基于对这一总问题的理解,基于对于解放的总体性和全面性的阐释,使马克思的思想触及人们的社会生活的一切领域,使之成为资本主义时代寻求人的解放不可绕过的思想家。

再次,马克思思想是总体性的。虽然在一般的意义上我们可以说马克思思想是由哲学、政治经济学和科学社会主义三部分构成的有机的整体,但如果深入到马克思思想的这三个构成部分的基底,我们会发现这三个部分并不是同一思想的三个构成部分,而毋宁说是同一思想的三种不同的呈现方式,无论是从理论的实质还是从这三个部分的相互关系来说,都直接指向一个共同的问题——人的解放问题。所谓马克思的哲学、政治经济学和科学社会主义理论,不过是马克思从三个不同的层面对于人的解放问题的解答,三者共同构成了马克思思想的总体。对于三者的统一,必须结合马克思实现的哲学革命变革来分析。

三、以人的解放为指向的哲学变革

从哲学的角度来说,德国古典哲学,特别是黑格尔哲学确实是马克思的哲学思想的直接来源。但是无论是从面对的问题还是从解答问题的理论逻辑来说,马克思的哲学都不是德国古典哲学的继续,而是在批判地继承德国古典哲学的基础上实现了对哲学研究的创造性的转换,开辟了完全不同于德国古典哲学的新的哲学传统。

首先,马克思实现了哲学问题的根本性的变革,即从"对思维和存在统一性的思维"转向了"解放何以可能"的问题。黑格尔在《哲学史讲演录》第四卷的引言中明确指出:"近代哲学的出发点,是古代哲学最后所达到的那个原则,即现实自我意识的立场;总之,它是以呈现在自己面前的精神为原则的;中世纪的观点认为思想中的东西与实存的宇宙有差异,近代哲学则把这个差异发展成为对立,并且以消除这一对立作为自己的任务。因此主要的兴趣并不在于如实地思维各个对象,而在于思维那个对于这些对象的思维和理解,即思维这个统一本身;这个统一,就是假定某一客体的进入意识。"①思维和存在的关系问题正是在这个意义上构成了近代西方哲学的基本问题。如果说康德作为德国古典哲学的开创者实现了对回答这一问题的理论基点的转换,即从人、从主体出发探寻答案的话——哲学领域的哥白尼革命,那么费希特则完成了康德的哲学。在费希特由其知识学的基本命题"自我设定自我"直接得出"自我设定非我"的过程中,实质性地消解了非我的自在性,使康德的主体成为真正的绝对者。因为对于费希特来说,这个"非我"并不是自在的,它的存在的根据是自我的"设定"这一活动。这样,费希特就使"自我"超出了康德的感性直观而达到绝对,"但他并没有超出绝对者这种主观形式。"②与费希特相反,谢林则是走到绝对的客观的那一面。因此可以说,德国古典哲学的发展是通过思想的形式表达出来的,在其中包含着整个精神发展的过程。

黑格尔的伟大之处在于,他从自我意识出发,将思维的运动理解为一个通过辩证的否定而自我实现的历史过程。但"因为黑格尔根据否定的否定所包含的肯定方面把否定的否定看成真正的和唯一的肯定的东西,而根据它所包含的否定方面把它看成一切存在的唯一真正的活动和自我实现的活动,所以

---

① 黑格尔:《哲学史讲演录》第4卷,商务印书馆1981年版,第5—6页。
② 黑格尔:《哲学史讲演录》第4卷,商务印书馆1981年版,第241页。

他只是为历史的运动找到抽象的、逻辑的、思辨的表达"。① 因此费尔巴哈称之为人的本质异化的另一种形式和存在方式。不是别人,"只有费尔巴哈才是从黑格尔的观点出发而结束和批判了黑格尔的哲学。费尔巴哈把形而上学的绝对精神归结为'以自然为基础的现实的人',从而完成了对宗教的批判。同时也巧妙地拟定了对黑格尔的思辨以及一切形而上学的批判的基本要点。"②正是借助费尔巴哈,马克思批判了黑格尔哲学,并完成了对整个近代西方形而上学的批判,开辟了新的哲学研究传统。

在马克思看来,黑格尔哲学的出发点不过是实体的异化——自我意识,作为无限的、抽象的、普遍的东西,作为绝对的和不变的抽象,不过是宗教和神学——"宗教是还没有获得自身或已经再度丧失自身的人的自我意识和自我感觉。"③自我意识通过外化设定的物性,对于自我意识来说并不是什么独立的、实质性的东西,而是自我意识的创造物。正如费希物的"自我"设定"非我"。因而这种设定并不是要确证被设定的东西,而是确证了设定这一行动,即确证自我意识本身。因此,外化的扬弃就不仅具有否定的意义——对对象的否定,同时具有肯定的意义——对自我意识的肯定。因为在这种扬弃的过程中意识知道自己就是对象、确证的是意识自身的存在。也就是说,自我意识通过扬弃这种外化和对象性而返回到自身,不过是思维直接地冒充为异于自身的他物、感性、现实、生命,因此在现实中这种扬弃并没有触动自身的对象,同时对象在自身的现实中也被思维看作自我意识的、抽象的自我确证。因此,通过否定的否定最终确证的不过自身异化的本质。这个自我异化的人,也就是本身被抽象化和固定化的"自我",其实是被提升到自己的纯粹抽象、被提升到思维的利己主义。作为抽象的利己主义者的人,这个抽象的个人,不过是市民社会利己主义个人的抽象存在。也就是说,作为近代西方形而上学完成

---

① 《马克思恩格斯文集》第1卷,人民出版社2009年版,第201页。
② 《马克思恩格斯全集》第2卷,人民出版社1957年版,第177页。
③ 《马克思恩格斯文集》第1卷,人民出版社2009年版,第3页。

的黑格尔哲学,不过是对现实的人的生存状况在观念上的表现形式。"因此,当我们不去批判我们现实历史的未完成的著作[œuvres incomplètes],而来批判我们观念历史的遗著[œuvres posthumes]——哲学的时候,我们的批判恰恰接触到了当代所谓的问题之所在[that is the question]的那些问题的中心。"①也就是说,对黑格尔哲学的批判直接指向了时代的根本问题,以市民社会和国家二元分立为表现形式的人的自我分裂和对立。因为在全部黑格尔哲学体系中以抽象的形式体现出来的人的自我分裂和对立,恰恰就是现实的人类社会的基本事实。自笛卡尔开始直至黑格尔的近代西方哲学,通过批判宗教神学,实现了对现实世界的祛魅,揭示了人在宗教中的自我异化,从而使其在人间的存在暴露出来。正是基于此,马克思强调指出:"历史的任务就是确立此岸世界的真理。"即通过对现实的国家、法和市民社会的批判"揭露具有非神圣形象的自我异化",②就成了哲学的迫切任务。也就是说,批判不能停留于对宗教的批判本身,而必然转向对宗教得以存在的世俗世界基础的批判,批判是宗教得以存在的现实的法、现实的政治和国家。而黑格尔哲学正是德国历史在观念上的继续,对黑格尔及整个近代西方形而上学的批判就成为人的解放的最直接的理论前提。

其次,通过对黑格尔和整个近代西方哲学的批判,马克思深入到历史的那一度中去,揭示了人作为社会历史性的存在的基本的生存方式。在马克思看来,近代西方形而上学的根本问题就抽象性,"它用'自我意识'即'精神'代替现实的个体的人"③,并将整个现实的运动及对这一运动的认识过程理解为想象的理性本质本身,即绝对主体自身所完成的过程,这不过是绝对主体的自我运动。在思辨哲学体系之中,全部的现实的存在都失去了其独立的外观,而成为精神运动的环节,全部现实存在都消融于精神的运动之中,从而

---

① 《马克思恩格斯文集》第1卷,人民出版社2009年版,第9页。
② 《马克思恩格斯文集》第1卷,人民出版社2009年版,第4页。
③ 《马克思恩格斯全集》第2卷,人民出版社1957年版,第7页。

成为绝对主体的自我运动。在黑格尔那里,这个绝对的主体就是神、绝对精神。现实的人和现实的自然界不过是绝对精神、主体的显现形式,是绝对精神存在的环节,因而成为这个隐秘的、非现实的人和非现实的自然界的宾词。也就是说,在黑格尔那里主词和宾词之间的关系被绝对地相互颠倒了;这就是所说的"实体即主体"——笼罩在客体上的主体性。绝对精神——作为过程的绝对主体——既是使自己外化并且从这种外化返回到自身的主体,又是使这一外化成为现实并最终回到自身的能动的主体,同时还是这一整个运动过程的承担者——过程的主体。也就是说,这里的主体就是在自身内部的纯粹的、不停息的旋转。但是,这个思辨的主体无论如何地转来转去,也无法走出自身通达那个对象的世界。因此,必须将这一封闭的体系炸开并抛到一边,才能释放出其包裹着的合理内核。那么这个合理的内核究竟是什么呢?

黑格尔哲学的合理内核就是辩证法,即作为革命原则和创造性原则的辩证法。马克思说,"如何对待黑格尔的辩证法这一表面上看来是形式的问题,而实际上是本质的问题"①。对于马克思来说辩证法并不是独立于现实存在的纯粹的方法,不能作为一般的原则到处去套用,辩证法是"绝对方法",是现实的人及世界的存在方式,脱离开现实的人及现实的世界则无法真正理解和把握辩证法。正是借助辩证法,黑格尔将斯宾诺莎的实体(形而上学地改装了的、同人相分离的自然界)与费希特的自我意识(形而上学地改装了的、同自然相分离的精神)统一起来,形成了绝对精神——形而上学地改装了的现实的人和现实的人类——最终完成了近代西方形而上学,即"对统一性的思维"。因而,作为这种统一的最高成果的合理内核就是"现实的人和现实的人类"。黑格尔的辩证法作为绝对精神的运动方式,不过是以抽象的形式展示出来的现实的人和现实的人类社会的生成运动、是现实的人和现实的人类社

————————

① 《马克思恩格斯文集》第1卷,人民出版社2009年版,第197页。

会的存在方式,尽管是以异化的形式展示出来的。因此,马克思通过对黑格尔唯心主义的哲学的批判,是剥去其思辨的外壳使黑格尔体系中包含的真实的东西——现实的人和现实的人类与自然的关系——呈现出来。而辩证法,不过是作为人的存在方式、作为现实的人的生成运动的形式。因此,马克思对黑格尔哲学的颠倒并不是简单地回到了唯物主义——那个强调物质决定意识的唯物主义,而是将唯物主义建立在现实的人与现实的人类基础之上。也正是在这个意义上说,旧唯物主义的立脚点是市民社会,新唯物主义的立脚点则是人类社会或社会的人类。

因此我们可以说,马克思通过批判黑格尔哲学,以及在这一批判基础上展开的对整个近代西方形而上学的批判已经彻底地超越了近代西方形而上学传统,将哲学的研究指向现实的社会生活,通过批判现实的法、国家、政治和哲学,为寻求人的解放提供理论基础。

四、政治经济学批判的基本性质

在回顾自己研究政治经济学的过程时马克思指出,正是在《莱茵报》工作期间遇到了"对所谓物质利益发表意见的难事",促使他去研究政治经济学。而为了解决这一问题,他所写的第一部著作是对黑格尔法哲学的批判性分析。之所以如此,一方面是因为促使马克思思考这一问题的核心是在《莱茵报》工作期间有关《林木盗窃法》的辩论是属于法学的范畴;另一方面正是在这一辩论过程中马克思看到的是具有最高神性的自由理性败给了物质利益,作为自由理性精神的法却成为限制自由理性的手段,①从而从根基处动摇了作为青年黑格尔派的马克思的哲学立论的根基。这就使马克思不得不回到黑格尔哲学本身探寻问题的根源。正是批判黑格尔法哲学的过程中马克思发现,"法

---

① 参见《评普鲁士最近的书报检查令》一文,载《马克思恩格斯全集》第1卷,人民出版社1995年版。

的关系正像国家的形式一样,既不能从它们本身来理解,也不能从所谓人类精神的一般发展来理解,相反,它们根源于物质的生活关系,这种物质的生活关系的总和,黑格尔按照 18 世纪的英国人和法国人的先例,概括为'市民社会',而对市民社会的解剖应该到政治经济学中去寻求。"①也就是说,正是在批判黑格尔法哲学的过程中,马克思发现了国家、法与市民社会的关系,发现了市民社会的秘密就隐藏在政治经济学中。因此,对黑格尔法哲学和国家哲学的批判与政治经济学批判就密切地联系在一起了。在马克思看来,德国古典哲学与英国的古典政治经济学是处于同一层次上的社会历史,是现实历史在观念上的继续,是从不同的领域、以不同的言说方式表达的现实的历史。因此,对黑格尔国家哲学和法哲学的批判与对古典政治经济学的批判就具有同等的意义。对黑格尔法哲学和国家哲学的批判表明,全部问题的实质是人的问题,是政治解放完成之后人的自我分裂和对立。因此对政治经济学批判的哲学基础的探寻也就必须从人的本质的理解出发才是可能的。也正是通过对现实的人的生存状况的分析,通过对人的对象性实践本质的揭示,使马克思实现了对现实的人及其存在的历史性理解和把握,既为批判政治经济学奠定了哲学基础,也为彻底地批判黑格尔哲学和一般形而上学提供了现实基础和理论前提。

在《巴黎笔记》时期,通过批判地分析资本主义政治经济学的工资、资本利润、地租等基本范畴,马克思一方面阐明了在资本主义条件下资本、地租之间本质的同一趋势,及其必然带来的土地的资本化;另一方面也揭示了无产阶级的生存状况,以及资本竞争必然带来的社会越来越分裂为两大对立的阶级——资产阶级和无产阶级。马克思指出,政治经济学家把劳动、资本、土地等不同的私有财产的表现形式的相互分离作为其理论的前提,从地租、资本利润和工资的相互分离,以及分工、交换价值、竞争等概念来分析资本主义的运

---

① 《马克思恩格斯文集》第 2 卷,人民出版社 2009 年版,第 591 页。

17

行规律,并由此得出全部财富归资本家所有的结论。但是马克思运用政治经济学的语言和它的规律,从政治经济学的前提出发,却得了完全相反的结论,即"我们从国民经济学本身出发,用它自己的话指出,工人降低为商品,而且降低为最贱的商品;工人的贫困同他的生产的影响和规模成反比;竞争的必然结果是资本在少数人手中积累起来,也就是垄断的更惊人的恢复;最后,资本家和地租所得者之间、农民和工人之间的区别消失了,而整个社会必然分化为两个阶级,即有产者阶级和没有财产的工人阶级。"①也就是说,无产阶级绝对的非人的生存状况、无产阶级与资产阶级的对立就根源于资本主义社会结构本身之中。对此,马克思明确地指出,国民经济学只是将私有财产作为其当然的前提提出来,对于这个前提国民经济学并没有给予真正的说明,即并没有说明私有财产的本质及其产生的根源;同样也没有说明劳动和资本分离、资本和土地分离的历史根源。因此,对私有财产本质的追问,也就成为马克思批判政治经济学出发点。

首先,马克思通过揭示异化劳动与私有财产的关系,阐明了私有财产的本质,即私有财产并不是异化劳动产生的原因,而是其结果。从而实现了政治经济学研究中心的一个根本的转换,即由政治经济学对物的关系的研究转向对人的关系的研究,实现了政治经济学研究领域的一个根本的变革。

在马克思看来,在资本主义条件下工人的劳动产品成为一种异己的、奴役工人的力量而与工人的劳动相对立,其根本的原因就在于工人的劳动活动本身就是作为一种异己的、与之格格不入的力量。因为在资本主义的生产中,工人只有通过出卖自己的劳动力给资本家才使其劳动成为现实的劳动。因而工人的劳动是属于资本家的;工人的劳动产品同样不属于他。资本作为积累起来的劳动,就是对劳动及其产品的支配权,就是对他人劳动产品的私有权。"工人越是通过自己的劳动占有外部世界、感性自然界,他就越是在两个方面

---

① 《马克思恩格斯文集》第1卷,人民出版社2009年版,第155页。

失去生活资料:第一,感性的外部世界越来越不成为属于他的劳动的对象,不成为他的劳动的生活资料;第二,感性的外部世界越来越不给他提供直接意义的生活资料,即维持工人的肉体生存的手段。"①

因此,异化劳动带来的最直接的后果就是(1)自然界,(2)人自身,(3)类本质,(4)人与人之间的关系相异化,也就是人之存在的总体性的异化。但是,由于人对自身的关系只有通过对他人的关系才成为现实的关系。在现实的世界生产中,工人的自我异化正是通过同他人——资本家——的现实关系才表现出来,即正是在资本主义的社会生产中才造成人的异化的存在状态。因此,通过异化劳动,工人不仅生产出与自己相对立的、异己的、作为敌对力量的生产对象和生产行为的关系,同时还生产出工人和资本家之间的关系、资本家对工人的生产和工人的劳动产品的关系。"总之,通过异化的、外化的劳动,工人生产出一个同劳动疏远的、站在劳动之外的人对这个劳动的关系。工人对劳动的关系,生产出资本家——或者不管人们给劳动的主宰起个什么别的名字——对这个劳动的关系。因此,私有财产是外化劳动即工人对自然界和对自身的外在关系的产物、结果和必然后果。"②私有财产是劳动借以外化的手段和这一外化的实现,就其实质而言不过是外化劳动的产物、结果和必然后果。建立在私有财产基础之上的政治经济学只不过是表述了异化劳动的规律,不过是把社会交往的异化形式作为本质和最初的形式,作为同人的本性——在确定的社会生产形式中的本性——相适应的形式确定下来。因此,在马克思看来,在私有财产关系中表现出的不过是异化的人的关系。对政治经济学的批判就是要揭示政治经济学所描述的物的运动规律背后的人的活动规律,阐明物的关系背后掩盖着的人的关系——人在非神圣形象中的自我异化关系。

其次,对私有财产本质的揭示为阐明资本主义的本质奠定了现实的基础。

---

① 《马克思恩格斯文集》第1卷,人民出版社2009年版,第158页。
② 《马克思恩格斯文集》第1卷,人民出版社2009年版,第166页。

私有财产作为外化劳动的感性的、概括的表现,包含着工人对自己的劳动产品、对自己的劳动和对非工人——资本家——的关系,以及资本家对工人的劳动产品和工人的劳动的关系。在私有财产的关系中工人的劳动与工人的分离也就是工人同资本家的分离,也就是劳动同资本的分离。而资本就是积累起来的劳动。这就意味着劳动与资本的分裂和对立其实质是死劳动与活劳动的分裂和对立,其实质就是人的自我分裂和对立。这样,马克思通过批判政治经济学,也就揭示了资本主义政治经济学的实质,即政治经济学所描述的物的运动的关系的实质是在物的关系掩盖下的"人的关系"。正如恩格斯所说,"经济学研究的不是物,而是人和人之间的关系,归根到底是阶级和阶级之间的关系"①。另一方面,正是通过对私有财产与劳动、资本与劳动、利润与工资等关系的揭示,使马克思明确了商品价值的二重性——使用价值与交换价值,以及商品生产中劳动的二重性及其相互之间的关系,为揭示资本主义社会的实质、发现剩余价值规律奠定了基础。

再次,在对私有财产及其本质的分析过程中,马克思全面地阐释了现实的人及其对象性的实践活动的本质,揭示了异化是如何根源于人的发展的本质,以及如何才能在人的对象性的实践活动之中扬弃异化。在阐明了异化劳动与私有财产的关系之后马克思指出,"现在要问,人是怎样使自己的劳动外化、异化的? 这种异化又是怎样由人的发展的本质引起的? 我们把私有财产的起源问题变为外化劳动对人类发展进程的关系问题,就已经为解决这一任务得到了许多东西。因为人们谈到私有财产时,总以为是涉及人之外的东西。而人们谈到劳动时,则认为是直接关系到人本身。问题的这种新的提法本身就已包含问题的解决。"②换言之,异化劳动实质上是根源于人的对象性的、发展的本质,是在人自身的发展进程中出现的,也必然在人类历史发展的进程中得以扬弃。只是这种扬弃必须转换问题研究的中心,即将对物的研究转换为对

---

① 《马克思恩格斯文集》第 2 卷,人民出版社 2009 年版,第 604 页。
② 《马克思恩格斯文集》第 1 卷,人民出版社 2009 年版,第 168 页。

人、人与人的关系的研究。也只有在这种意义上,问题的这种新的提法本身就已包含问题的解决。

人作为对象性的存在物,只有在对象性的实践活动之中将自己的本质外化、对象化,才能获得现实的存在,才能在其所创造的世界之中直观到自身,从而确证现实的人的本质。因为劳动的实现就是劳动的对象化,即劳动只有对象化才能获得真实的存在形式。但是,一方面每一代人所面对的对象都是其先辈对象性实践活动的结果,另一方面对象性实践活动的结果同样也会作为对象而存在。因此人的自我确证就不是一次性完成的,只能表现为一个有限生命相续的无限的过程。也就是说,人就其实质而言是一种历史性的存在,只能处于永恒的生成过程之中。但也正是由于人的实践活动的这种对象性,使私有财产的出现得以可能。一方面,私有财产是外化劳动的产物,是在人的对象性实践活动的历史过程中产生的,即"异化借以实现的手段本身就是实践的";另一方面,私有财产又是劳动借以外化的手段,是这一外化的实现。但由于人的对象性的实践活动所具有的自我超越性,也必将在人的实践活动之中完成对私有财产的超越。也正是在这个意义上马克思说,"自我异化的扬弃同自我异化走的是同一条道路"。①

这样,马克思就通过对异化劳动与私有财产的关系的分析,揭示了私有财产存在的历史必然性,同时阐明了人之存在的历史性,为最终完成对黑格尔辩证法和整个哲学的批判奠定了基础;而对资产阶级政治经济学内在矛盾的揭示,同时也开启了对空想社会主义的批判。在某种意义上可以说,马克思的政治经济学批判、一般形而上学批判和空想社会主义批判三者是统一的,三者共同构成了马克思的唯物史观。

首先,通过批判政治经济学揭示现实的人存在,为马克思批判黑格尔哲学并最终完成对一般形而上学的批判奠定基础。

---

① 《马克思恩格斯文集》第1卷,人民出版社2009年版,第165、182页。

马克思在《1844年经济学哲学手稿》中明确指出,人作为对象性的存在是通过对象性的实践活动现实地生成的,这一生成过程既是人向自然界的生成过程,通过对象性的实践活动创造一个属人的世界的过程;同时也是自然界向人的生成过程,自然界在人的对象性实践活动中丧失了其自在的存在状态,而成为现实的、人的世界的构成部分。因而在人的对象性的实践活动之中现实地创造着人与自然的统一,创造着人的现实的生活世界。也就是说,现实的人及其生活世界都是在人的对象性实践活动中生成的,这一过程同时也是人对自身、对其创造的生活世界的认识、理解和把握的过程,"对它的思维着的意识来说,又是它的被理解和被认识到的生成运动"①正是对现实的人及其生活世界的历史性的理解,成为马克思批判黑格尔哲学的基础。在马克思看来,"黑格尔的《现象学》及其最后成果——辩证法,作为推动原则和创造原则的否定性——的伟大之处首先在于,黑格尔把人的自我产生看做一个过程,把对象化看做非对象化,看做外化和这种外化的扬弃;可见,他抓住了劳动的本质,把对象性的人、现实的因而是真正的人理解为人自己的劳动的结果。"②也就是说,黑格尔认识到了人的自我生成和创造的问题。但是,"黑格尔唯一知道并承认的劳动是抽象的精神的劳动。"③因此,当黑格尔把财富、国家权力等看成同人的本质相异化的本质时,他所说的并不是指现实的财富、国家权力,而是就它们的思想表现形式而言。黑格尔所说的异化并不是现实的异化,而是发生在纯粹的、抽象的哲学思维领域的异化。因此,黑格尔哲学中所触及到的并不是真正的现实的世界,而是思维的现实性。这种从自身中异化出来并以现实性自居的恰恰是抽象的思维。因此,哲学家不过是异化了的人的抽象形象,他力图通过反思来把握现实的世界,不过是把自己变成异化的世界的尺度。因此,在黑格尔哲学中全部外化历史和外化的全部消除,实际上不过是逻

---

① 《马克思恩格斯文集》第1卷,人民出版社2009年版,第186页。
② 《马克思恩格斯文集》第1卷,人民出版社2009年版,第205页。
③ 《马克思恩格斯文集》第1卷,人民出版社2009年版,第205页。

辑的思辨的思维的生产史,是抽象的绝对的思维的产生史。也就是说,黑格尔哲学不过是人的本质异化的另一种表现形式或存在方式而已,不过是人在非神圣形象中的人的自我异化的思辨的表达。也正因如此,马克思才指认黑格尔的思辨哲学是"站在国民经济学家的立场上"。正像国民经济学家以政治经济学的概念范畴表述了异化劳动的规律一样,黑格尔不过是以思辨的、概念逻辑表达了人在非神圣形象中的自我异化。因而对政治经济学的批判本身就包含着对黑格尔哲学以及以黑格尔哲学为代表的整个近代西方形而上学的批判。

其次,马克思是从真正的人与人的社会关系作为理论原则出发对黑格尔哲学进行批判的,现实的人及其活动是马克思唯物史观的真正出发点。

马克思在早期的政治经济学批判中,一方面批判资产阶级政治经济学的非历史性特征,阐明了社会生产的历史性;另一方面在对对象性的实践活动的分析中,阐明了生产活动对于社会生活和人类历史的基础性地位。在马克思看来,人的本质是人的真正的社会联系。所谓的社会联系、社会本质,也就是每一个单个人的本质,是他自己的活动、生活,他自己的财富,他自己的享受。因为这种社会联系是人在积极实现自己本质的过程中创造、生产出来的,并不是一种同单个人相对立的抽象的一般的力量。反过来说就是,社会联系、社会本质就是由每一个单个人的生活、活动创造出来的,脱离了单个人的现实的生活和活动,也就不可能有所谓的社会联系或社会本质。也就是说,对人类社会或历史的研究,必须从现实的、特殊的个人具体的生活的分析开始。从而实现了历史研究尺度的转换,即转换到现实的个人生存的历史尺度。而作为历史性存在的个人是从物质生活资料的生产开始的。

因为人们为了能够"创造历史",必须能够生活。而为了生活,就必须保证吃、喝、住、穿等一些基本的生存所必需的东西。因而生产并不是人应该具有的先验设定,而是从动物生存(肉体组织的生物内驱力所致)历史性地跨出的"开始生产"那一刻,人才现实地、历史地、具体地获得了这种新的历史性生存的质的规定性。因为人开始生产自己所必需的生活资料,并不是由于其自身的"人的"本性,而由他们的肉体组织所决定的。但也正由生产自己所需要的生活资料开始,人也就把自己与动物区别开来。因为人们生产自己的生活资料的过程,必须以自身的自然改造外在的自然才是可能的,这也就间接地改变自身的肉体结构,生产着自己的物质生活本身。人们用以生产自己生活资料的方式,既取决于他们自身肉体组织的需要,也取于他们已经拥有的生活资料——这是他们用以改造外在自然的重要的手段,同时也取决于他们需要再生产的生活资料及面对的自然对象本身的特性。因此,物质生活资料的生产在更大程度上是这些个人的一定的活动方式,是他们表现自己生活的一定方式、他们的一定的生活方式。个人怎样表现自己的生活,他们自己就是怎样。"他们是什么样的,这同他们的生产是一致的——既和他们生产什么一致,又和他们怎样生产一致。"①因而,对历史的研究必须从具体地分析人们的物质生活出发,只要描绘出这个能动的生活过程,也就是阐明了人类的历史。

如果说黑格尔哲学是以思辨的概念逻辑阐述了异化的历史,那么马克思的唯物史观则是对黑格尔思辨哲学的颠倒,是真实的、活生生的现实生活的历史。但是,如果仅仅止于对现实生活的描述,那么马克思是无法真正超越黑格尔哲学建构自己的唯物史观的。使马克思的唯物史观超越黑格尔思辨哲学的根本就在于以改变世界为根本目的的人的解放的学说的创立,即马克思通过政治经济学批判而展开的空想社会主义批判,并在此基础上建立的科学社会主义理论。换言之,正是批判空想社会主义赋予了马克思唯物史观以人的解放这一最终的价值目标,从而使之超越黑格尔思辨哲学而成为人的解放的学说。

再次,马克思以政治经济学批判为基础展开了对各种空想社会主义的批判。正是借助于政治经济学批判对资本主义本质及其发展规律的揭示,使社

---

① 《马克思恩格斯文集》第1卷,人民出版社2009年版,第520页。

会主义实现了从空想到科学的发展。

就其实质而言,空想社会主义是看到了资本主义的一切罪恶现象而展开的对资本主义社会的批判。恩格斯指出,这些空想社会主义者"和启蒙学者一样,并不是想解放某一个阶级,而是想解放全人类。他们和启蒙学者一样,想建立理性和永恒正义的王国;但是他们的王国和启蒙学者的王国是有天壤之别的。按照这些启蒙学者的原则建立起来的资产阶级世界也是不合理性的和非正义的,所以也应该像封建制度和一切更早的社会制度一样被抛到垃圾堆里去。……对所有这些人来说,社会主义是绝对真理、理性和正义的表现,只要它被发现了,它就能用自己的力量征服世界"。① 但是,由于他们不了解资本主义的本质,只是以消灭私有制和铲除人间不平等为核心来制定关于未来社会理想境界的详尽而周密的图景,把社会主义当作一种与现存社会制度相对立的、给定的理想社会状态而加以设定,并希望通过宣传、典型示范等手段,把它从外面强加于社会。因此"这种新的社会制度是一开始就注定要成为空想的,它越是制定得详尽周密,就越是要陷入纯粹的幻想。"②恩格斯指出,要想使社会主义从空想变成科学,关键的问题在于既要说明资本主义生产方式与过去的历史时代的联系,从而说明资本主义在一定历史时期存在的必然性,及其对于新世界的诞生应承担的世界历史使命;又要揭露这种生产方式的一直还隐蔽着的内在性质,即资本主义社会内部存在着的不可解决的矛盾,从而说明它灭亡的必然性,才能真正完成对资本主义的批判,为社会主义奠定理论基础和现实基础。不是别人,正是马克思通过政治经济学批判完成了这两方面的任务。

通过政治经济学批判,马克思深入分析了前资本主义社会状态下生产、交往、分工之间相互作用,揭示了资本主义如何从传统社会结构解体的过程中得以产生的历史事实,并在对资本主义开创的世界历史进程的分析中,阐明了资

---

① 《马克思恩格斯选集》第 3 卷,人民出版社 2012 年版,第 393、394 页。
② 《马克思恩格斯选集》第 3 卷,人民出版社 2012 年版,第 781 页。

产阶级应承担的世界历史使命,即为新世界的产生创造物质条件。另外,马克思揭示了资本主义生产资料私人占有制与生产的社会化之间的矛盾和资本主义剥削的秘密,从而明确了在资本主义条件下无产阶级的生存状况及其必然承担的历史使命。马克思的这一批判性的分析,贯穿于其思想发展的始终。早在《1844 年经济学哲学手稿》中马克思就指出,真正的共产主义是从把人和自然界看作本质这种理论上和实践上的感性意识开始的。共产主义作为对私有财产的积极的扬弃,是通过人,并且为了人而对人的本质的真正占有。在这一过程中人既是手段,同时也是目的。因而是人向自身、向社会的人的复归,是人的本质的现实的生成过程。这种共产主义正是由于意识到了人和自然界的本质的历史生成性,才能在自由的创造性活动中促进人自身的现实的生成,人的现实的活动才能成为一种总体性的活动。"共产主义对我们来说不是应当确立的状况,不是现实应当与之相适应的理想。我们所称为共产主义的是那种消灭现存状况的现实的运动。"①也就是说,共产主义就其实质而言是人的存在方式,是人的本质得以全面发展和展现的过程。在这一过程中,人的自我超越、自我创造的实践本性得到了全面的发挥。但是,由于人的存在是一个不断创造、生成的过程,而不是一成不变的。因此,共产主义并不是人之存在的一个终极的状态,而是人的一个永恒的生成的历史过程。马克思对共产主义的这一理解,贯穿于此后对资本主义政治经济学的全部批判过程之中。

综上所述,政治经济学批判绝不仅仅是一种科学的政治经济学理论,即对资本主义社会经济运行规律的揭示,同时也是一种社会历史批判理论,即通过批判资本主义政治经济学而展开的对现实的资本主义思想体系及资本主义社会的全面批判。也正是以政治经济学批判为基础,马克思完成了对黑格尔的辩证法和整个哲学的批判,并开启了对空想社会主义的批判,从而使三者有机地统一起来。

———————————

① 《马克思恩格斯文集》第 1 卷,人民出版社 2009 年版,第 539 页。

从政治经济学批判的基本性质是一种社会历史批判这一理论判断出发，对马克思政治经济学批判的研究就不能局限于某一具体的学科领域，而是必须将问题提高到人的解放的高度，才能真正把握问题的实质，真正阐明政治经济学批判在马克思思想体系之中的地位及其当代意义和价值。为此，需要从两个方面入手：其一，遵循马克思思想发展的历史和内在逻辑，深入分析马克思政治经济学批判各个不同发展阶段的思想及其与唯物史观的思想关系，从而形成对马克思政治经济学批判的总体的理解和把握；其二，从政治经济学批判的理论结构的分析入手，阐明政治经济学批判的整体结构及其运用的方法论，进而阐明政治经济学批判的当代意义。正如有学者指出的："在马克思理论研究的真实进程中，他的哲学、经济学和社会历史现实批判（科学社会主义）是一个完整的、始终没有分离的整体，各种理论研究之间是相互渗透和包容的。所以，我们对马克思的经济学进行研究，不理解马克思的哲学观点不行，哲学分析完全离开对马克思经济学的研究也同样不行，这两种研究脱离了马克思批判资本主义的现实目的更不行。"①

---

①　张一兵：《回到马克思》，江苏人民出版社 1999 年版，第 19 页。

上　编

政治经济学批判的历史与逻辑

第一章　作为起点的《黑格尔法哲学批判》

如果说政治经济学批判按其本质来说是一种社会历史批判,是马克思通过批判资产阶级政治经济学而展开的对资本主义社会的批判,那么对于重新理解和阐释马克思的政治经济学来说,就必须将马克思政治经济学批判置于马克思唯物史观的总体结构之上,才能阐明其根本性质及其在马克思思想体系中的地位。这样说,并不是要否定马克思政治经济学批判中具有科学的经济学内容,而是要明确马克思政治经济学批判并不是用以替代资产阶级政治经济学的一种科学的经济学理论。因为早在 1847 年《哲学的贫困》中马克思就明确地指出,对于揭示资本主义经济运行的规律来说,李嘉图的经济学理论就已经是科学了。但对于马克思来说,客观地反映、描述资本主义经济运行的规律并不是目的,批判和改造资本主义才是其目标。一方面,从马克思对哲学功能的理解来说,认识世界的目的在于改变世界,使世界哲学化。正如其在《关于费尔巴哈的提纲》第十一条中指出的:"哲学家们只是用不同的方式解释世界,问题在于改变世界。"[①]另一方面,从马克思思想的"总问题"来看,实现人的解放才是其根本目的,而这一目标的实现也只有通过批判和变革资本主义社会才是可能的。因为资产阶级政治革命之后人的被奴役状态正是根源于这一资本主义社会本身。而从批判和变革资本主义的视角入手,重新审视

---

① 《马克思恩格斯文集》第 1 卷,人民出版社 2009 年版,第 502 页。

马克思政治经济学批判思想发展的历史与逻辑,可以为我们理解和阐释马克思思想提供一个全新的理论视域。

在 1859 年发表的《政治经济学批判序言》中,马克思回顾自己研究政治经济学的经过时曾指出,正是在《莱茵报》工作期间遇到了"对所谓物质利益发表意见的难事"促使他去研究政治经济学,而为此写的第一部著作就是对黑格尔法哲学的批判性分析,即《黑格尔法哲学批判》。那么应如何理解这部著作呢? 如果从严格的学科门类的划分来看,《黑格尔法哲学批判》肯定不是一部经济学的著作,而是一部政治学的著作、法学著作,或者是哲学著作。但是,如果我们从政治经济学批判的实质是一种社会历史批判的视角来看,《黑格尔法哲学批判》恰恰是马克思政治经济学批判的起点,是马克思的第一部政治经济学批判著作。之所以这样讲,就在于:其一,黑格尔的国家哲学和法哲学是真正意义上的马克思生活的时代的德国的历史,对黑格尔国家哲学和法哲学批判不仅是对当时德国现实的批判,同时也是对当时整个欧洲现实历史的批判。对此,马克思在《黑格尔法哲学批判导言》中作出了明确的指认:一方面,"甚至对现代各国来说,这种反对德国现状的狭隘内容的斗争,也不会是没有意义的,因为德国现状是旧制度[ancien régime]的公开的完成,而旧制度是现代国家的隐蔽的缺陷。对当代德国政治状况作斗争就是对现代各国的过去作斗争,而对过去的回忆依然困扰着这些国家。这些国家如果看到,在它们那里经历过自己的悲剧的旧制度,现在又作为德国的幽灵在演自己的喜剧,那是很有教益的。"①另一方面,"德国的哲学是德国历史在观念上的延续。因此,当我们不去批判我们现实历史的未完成的著作[œuvres incomplètes],而来批判我们观念历史的遗著[œuvres posthumes]——哲学的时候,我们的批判恰恰接触到了当代所谓的问题之所在[that is the question]的那些问题的中心。"②其二,黑格尔的国家哲学和法哲学是现实历史的思辨表达,是有其现实

---

① 《马克思恩格斯文集》第 1 卷,人民出版社 2009 年版,第 7 页。
② 《马克思恩格斯文集》第 1 卷,人民出版社 2009 年版,第 9 页。

的社会历史基础的。这一现实的社会历史基础就是资本主义的现实运动及其理论的表现形式——政治经济学。在《1844年经济学哲学手稿》中马克思批判黑格尔辩证法和整个哲学时就明确地指认了这一点,即"黑格尔是站在国民经济学家的立场上"的,而国民经济学"不过是表述了异化劳动的规律"。也就是说,黑格尔的思辨哲学与国民经济学同样是对资本主义现实历史的表达,只不过采取了不同的言说方式和话语体系。"黑格尔哲学构架背后的一个重要的现实历史基础,这就是欧洲资产阶级革命和资产阶级社会经济现实。……在黑格尔哲学中,一个极为重要但长期为我们忽略的理论参照系就是资产阶级古典经济学。我已经指证过,黑格尔的哲学本质主要是唯心主义地抽象了的人类总体认知结构及其历史辩证演进。但是,其中除去丰富的思想史线索,还内含着两种重大现实历史主题,一是法国大革命;二是英国的工业革命。如果说拿破仑是'马背上的世界精神',那么斯密的'看不见的手'则内化为现实中绝对现实的隐性支配,即现代历史发展背后的'理性的狡计'。黑格尔的绝对观念最后是以资产阶级社会现实经济走向普遍的世界历史的。"[1]对于黑格尔哲学与政治经济学的关系,卢卡奇在《青年黑格尔》中亦做过明确的分析。在这部著作中,卢卡奇指出:"黑格尔观点发展中的转折点正是与研究亚当·斯密的著作有关,因为作为人类活动的基本手段的劳动问题……显然是在研究亚当·斯密著作过程中最早产生的。"[2]正是在研究政治经济学的过程中,黑格尔形成了对市民社会的理解,在确认了市民社会与国家二分的历史合理性的同时发现了其内在的矛盾,并试图借助历史的辩证法来解决这一矛盾。因此,从政治经济学批判的社会历史批判性质来说,我们是有理由将《黑格尔法哲学批判》视为马克思的第一部政治经济学批判著作,视为马克思政治经济学批判的起点的。

---

① 张一兵:《回到马克思》,江苏人民出版社1999年版,第154页。
② 卢卡奇:《青年黑格尔》,商务印书馆1963年版,第210页。

一、对物质利益发表意见何以是一件难事？

"对所谓物质利益发表意见"之所以成为马克思面临的一个重要的困难，传统的理解将其称为"马克思在政治经济学领域的失语状态"，简单地说就是在此时马克思的整个学术思想背景中根本不包含政治经济学的内容，因此没有能力对政治经济学问题发表意见。这种理解确实说明了一个基本的事实，但同时也会带来对马克思思想的遮蔽。因为这种理解严格地区分了经济学问题与社会历史问题，从而不利于真正把握马克思思想的各个不同组成部分之间的关系。因为对于此时的马克思来说，问题的根本并不在于这是一个他并不熟悉的领域，而在于物质利益的问题实质性地触及到了其思想立论的根基——自由理性——的问题。在某种意义上可以说，在《莱茵报》工作期间有关现实的社会历史问题的论战中，马克思明确地意识到了自由理性的败北，从而动摇了其思想的根基。对此，我们可以通过分析《莱茵报》时期马克思的文本进行阐释。

在《莱茵报》时期，马克思仍是一个青年黑格尔主义者，其全部的思想均建立在青年黑格尔的自我意识的基础之上，并认为自我意识是世界发展的决定性力量。用马克思在《博士论文》中的话来说，自我意识具有最高的神性，没有任何东西可以凌驾于自由理性之上。"哲学并不隐瞒这一点。普罗米修斯承认道：老实说，我痛恨所有的神。这是哲学的自白，它自己的格言，借以表示它反对一切天上的和地上的神，这些神不承认人的自我意识具有最高的神性。不应该有任何神同人的自我意识相并列。"①如果细看马克思在《莱茵报》上发表的一系列论文，可以非常明确地看到马克思此时仍然坚持着青年黑格尔派的自我意识的立场。其一，在《第176号科伦日报社论》中，马克思

---

① 《马克思恩格斯全集》第40卷，人民出版社1982年版，第189—190页。

在批判《科伦日报》对出版自由压制、为普鲁士国家的专制辩护的过程中明确指出,真正的国家是合乎自由理性的存在,真正的国家"把个人的目的变成大家的目的,把粗野的本能变成道德的意向,把天然的独立性变成精神的自由;使个人和整体的生活打成一片,使整体在每个个人的意识中得到反映。"①因而,国家应是自由人的联合。而哲学研究作为"自由理性的行为",是对自己所处时代精神的理解和把握。因此,真正的哲学研究只能遵循自由理性的原则,而不屈从于任何的权威。

其二,在人与国家的关系的论述中,马克思明确指出,国家应是符合人性的国家,必须以人的目光来看待国家,从理性和经验中去发现国家的规律。因此,"不应该把国家建立在宗教的基础上,而应建立在自由理性的基础上。"②国家不能干涉人的自由理性的行为,无论是哲学的研究,还是自由的出版制度。自由的出版物是人民表现其精神存在的最基本的、普遍的方式,自由的出版物是人民英勇的精神喉舌。也正是通过在报刊中自由地表达自己的日常政治思想,人民的政治思想才能在政治斗争中不断壮大、成熟和定型。"在人民报刊正常发展的情况下,总合起来构成人民报刊实质的各个分子,都应当(起初是单个地)表现出自己的特征。这样,人民报刊的整个机体便分裂成许多各不相同的报纸,它们具有各种不同而又相互补充的特征,……只有在人民报刊的各个分子都有可能毫无阻碍、独立自主地各向一面发展并各成一行的条件下,真正'好的'人民报刊,即和谐地融合了人民精神的一切真正要素的人民报刊才能形成。那时,每家报概都完全会体现出真正的伦理精神,就像每一片蔷薇花瓣都表现了蔷薇的特质并发散出蔷薇的芬芳一样。"③因此,不能以书报检查制度来从外部施加压力,而必须承认自由的出版物自己的内在规律。

其三,在有关林木盗窃法的辩论中,马克思同样是从自由理性的至上性入

---

① 《马克思恩格斯全集》第 1 卷,人民出版社 1956 年版,第 118 页。
② 《马克思恩格斯全集》第 1 卷,人民出版社 1956 年版,第 127 页。
③ 《马克思恩格斯全集》第 1 卷,人民出版社 1956 年版,第 189—190 页。

手,来阐述国家与法律的本质的。在马克思看来,法是人的自由理性精神的体现,"法律只是在自由的无意识的自然规律变成有意识的国家法律时才起真正法律的作用。哪里的法律成为真正的法律,即实现了自由,哪里的法律就真正地实现了人的自由。"①因此,法律是人的自由理性活动本身的规律,是人的、具有自我意识的生活的体现,并不是为了预防人的犯罪行为。因此,法在人的自由理性生活面前是退缩的,只有当人的实际行为不再服从自由理性的要求时,法律才以国家法律的形式出现,强制人成为自由人。因此,基于法律而对违法者的惩罚是国家不可转让的权力,在其中体现的正是个人与国家的关系。个别公民服从国家的法律也就是服从自己的自由理性,也就是服从人类理性的自然规律。

但是,在整个《莱茵报》工作期间,马克思面对的社会现实却是与他的自由理性的要求绝对的背离。国家成为个人私利的工具、法违背了自由理性而去维护私人利益、《莱茵报》本身则因普鲁士的书报检查制度最终被查封,这标志着自由理性的彻底败北,从而从根基处动摇了青年马克思思想的基础。马克思"从社会退回到书房"时,面对的正是这样的难题。也正是通过对这一难题的解答,开启了马克思思想的革命性的变革。这一切,正是通过批判黑格尔的法哲学和国家哲学开始的。

二、马克思思想变革的内在根据

在具体探讨马克思为什么要从批判黑格尔的法哲学和国家哲学入手来解答自己面临的问题之前,我们首先还要回答一个问题,那就是同样是青年黑格尔派思想家,面临同样的现实的社会状况,何以只有马克思陷入思想的困境?为什么对这一思想困境的解答会造成马克思与青年黑格尔派的彻底决裂,从

---

① 《马克思恩格斯全集》第1卷,人民出版社1956年版,第72页。

而开辟了全新的思想道路?

对于这一问题,传统的理解一般将其归结为马克思在《莱茵报》工作期间接触到了社会现实问题,而在思考、解答社会现实问题的过程中逐步走出了青年黑格尔思辨哲学体系。而青年黑格尔派的其他成员或者是对现实的不了解,或者是因为远离了现实(如费尔巴哈),从而没能像马克思那样实现思想的变革。戴维·麦克莱伦在《青年黑格尔派与马克思》中甚至认为,如果费尔巴哈不是由于远离了社会生活,同样有可能达到马克思思想所触及的那个高度。这种解释当然具有一定的道理,但我们必须意识到,这种解释是一种外在的解释,而没有触及到马克思自身思想形成和发展过程中的内在的理论逻辑,即作为青年黑格尔派一员的马克思与其他青年黑格尔派思想家之间的理论差异。正是这种差异,构成了马克思思想转变的内在根据。

早在博士论文时期,以古希腊晚期的自然哲学为基础来论证自由理性的时候,马克思就注意到了感性对于存在的意义。马克思认为,与德谟克利特的原子论不同,伊壁鸠鲁更强调原子的个别性、感性。对于伊壁鸠鲁而言,感性知觉是存在的标准,感性是显现着的世界自身的反映,客观现象只有符合于感性知觉才是现实的。马克思指出,正如原子是个别的、抽象的自我意识的自然形式一样,感性的自然也只是感性的自我意识,客观化了的、经验的、个别的自我意识。所以,正如抽象的理性就是原子世界中的唯一标准一样,感官就是具体自然中的唯一标准。尽管马克思的这一理解是为其论证自由理性服务的,但同时也引导了马克思对现实问题的关注。正是在这一时期,马克思对哲学提出了一个明确的要求,那就是哲学必须走出阿门塞斯的阴影王国,投入尘世西林斯的怀抱。因为只有哲学作为一种本身自由的理性精神、作为一种意志成为实践的力量去面对现实的世界之时,哲学与现实世界之间的内在矛盾才能真正呈现出来。在马克思看来,当哲学作为意志面对现象世界的时候,哲学体系与现实世界是一种反映的关系。因为在这一过程中哲学体系自身就会成为世界的一个方面——抽象的方面,降低为一个抽象的整体。这样就会与世界的另一个方面——现实方面——相对立。当哲学试图走出自身的抽象而去触及那个现实的世界时，就必然会与其相对的方面陷入紧张的关系，甚至是冲突和对立之中。在这种紧张的关系中，哲学自身的自足、封闭状态就会被打破，使封闭在理论体系之中的理论诉求解放出来。这时，"本来是内在之光的东西，就变成为转向外部的吞噬性的火焰。于是就得出这样的结果：世界的哲学化同时也就是哲学的世界化，哲学的实现同时也就是它的丧失，哲学在其外部所反对的东西就是它自己内在的缺陷，正是在斗争中它本身陷入了它所反对的错误，而且只有当它陷入这些错误时，它才消除掉这些错误。"①

　　这一思想对马克思思想的后来发展具有重要的理论意义。正是在分析哲学的世界化与世界的哲学化的过程中，马克思指出："那个起初表现为哲学同世界的一种颠倒关系和敌对的分裂的东西，后来就成为个别的哲学的自我意识本身中的一种分裂，而最后便表现为哲学的一种外部分裂和二重化，表现为两个对立的哲学派别。"②即自由派和实证派。在马克思看来，这两个派别都没有真正理解哲学与世界的关系，仅执其一端而否认另一端。自由派从哲学本身出发，努力保持哲学的概念和原理，其活动就是批判，对世界的批判。因为他们认为所有的缺陷都是世界的缺陷，必须通过批判使世界哲学化。但是他们忘了哲学本身就属于这个世界。而实践派则使哲学的批判转向自身，把哲学非概念性的、实在性的环节视为主要的东西，因此他们认为缺陷对哲学来说是内在的，必须将批判的矛头指向哲学本身。尽管当时马克思并没有对两个派别的关系及其与黑格尔哲学的关系进行阐述，但我们可以明确地意识到，马克思这里所谈的两个派别及其各种附属的形式，不过是黑格尔哲学解体之后衍生出来的各种哲学分支。而对于黑格尔哲学体系的解体及其后果，马克思在《德意志意识形态》的开篇做出了精彩的论述，特别是对青年黑格尔派的批判，在某种意义上我们可能上溯到马克思这里对自由派的批判。

---

① 《马克思恩格斯全集》第 40 卷，人民出版社 1982 年版，第 258 页。
② 《马克思恩格斯全集》第 1 卷，人民出版社 1995 年版，第 77 页。

另外,通过分析世界化的哲学与其精神承担者、个别的自我意识的关系,青年马克思形成了对哲学功能的理解和系统性的阐释。哲学的世界化与世界的哲学化始终是一个双向的过程,这是同一个过程的两面。因为在哲学世界化的过程中,"这些个别的自我意识永远具有一个双刃的要求:其中一面针对着世界,另一面针对着哲学本身。因为在对象里作为一个本身被颠倒了的关系的东西,在这些自我意识里就表现为双重的、自相矛盾的要求和行为。这些自我意识把世界从非哲学中解放出来,同时也就是把它们自己从哲学中解放出来,即从作为一定的体系束缚它们的哲学体系中解放出来。因为自我意识本身仅仅处在发展的过程中,并为发展过程的直接力量所掌握,因而在理论方面还未超出这个体系的范围,它们只感觉到同体系的有伸缩性的自我等同的矛盾,而不知道当它们转而反对这个体系时,它们只是实现了这个体系的个别环节。"①也就是说,只有在一个动态的历史性的过程中,哲学与世界才能保持内在的统一关系。

这一理论观点在《莱茵报》时期,被表述为"哲学不是世界之外的遐想",而是"时代精神的精华"。"所以必然会出现这样的时代:那时哲学不仅从内部即就其内容来说,而且从外部即就其表现来说,都要和自己时代的现实世界接触并相互作用。那时,哲学对于其他的一定体系来说,不再是一定的体系,而正在变成世界的一般哲学,即变成当代世界的哲学。各种外部表现证明哲学已获得了这样的意义:它是文明的活的灵魂,哲学已成为世界的哲学,而世界也成为哲学的世界。"②也就是说,在哲学的世界化与世界的哲学化的过程中,哲学借助对世界的哲学化而突破了固定不变的体系的外壳,取得了现实的存在样态;而世界则因哲学的批判而获得新的生命力。及至《德法年鉴》时期,这一思想被表述为实现哲学与消灭哲学的关系。这一表述是结合着对德国的实践派和理论派的批判而展开的。

---

① 《马克思恩格斯全集》第 40 卷,人民出版社 1982 年版,第 259 页。
② 《马克思恩格斯全集》第 1 卷,人民出版社 1956 年版,第 121 页。

在《黑格尔法哲学批判导言》中马克思指出,德国的实践派明确提出否定哲学的要求是正确的。但是,它们也仅限于提出了这个要求,没有、也不可能真正实现这一要求。因为德国的实践派并没有真正理解哲学与德国现实的关系,没有把德国哲学纳入德国的现实来考虑。虽然他们要求从生活的现实萌芽出发,可是他们"忘记了德国人民生活的现实萌芽一向都只是在他们的脑子里生长起来的。"①因此,对哲学本身的批判和否定就必须通过对现实的批判和否定来实现。"一句话,你们不在现实中实现哲学,就不能消灭哲学。"②与之相反,德国哲学的理论派犯了同样的错误,只不过是相反的错误。德国的理论派虽然认识到其目前面临的主要任务是要批判德国的现实,强调要以哲学批判现实。但是,他们并没认识到他们的哲学本身也是属于德国现实,而且是德国现实的重要的补充,虽然只是观念的补充。因此,他们仅仅强调对德国现实本身采取批判的态度,却对自身——哲学——采取非批判的态度。"它从哲学的前提出发,没有超出这些前提得出的结果,或把别处得来的要求和结果冒充哲学的直接要求和结果,虽然这些要求和结果——假定是正确的——只有否定现存的哲学、否定作为哲学的哲学,才能得到。……它的根本缺陷可以归结如下:它认为,不消灭哲学本身,就可以使哲学变成现实。"③

如果说在《德法年鉴》时期及以前,马克思对哲学功能的理解还主要是从理论的角度进行理解和阐释的话,那么在经历了《1844 年经济学哲学手稿》对现实的人及其实践活动与世界的关系的历史性分析之后,明确提出"哲学家们只是用不同的方式解释世界,问题在于改变世界。"④从而表明马克思思想的革命性变革的完成。对此,我们留等以后再详细分析。

此外,马克思与青年黑格尔派思想家的思想差异,还表现在尽管马克思同

① 《马克思恩格斯全集》第 1 卷,人民出版社 1956 年版,第 459 页。
② 《马克思恩格斯全集》第 1 卷,人民出版社 1956 年版,第 459 页。
③ 《马克思恩格斯全集》第 1 卷,人民出版社 1956 年版,第 459 页。
④ 《马克思恩格斯文集》第 1 卷,人民出版社 2009 年版,第 502 页。

样是从青年黑格尔的自我意识出发来建构自己的思想体系,但从《莱茵报》时期的一系列论文中我们可能看出,马克思并没有像其他青年黑格尔派思想家那样仅仅停留于个体的自我意识,而是始终要求这种个体的自我意识要摆脱个体性,而上升到普遍性的层次。因为只有摆脱了个别的自由理性,才能成为真正的、普遍的自我意识。在谈到法律的基本性质时马克思指出:作为自由理性精神体现的法,"是肯定的、明确的、普遍的规范,在这些规范中自由的存在具有普遍的、理论的、不取决于个别人的任性的性质。"①因此,个别公民服从国家的法律,也就是遵从自己本身理性,也就是遵从人类理性的自然规律。在谈到国家时,马克思强调国家要"把个人的目的变成大家的目的,把粗野的本能变成道德的意向,把天然的独立性变成精神的自由;使个人和整体的生活打成一片,使整体在每个个人的意识中得到反映。"②马克思对于个体与整体关系的这种理解,与青年黑格尔派思想家那种从绝对的个体出发的观点存在着重要的差异。这种差异表明马克思并没有抛弃黑格尔完整的哲学体系,特别是其借助于辩证法而建立起来的个体与总体的关系。

综上所述,"对所谓物质利益发表意见的难事"确实构成了马克思思想变革的外在契机,推动了马克思思想的变革,但马克思思想变革同样有其内在的理论根据,从而使马克思的思想走上了不同于青年黑格尔派的道路。而这一变革正是从批判黑格尔法哲学和国家哲学开始的。

三、批判黑格尔法哲学何以成为起点?

如果说"对所谓物质利益发表意见"是一个难事,主要是因为马克思思想背景不包含政治经济学方面的内容,那么为解答这一难题马克思应该从政治经济学的研究入手,但事实上他并没有立即着手去研究政治经济学,而是去批

---

① 《马克思恩格斯全集》第 1 卷,人民出版社 1956 年版,第 71 页。
② 《马克思恩格斯全集》第 1 卷,人民出版社 1956 年版,第 118 页。

判黑格尔法哲学,这说明对于马克思来说问题的关键并不在于知识储备的不足,而在于其思想理论的问题,即现有的理论无法解释其面临的现实问题,进一步导致其哲学理论基础从根基处开始动摇。正如吴晓明指出的,物质利益的问题之所以成为马克思思想的根本性的转变的开端,就在于"'物质利益'问题实际地、本质重要地介入到马克思先前的单纯理性的世界观中,而且'物质利益'问题的介入第一次以超出这种世界观体系的方式向单纯理性的观念提出了尖锐的挑战。因此,如果说这一问题之介入的可能性来自于马克思同鲍威尔的区别,来自于理性的思维与存在的世界之一致性的要求,那么反过来说,'物质利益'问题的实际介入立即就在很大的程度上破坏了那种关于一致性的理性要求本身。因为马克思所面对的'物质利益'问题,不仅就其自身而言是内部分裂的和矛盾的,而且是与思有同一的纯理性概念相对立的。"①因此,要想解决这一问题,就不能不从其自身的理论根基处入手,即从黑格尔哲学入手。一方面,从《莱茵报》的辩论中我们可以看到,所涉及的主要的问题是国家、法的合理性问题,无论是有关书报检查制度、出版自由,还是林木盗窃法等的辩论都是如此。而"德国的国家哲学和法哲学在黑格尔的著作中得到了最系统、最丰富和最终的表述;对这种哲学的批判既是对现代国家和对同它相联系的现实所作的批判性分析,又是对迄今为止的德国政治意识和法意识的整个形式的坚决否定,而这种意识的最主要、最普遍、上升为科学的表现正是思辨的法哲学本身。"②因此,批判黑格尔法哲学和国家哲学是解决问题的直接方法,黑格尔法哲学和国家哲学自然就成为主要的批判对象。正是通过批判黑格尔法哲学和国家哲学,使马克思深入到黑格尔哲学的根基——作为思存统一的实体,则是从理论根基处解决问题的根本方法。因此,退出《莱茵报》之后,马克思主要是从两个方面入手来解决问题的。其一,是对社会历史的研究,主要表现在《克罗茨纳赫笔记》中。其二,是对黑格尔法哲学的批

---

① 吴晓明:《马克思早期思想的逻辑发展》,云南人民出版社 1993 年版,第 165 页。
② 《马克思恩格斯全集》第 3 卷,人民出版社 2002 年版,第 206—207 页。

判,主要表现在《黑格尔法哲学批判》中。这两个方面的批判的最终的成果,促成了马克思思想的革命性变革,即《德法年鉴》中的思想变革。

《克罗茨纳赫笔记》是马克思 1843 年 7—8 月在克罗茨纳赫居住期间所做的读书笔记,其所涉及的内容主要是从历史、政治两个层面研究了欧洲历史,特别自法国大革命以来欧洲的历史,考察了封建社会与资本主义社会所有制、财产关系与政治结构等。通过对社会历史的研究,马克思发现了黑格尔国家观念与现实的历史的矛盾。马克思指出:"当黑格尔把国家观念的因素变成主语,而把国家存在的旧形式变成谓语时——可是,在历史真实中,情况恰恰相反:国家观念总是国家存在的[旧]形式的谓语——他实际上只是道出了时代的共同精神,道出了时代的政治神学。这里,情况也同他的哲学宗教泛神论完全一样。这样一来,一切非理性的形式也就变成了理性的形式。但是,原则上这里被当成决定性因素的在宗教方面是理性,在国家方面则是国家观念。"①

张一兵认为,正是在《克罗茨纳赫笔记》中,马克思通过对现实的社会历史研究自觉地确认了一般唯物主义前提,即"人的社会现实存在(所有制)决定观念的社会唯物主义。"但他同时指出,"这一社会现实存在,实际上类似法国唯物主义已经提出的那种在社会生活中能'感到的东西',而不是政治经济学中的从经济现实出发的社会唯物主义。这也是《黑格尔法哲学批判》一书唯物主义批判逻辑的真实源发地。……从而为在当时的德法社会主义者的影响下,进一步转到无产阶级的政治立场(《黑格尔法哲学批判导言》)打下了重要的思想基础。"②

在《黑格尔法哲学批判》中,马克思通过深入分析家庭、市民社会和国家的关系,揭示了黑格尔思辨哲学的秘密及其产生的根源,不仅解决了"对所谓物质利益发表意见的难事",而且进一步深化了对现实社会的理解和把握,从

① 《马克思恩格斯全集》第 40 卷,人民出版社 1982 年版,第 368 页。
② 张一兵:《回到马克思》,江苏人民出版社 1999 年版,第 150—151 页。

而为其在《德法年鉴》时期思想的革命性变革奠定了坚实的基础。

首先,马克思将在《克罗茨纳赫笔记》中顿悟到的黑格尔对国家观点的"主谓颠倒"与批判性分析黑格尔国家理论结合起来,揭示了黑格尔法哲学理论的二元性,从而回答了何以"物质利益问题"会实质性地造成自由理性的困境。换言之,产生这一困境的根源并不在于现实问题本身,而在于黑格尔理论的二元性。马克思在批判黑格尔国家的理念、主观性和人格时指出:"黑格尔把谓语、客体变成某种独立的东西,但是这样一来,他就把它们同它们的真正的独立性、同它们的主体割裂开来。随后真正的主体即作为结果而出现,实则正应当从现实的主体出发,并把它的客体化作为自己的研究对象。因此,神秘的实体成了现实的主体,而实在的主体则成了某种其他的东西,成了神秘的实体的一个环节。正因为黑格尔不是从实在的对象(主体)出发,而是从谓语、从一般规定出发,于是神秘的理念便成了这类体现者。黑格尔不是把普遍物看做一种现实的有限物(即现存的固定物)的现实本质,换句话说,他没有把现实的存在物看做无限物的真正主体,这正是二元论。"①正是这种二元论对思存关系的颠倒,使抽象的理论无法解答现实的问题,特别是处在不断变化过程中的现实问题。由此马克思从哲学的根基处搞清楚了"物质利益"问题的根本之所在。从另一方面来看,黑格尔哲学的二元性也是有其现实的根据的,不过是现实的社会生活中政治国家和市民社会分裂和对立的抽象的理论表现形式。正如马克思指出的:"黑格尔的出发点是作为两个永久的对立面、作为两个完全不同的领域的'市民社会'和'政治国家'的分离。当然,在现代国家中这种分离实际上是存在的。市民等级和政治等级的同一就是市民社会和政治社会的同一的表现。这种同一已经消失了。黑格尔就是从同一已经消失这一点出发的。如果'市民等级和政治等级的同一'表现了事物的真实情况,那末它现在自然就只能是市民社会和政治社会分离的表现! 或者,更确切些说,

_____

① 《马克思恩格斯全集》第 1 卷,人民出版社 1956 年版,第 273 页。

只有市民等级和政治等级的分离才表现出现代的市民社会和政治社会的真正的相互关系。"①可以说,马克思的这段话从双重的意义上,既是肯定的意义,也是否定的意义上揭示了黑格尔哲学的矛盾性质。一方面,黑格尔是明确地知道,政治等级和市民社会的同一是曾经存在过的,那就是在中世纪。因为在中世纪政治生活和社会生活并没有分离,市民等级就是政治等级、市民社会就是政治社会、市民社会的原则就是国家的原则。因此,现实的国家和人民的物质生活是同一的。而黑格尔面对的现实状况却是市民社会和国家的分离,正是由于这种分离,使政治国家失去了现实的物质内容,成为抽象的理论的存在。在这种情况下,黑格尔将抽象的政治国家作为主语,将其凌驾于市民社会之上以寻求二者的统一,在当时还处于基督封建社会的德国,确实具有浓厚的保守主义的意味,似乎是在为反动的普鲁士政府在论证。但另一方面,我们必须看到黑格尔从市民社会与国家的二元分立出发来建构自己的理论,恰恰是把握住了现代社会的经验状况。同时,他用于凌驾于市民社会之上的国家并不是现实的政治国家,而是伦理国家,市民社会作为个别的、经验的环节只有上升到国家才能获得普遍性。因此,其以抽象的国家来消除市民社会与国家的分裂,同样具有进步的意义。在某种意义上或许可以说,正是黑格尔意识到了建立在市民社会基础上的现代资本主义的非人性,意识到现代政治制度本身的虚假性,才明确要求以理性的、伦理的国家来超越二者的分裂和对立,以实现真正意义上的精神的自由。

其次,通过对黑格尔法哲学的批判,马克思重新阐释了家庭、市民社会和国家的关系。在马克思看来,由于黑格尔是在精神、理论领域来探讨家庭、市民社会和国家的关系的,因此他所说的家庭、市民社会与国家的冲突并不是现实的、经验的冲突,而是抽象理论内部的冲突。也只有在这个意义上,才能理解黑格尔所说的国家是家庭和市民社会的"外在必然性"和"内在目的"。在

---

① 《马克思恩格斯全集》第 1 卷,人民出版社 1956 年版,第 334 页。

黑格尔看来,家庭、市民社会是从属、依存于国家的。因为家庭和市民社会是
国家存在的特殊领域,所以它们对国家的关系是违反事物内在本质的那种必
然性的关系,是一种"外在的必然性"的关系。正因为"市民社会和家庭"作为
特殊领域在其真实的,即独立的和完全的发展中是先于国家而存在的,所以依
存于一定的国家性质的民法根据国家的性质而变更这一事实本身就属于"外
在必然性"的关系。马克思指出,"'从属性'和'依存性'表现了'外在的'、强
制的、表面的同一性,为了从逻辑上表述这种同一性,黑格尔正确地运用了
'外在必然性'这一概念。"①因此,黑格尔借助"从属性"和"依存性"这两个概
念不过是发展了二重化的同一性的一个方面,而另一方面国家又是市民社会
的"内在目的"这一方面则受制于国家的外在强制。马克思指出,"黑格尔在
这里提出了一个无法解决的二律背反。一方面是外在必然性;另一方面又是
内在目的。"②对此,黑格尔的解释是,国家是伦理性的东西,是实体性的东西
和特殊的东西的相互渗透。因此,对实体性的东西来说,它在国家中所受的约
束同时是它的特殊自由的定在,这就是说,义务和权利在国家中是结合在同一
的关系中的。不是别的什么东西,就是国家将自己分为家庭和市民社会,分为
理想性的、有限的领域,从而使国家超出这两个领域的有限性而成为自为的无
限的现实精神,作为内在目的的国家才能成为现实。用黑格尔自己的话语表
述就是,国家将自身外化,并超越这种外化而达到自身的同一。"逻辑的泛神
论的神秘主义在这里已经暴露无遗。"③因为在这一过程中,国家的理论变成
了独立的主体,而家庭、市民社会则是国家理论的想象活动的结果,是国家从
自身中分化出家庭和市民社会。对此,马克思指出:"实际上,家庭和市民社
会是国家的前提,它们才是真正的活动者;而思辨的思维却把这一切头足倒
置。如果理念变为独立的主体,那末现实的主体(市民社会、家庭、'情势、任

① 《马克思恩格斯全集》第1卷,人民出版社1956年版,第248页。
② 《马克思恩格斯全集》第1卷,人民出版社1956年版,第249页。
③ 《马克思恩格斯全集》第1卷,人民出版社1956年版,第250页。

性等等’)在这里就会变成和它们自身不同的、非现实的、理念的客观要素。"①但事实却是家庭和市民社会才是所谓的意志所具有的现实的精神实在性存在的根基,是国家的真正构成部分。家庭和市民社会本身才是活动者和原动力,它们把自己变成国家,是国家存在的根基。也就是说,家庭和市民社会是国家存在的必要条件,国家是从家庭和市民社会存在的现实基础上产生出来的。如果没有家庭的天然基础和市民社会的人为基础,政治国家不可能存在。这样,马克思就揭示了黑格尔思辨法哲学的唯心主义性质,恢复了家庭、市民社会对于国家基础性地位。

再次,马克思通过进一步分析国家、市民社会的二元性,明确指出国家与市民社会的分离以及政治国家与市民社会在黑格尔体系中抽象的统一,不过是现代社会现实状况的表现。"政治制度本身只有在各私人领域达到独立存在的地方才能发展起来。在商业和地产还不自由、还没有达到独立的地方,也就不会有政治制度。……国家本身的抽象只是现代才有,因为私人生活的抽象也只是现代才有。政治国家的抽象是现代的产物。"②这样,对黑格尔政治国家的批判就必然转向对现实的社会生活的批判。在马克思看来,根本任务就是消除政治国家的虚假的普遍性,使之返回到现实的世界。因为政治国家虚假普遍性无非就是要确定它们这些特殊领域的异化存在形式。因而相对于人们的现实生活来说,政治生活始终是与人们的现实生活相对立的"天国的生活",在这种天国的生活中,人是没有真实性的现象,丧失了一切现实生活的特征。因此马克思称政治制度到现在为止一直是人民生活的宗教领域。就现代的意义来讲,政治生活就是人民生活的经院哲学,是丧失了其现实的内容的、抽象的共同生活。正是基于对政治国家的这种虚假的、异化的存在的社会生活状况的认识,在《黑格尔法哲学批判导言》中马克思才会非常明

---

① 《马克思恩格斯全集》第 1 卷,人民出版社 1956 年版,第 250—251 页。
② 《马克思恩格斯全集》第 3 卷,人民出版社 2002 年版,第 42 页。

确的指出,"真理的彼岸世界消逝以后,历史的任务就是确立此岸世界的真理。人的自我异化的神圣形象被揭穿以后,揭露具有非神圣形象的自我异化,就成了为历史服务的哲学的迫切任务。"①这样,马克思就将对理论的批判与现实的批判结合起来,从而为其思想的革命性变革奠定了坚实的基础。因为在黑格尔的国家哲学中以思辨的形式表现出来的国家与市民社会的对立,恰恰是现实的社会生活的表现,是现实的社会生活中国家与市民社会对立的表现。

另外,马克思正是在分析市民社会与国家的关系的过程中,看到了市民社会与国家的二元分立背后的人的自我分裂和对立。在马克思看来,国家只有通过个人才能发生作用,只不过国家中的个人并不是肉体的、现实的个人,而是国家中的个人,说得更明白些就是人的社会特质,而且是异化了的人的社会特质。国家的职能只不过是人的社会特质的活动方式和存在方式。人永远是一切社会组织的本质,这些组织也是一切人所共有的,表现为人的现实普遍性。国家的普遍性也就是人的现实的、社会的普遍性。但是,对于黑格尔来说,"市民社会是一切人反对一切人的战争",因为在市民社会中人是作为私人进行活动的。"'市民',即具有私人利益的人,被看做普遍物的对立面,市民社会的成员被看做'完备的个人';另一方面,国家也和'市民'这种'完备的个人'相对立。"②也就是说,通过分析黑格尔法哲学中市民社会与国家的二元对立,马克思明确意识到这种对立不过是人的自我分裂和对立,是作为公民的人与作为市民社会个人的人之间的对立。实际上这里已经触及到了在《德法年鉴》时期马克思思想变革直面的那个问题,即个体与社会的分裂和对立问题。

最后,在分析市民社会结构的过程中,马克思触及到了市民社会的个人的存在与私有财产的关系,揭示了私有财产的异化问题。正是资产阶级的政治

① 《马克思恩格斯文集》第1卷,人民出版社2009年版,第4页。
② 《马克思恩格斯全集》第1卷,人民出版社1956年版,第296页。

革命消除了市民社会的个人的政治差别,从而使政治生活与市民生活完全分离开来。因此,市民社会的等级并不具有政治意义,只不过是没有政治意义的私人生活的差别。在这里构成等级差别的是市民社会各个集团赖以安身和活动的基础。"正像市民社会脱离了政治社会一样,市民社会在自己内部也分裂为等级和社会地位,……消费和消费能力是市民等级或市民社会的原则。市民社会的成员在自己的政治意义方面脱离了自己的等级,脱离了自己在私人生活中的实际地位。只有在这里,这个成员才获得人的意义。换句话说,只有在这里,他作为国家成员、作为社会生物的规定,才成为他的人的规定;因为他在市民社会中的其他一切规定,对于人,对于个人,都表现为非本质的外在的规定。尽管这些规定的确是个人生存于整体中所必需的,也就是说,它们是把个人同整体连接起来的必要的纽带,不过这是可以被个人重新抛弃掉的纽带。(现代的市民社会是彻底实现了的个人主义原则,个人的生存是最终目的;活动、劳动、内容等等都不过是手段而已。)"①在市民社会的生活中,虽然个人获得了绝对的主体地位,但这种主体地位并不是人的主体地位,人不过是私有财产的人化、人格化而已。因为在市民社会生活中,物质财产得以存在的根据并不是因为它是人的意志的体现,而恰恰相反,只有体现在物质财产中人的意志才能存在。也就是说,人的意志并不拥有支配物质财产的权利,反而要受到物质财产的支配。因此,当政治国家确定"私有财产不可侵犯"这一市民社会的最高原则时,不过是确认了市民社会成员的独立性,只是这种独立性是从抽象的私人权利的本质中、从抽象的私有财产中获得自己的独立。

综上所述,通过对黑格尔法哲学的批判性分析,马克思解答了自己在《莱茵报》工作过程中面临的对物质利益发表意见的难事,即根源于黑格尔体系内在矛盾,发现了法的关系与现实的物质生活的关系、黑格尔体系内在矛盾的

---

① 《马克思恩格斯全集》第1卷,人民出版社1956年版,第345—346页。

现实基础等一系列问题。从而使对黑格尔哲学的批判与对现实社会生活的批判统一起来,开启了其思想的革命性变革。这一革命性变革的开端就表现在《德法年鉴》中。

第二章 《德法年鉴》时期的思想变革

如果说退出《莱茵报》使马克思被迫"从社会退回到书房",那么《德法年鉴》的创办,则意味着马克思解答了自身面临的理论问题,以新的姿态向社会的回归,开启了其政治—社会批判的历程。也正是在这一过程中,马克思深入分析了资产阶级政治革命及其限度,阐明了政治解放和人类解放的关系,从而将政治解放完成之后的现实的人的生存状态揭示出来,明确了其哲学的"总问题",开启了哲学革命的变革进程。马克思的哲学革命变革不仅仅局限于与青年黑格尔派的彻底决裂,更为深刻的是将批判的矛盾直接指向了整个近代西方形而上学。如果说近代西方哲学对"思存同一"的追问实现了哲学从本体论向认识论的转向,那么马克思的哲学革命则因将"人的问题"提升为哲学的"总问题",因而实现了哲学的生存论转向。

一、传统理解的批判性分析

《德法年鉴》时期是马克思思想形成和发展的一个重要的时期。传统上将这一时期马克思思想的转变一般概括为两个革命性的变革,即从主观唯心主义转向唯物主义、从革命民主主义转向共产主义,并且认为马克思思想的双重转变就体现在《德法年鉴》时期马克思对政治解放与人类解放的关系、市民社会与国家的关系的集中阐述中。

传统的理解认为,马克思在《德法年鉴》时期通过对黑格尔法哲学的批判性分析,阐明了市民社会与国家的关系问题,不是国家决定家庭和市民社会,而是家庭和市民社会决定国家,家庭和市民社会才是真正的活动者和原动力,是国家存在的前提和必要条件。这样,马克思也就颠倒了黑格尔的市民社会与国家关系的思想,表达了物质生活关系决定国家的思想,从而实现了从青年黑格尔派的主观唯心主义向唯物主义的转变,开启了通向历史唯物主义的道路。而在批判地分析宗教解放和政治解放的关系的过程中,马克思深刻地揭示了政治解放的局限性及其阶级性质,以及政治解放完成之后无产阶级的生存状况,从而明确只有无产阶级才能实现真正的人类解放。因此,必须诉诸武器的批判、诉诸无产阶级,才能真正实现人类的解放。这正表明马克思已经脱离了资产阶级民主革命的政治立场,而转向无产阶级的社会主义革命的立场。

但是我们必须看到,对于此时马克思思想的这种概括实际上是以近代西方哲学的基本问题——思维与存在的二元对立为基本解释前提的。也就是说,传统上在进行这种概括的时候,实际上是预设了马克思面对的问题是唯物主义与唯心主义、资产阶级民主革命的立场与无产阶级社会主义革命的立场的对立。不但如此,唯物主义与唯心主义的对立同时成为资产阶级民主革命的立场与无产阶级社会主义革命的立场对立的依据。但是,如果我们认真地去分析马克思这一时期的思想就会发现,这里所预设的前提是有问题的。

首先,如果说马克思实现了从唯心主义向唯物主义的转向,那么我们必须去追问,马克思转向的那个唯物主义是哪一种唯物主义?是作为自然观的唯物主义吗?回答是否定的,即马克思通过批判黑格尔法哲学,提出市民社会决定国家的理论时,并没有触及到作为自然观的唯物主义所要求的结论,即物质决定意识,而是回答了唯物史观领域的一个问题,即阐明了思想观念的现实生活的基础问题。而且对这一问题的回答并非必然要求以"物质决定意识"为前提。如果一定要把马克思这时的哲学立场称为唯物主义的话,那么可以用

"社会唯物主义"①来指称。因为此时马克思通过对黑格尔法哲学的批判,已经明确认识到了"法的关系正像国家的形式一样,既不能从它们本身来理解,也不能从所谓人类精神的一般发展来理解,相反,它们根源于物质的生活关系",②而对这种物质的生活关系的总和——市民社会——的理解,只有通过对政治经济学的研究才是可能的。但此时马克思还没有进入到政治经济学的研究领域。更为重要的是,马克思通过政治经济学批判最后所获得的结论是"社会存在决定社会意识",而不是"物质决定意识"。尽管"社会存在决定社会意识"这一命题似乎是以"物质决定意识"这一命题为前提的,但实质上并不存在着这样的关系。因为在传统的理解中,物质、意识这样的概念实质是脱离了现实社会生活的抽象,而一旦脱离了现实的社会生活,这两个概念也就失去了其应有的意义。之所以会有这样的一种理论的设定,与对马克思主义的传统理解有关。根据苏联马克思主义理论家对马克思思想形成过程的传统解释,是马克思首先创立的辩证唯物主义,然后把这一理论推广、运用到社会历史领域,才创立了历史唯物主义。按照这种理解,自然会将"物质决定意识"视为"社会存在决定社会意识"的前提。但从马克思自身思想发展的进程来看,并非如此。之所以特别强调二者的差别,就在于这种差别会实质性地影响到对马克思哲学革命变革本质的理解。具体来说,就是马克思究竟是以唯物主义作为解释原则实现了历史观的革命,还是以历史作为解释原则实现了世界观的革命问题。③

另外,《论犹太人问题》中马克思则明确地指出了问题的根本性质。马克思在批判鲍威尔对犹太人问题的理解时,阐明政治解放与宗教解放的关系。

① "社会唯物主义"这一概念是由张一兵先生首先提出来的,他用这一概念来指称马克思在克罗茨纳赫时期的第一次思想转变,是"特指人的社会现实存在(所有制)决定观念的社会唯物主义。"只是此时对于马克思来说的社会现实并不是政治经济学所说的经济的现实,而是类似于法国唯物主义在沸腾的现实生活中所感到的那种东西——物质的感性生活。

② 《马克思恩格斯文集》第2卷,人民出版社2009年版,第591页。

③ 参见孙正聿:《历史的唯物主义与马克思主义的新世界观》,载《哲学研究》2007年第3期。

马克思认为,鲍威尔对于犹太人问题的阐述过程中,实际上是混淆了政治解放与人类解放的关系,或者说,鲍威尔是把政治解放等同于人类解放了。因此在批判鲍威尔时马克思强调指出,首先必须明确人们所要求的是哪一种解放?这种解放得以实现的本质条件是什么? 在马克思看来犹太人所要求的是"政治解放",即要求与基督徒享有同样的政治权利。对此鲍威尔的解释是犹太人要想获得政治解放,就必须放弃犹太教,就像基督徒要想获得政治解放必须放弃基督教一样。就像犹太教曾经是基督教的一个发展阶段一样,基督教同样是人类精神发展的一个阶段,同样应该被抛弃。只要犹太人抛弃犹太教、基督徒抛弃基督教,或者说人们不再信奉任何宗教,政治解放就完成了。对此,马克思通过分析政治解放完成程度不同的国家对犹太人问题的不同提法,揭示了犹太人问题的本质,阐明了宗教解放与政治解放的关系。马克思指出,对于犹太人问题的批判就必须转向对政治解放本身的批判,才能使"犹太人问题"不再单纯是一个宗教问题,而上升为"当代的普遍问题"。马克思在批判性地分析政治解放的实质及其限度之后指出,政治解放不过是国家从宗教中解放出来,国家不再维护国教,同时也不再去维护任何一种宗教,而只维护国家自身时,政治解放就完成了。因此,政治解放不但不以废除宗教为前提,反而使宗教获得了新的生命力。那么就意味着政治解放与宗教的存在并不矛盾,即在人还没有摆脱某种宗教的限制情况下,国家同样可以摆脱这种限制,即使人还没有真正获得解放,国家也可以成为共和国。因此,政治解放并不能使人从宗教中解放出来,人是通过一个中介实现自身的解放、获得自由的。由于国家和宗教的关系不过是组成国家的人和宗教的关系,那么所谓的"犹太人问题"只不过是"揭示了国家和某一宗教——如犹太教——的矛盾的人的性质,即国家和某一世俗因素的矛盾;也揭示了国家和一切宗教的矛盾的人的性质,即国家和它的一切前提的矛盾。"①也就是说,此时马克思已经明确地意

---

① 《马克思恩格斯全集》第 1 卷,人民出版社 1956 年版,第 425 页。

识到了国家与宗教的矛盾是人的性质的矛盾,因而他要解答的并不是作为自然观的唯物主义所要研究的那个思维和存在的关系问题,而是消解国家与宗教的矛盾以实现人类解放的问题。如果说马克思在这里是转向了唯物主义,那是转向作为唯物史观的唯物主义,而不是转向作为自然观的唯物主义。

其次,如果说《德法年鉴》时期马克思由资产阶级的革命民主主义转向了无产阶级和共产主义,那么这种转向也并不是以两种立场的绝对对立为前提的。马克思认为,虽然政治解放有其限度,不足以实现、完成人类解放,但它却是人类解放的道路上不可或缺的一个环节,是迄今为止人类解放所达到的最高阶段。从人类历史的角度来看,"政治解放当然是一大进步;尽管它不是一般人类解放的最后形式,但在迄今为止的世界制度的范围内,它是人类解放的最后形式。不言而喻,我们这里指的是实在的、实际的解放。"①因此,真正的人类解放是需要建立在政治解放的基础之上,而不是与其绝对对立。另外,从马克思对人类解放的论述以及诉诸无产阶级的武器的批判来看,不能仅仅看到无产阶级与资产阶级的绝对对立,更为重要的是要看到二者的相互依存以及在实现人类解放的过程中的共同消失。因为在马克思看来,之所以必须诉诸于无产阶级,诉诸武器的批判,一方面是基于对进行政治解放的资产阶级自身的局限性(这种局限性在领导法国大革命的各阶级和德国的资产阶级中得到了充分的表现)的深刻理解和把握,正是资产阶级的民主革命及其阶级的局限性,造成现实的社会状况和无产阶级的生存状况。因此,也就注定了资产阶级不可能实现真正意义上的人的解放。另一方面,是因为无产阶级的生存状况使之不可能停留于现存的社会结构之内去解决问题。因为,使无产阶级成为无产阶级、资产阶级成为资产阶级的并不是他们的自然本性,而是他们在资产阶级政治解放完成之后确立的社会结构中所处的位置。因此,无产阶级要想实现真正的人类解放,就必须彻底地改变现实的人的生存结构、社会结

---

① 《马克思恩格斯全集》第 1 卷,人民出版社 1956 年版,第 429 页。

构,其进行的变革必将是整体的和全面的。关于这一点马克思后来在总结巴黎公社革命的时候给予了非常明确的表述,即无产阶级不可能通过简单地掌握资产阶级的国家机器并利用它来实现自己的目的,而是必须打碎旧的国家机器,建立无产阶级专政。

因此,转向共产主义就是超越无产阶级与资产阶级立场的对立,其目的是要消除这种对立而实现人的解放的问题,而不能仅仅理解为转向无产阶级的政治立场。换言之,转向无产阶级,就是以无产阶级的武器批判为手段,变革旧的社会生活结构,以实现人类的解放为目的。正是基于对马克思思想的这种理解,我们认为马克思思想转变的根据并不是无产阶级与资产阶级政治立场的对立,而是由于他认识到了无产阶级在现实的生存结构所处的位置,以及由这一位置所赋予无产阶级的历史使命。正如马克思所说,"社会从私有财产等等解放出来、从奴役制解放出来,是通过工人解放这种政治形式来表现的,这并不是因为这里涉及的仅仅是工人的解放,而是因为工人的解放还包含普遍的人的解放;其所以如此,是因为整个的人类奴役制就包含在工人对生产的关系中,而一切奴役关系只不过是这种关系的变形和后果罢了。"①因此,真正的人的解放的实现,必须彻底消解资产阶级政治革命建构起来的现实的社会生活结构——使无产阶级成为无产阶级、资产阶级成为资产阶级的恰恰就是他们在这一社会生活结构中的位置,通过无产阶级的武器的批判,彻底地消解现实的社会生活结构,从而使无产阶级不再成为无产阶级,资产阶级也不再成为资产阶级,一个新的人类时代才能真正开始。也正是在这个意义上马克思说,无产阶级不解放全人类,也就不能解放自身;同样无产阶级不解放自身,就不能解放全人类。

如果说马克思在这两个领域发生的思想转变并不是以唯物主义与唯心主义的对立、资产阶级与无产阶级的对立为前提,那么就意味着马克思此时面对

---

① 《马克思恩格斯文集》第1卷,人民出版社2009年版,第167页。

的问题并不是近代西方形而上学所面对的那个根本问题——思维和存在的关系问题，而是一个全新的问题——由于资产阶级政治革命造成的人的自我分裂和对立问题。也正因如此，马克思的思想变革才真正具有革命性的意义。

二、马克思的总问题

人的自我分裂和对立问题是马克思面对的根本问题。马克思正是在批判地分析政治解放之后人们的现实生活状况的过程中触及到了这一问题的实质。在分析政治解放的限度及其后果时，马克思指出：

第一，政治解放是政治国家摆脱了宗教而获得自身的解放。在传统社会之中，国家与宗教是一体的，对于欧洲来说，基督教就是国教，国家就是基督教国家。资产阶级政治解放的目的并不是要消除宗教，而是将宗教从政治生活中驱逐出去，使之不再干涉政治生活，同时政治国家也不再成为维护宗教生活的手段，从而实现了政治生活与宗教生活的分离——公共生活与私人生活的分离。因此，政治解放就其实质而言就是国家从宗教中获得解放。政治解放"就是国家摆脱犹太教、基督教和一切宗教而得到解放。当国家从国教中解放出来，就是说，当国家作为一个国家，不再维护任何宗教，而去维护国家自身的时候，国家才按自己的规范，用合乎自己本质的方法，作为一个国家，从宗教中解放出来。"①

第二，政治解放是市民社会的一部分进行革命而实现自身的解放，是社会的一个阶级——资产阶级——通过社会动员赋予了其目标以社会共同体的特征而进行的革命，其实质是市民社会的一部分的自我解放，取得普遍的统治，从而造成了社会的两大阶级的对立。"局部的纯政治的革命的基础是什么呢？就是市民社会的一部分解放自己，取得普遍统治，就是一定的阶级从自己

---

① 《马克思恩格斯全集》第 1 卷，人民出版社 1956 年版，第 426 页。

的特殊地位出发,从事社会的普遍解放。"①

第三,政治解放完成的过程也就是封建社会解体的过程,在这一解体的过程中政治国家与市民社会同时生成。因为政治革命在打倒封建专制权力的同时,也就彻底地消解了封建社会的结构,摧毁了一切等级、公会、行帮和特权。从而使原来被割裂的、分散在封建社会各个死巷里的政治精神被解放出来,摆脱了分散的状态,并在共同的政治活动中汇集起来,从而构成政治共同体、人民的普遍事务,成为一种独立存在于观念中的东西;而伴随着政治因素从原有的市民社会生活中的剥离,市民社会生活也就是失去了其共同性,完全沉沦为个人的生活。政治国家与市民社会由此而分离开来。因此,政治革命也消灭了市民社会的政治性质,使市民社会从政治中解放出来。"政治国家的建立和市民社会分解为独立的个体——这些个体的关系通过法制表现出来,正像等级制度中和行帮制度中的人的关系通过特权表现出来一样——是通过同一种行为实现的。""国家的唯心主义的完成同时就是市民社会的唯物主义的完成。"②

第四,政治解放对宗教的批判,消解了人在神圣形象——宗教——中的自我异化,只不过是用国家替代了宗教的上帝,使人在非神圣形象中的自我异化——在现实生活中的自我异化——暴露出来。马克思在分析宗教解放与政治解放的关系时指出,国家和宗教的关系也就是组成国家的人和宗教的关系,因而国家和宗教的矛盾是人的性质的矛盾。国家从宗教中解放出来,也就是人通过国家的中介而获得了政治解放、获得了自由。"国家是人和人的自由之间的中介者。正像基督是中介者,人把自己的全部神性、自己的全部宗教束缚都加在他身上一样,国家也是中介者,人把自己的全部非神性、自己的全部人的自由寄托在它身上。"③也就是说,在政治解放完成之后,人并没有获得真正的自由,仅仅是获得了政治生活中的自由。而且由于政治生活与个人生活

① 《马克思恩格斯选集》第1卷,人民出版社2012年版,第12—13页。
② 《马克思恩格斯全集》第3卷,人民出版社2002年版,第188、187页。
③ 《马克思恩格斯文集》第1卷,人民出版社2009年版,第29页。

的分离,这种自由是一种虚幻的共同体中的自由,在现实的市民生活中人完全沦为物的奴隶。

因此,在政治解放完成之后,整个社会生活被划分为国家与市民社会两个不同的领域,人越来越分裂为资产阶级和无产阶级两大对立阶级。在这个意义上确实可以说马克思面临着如何解答市民社会和国家的关系问题。但马克思并没有停留于此,而是深入到对国家与市民社会二分造成的人的生存状况追问,或者说国家与市民社会的分裂是如何存在问题。马克思认为,对于人的社会生活来说政治国家和市民社会并不是两种不同的存在,而是同一个人的生活的两个不同的层次或者说两种不同的方面。政治国家作为政治共同体的生活是非现实的、虚幻的,因为这种共同体的生活脱离了现实的物质生活仅仅具有精神的普遍性。因而政治国家是一个虚幻的政治意识形态共同体。而人虽然在市民社会中保留了其物质生活的现实性,但由于人的生活的一切共同的方面都被赋予了国家而丧失了普遍性,人成了原子式的个人、孤独的个体,市民社会成了一切人反对一切人的斗争。正是在这个意义上马克思说:"在政治国家真正发达的地方,人不仅在思想中,在意识中,而且在现实中,在生活中,都过着双重的生活——天国的生活和尘世的生活。前一种是政治共同体中的生活,在这个共同体中,人把自己看做社会存在物;……在最直接的现实中,在市民社会中,人是世俗存在物。在这里,即人对自己和对别人来说,都是实在的个人的地方,人是没有真实性的现象。相反地,在国家中,即在人是类存在物的地方,人是想像中的主权的虚拟的分子;在这里,他失去了实在的个人生活,充满了非实在的普遍性。人作为特殊宗教的信徒,跟作为公民的自身,跟作为社会整体的一分子的其他人发生冲突,这种冲突就归结为政治国家和市民社会的世俗分裂。"①因此,如何消除人的自我分裂和对立,重建人的统一——人的解放,就成为马克思面临的根本问题。

---

① 《马克思恩格斯全集》第 1 卷,人民出版社 1956 年版,第 428—429 页。

对此马克思说，"只有当现实的个人同时也是抽象的公民，并且作为个人，在自己的经验生活、自己的个人劳动、自己的个人关系中间，成为类存在物的时候，只有当人认识到自己的'原有力量'并把这种力量组织成为社会力量因而不再把社会力量当做政治力量跟自己分开的时候，只有到了那个时候，人类解放才能完成。"①换言之，真正的解放并不仅仅在于消灭资产阶级，建立无产阶级的统治，而在于变革资产阶级通过政治革命建立的社会结构——改变现实的人的生存结构。只有如此，才能重建个人与社会的统一——人的自我统一，使人成为真正的社会的人，使社会成为真正的人的社会。只有到那个时候，人类解放才能真正完成。

因此，所谓的国家与市民社会的关系问题，就其实质而言是人的自我分裂和对立问题。在人的自我分裂和对立的意义上讲，也就不存在国家和市民社会谁决定谁的问题，而是如何消除国家与市民社会的分裂和对立、实现二者统一的问题，即人的解放何以可能的问题。因此，马克思分析、批判黑格尔的国家哲学和法哲学的目的并不在于简单地颠倒二者的关系，而是要通过批判揭示出其中所内含的人的异化的生存结构。在《巴黎笔记》中马克思指出，"黑格尔站在现代国民经济学家的立场上"②。那么国民经济学家的立场是什么呢？"国民经济学把社会交往的异化形式作为本质的和最初的形式、作为同人的本性相适应的形式确定下来了。"③因而"国民经济学只不过表述了异化劳动的规律罢了"。④ 换言之，黑格尔在他的国家哲学和法哲学中——同国民经济学家一样——展示出来的正是人的这种分裂状态。黑格尔的哲学与英法的政治经济学、法国的政治革命是对处于同一层次的资本主义时代历史的不同阐释。正是在这个意义上马克思说，"正像古代各族是在幻想中、神话中经

①　《马克思恩格斯全集》第 1 卷，人民出版社 1956 年版，第 443 页。
②　《马克思恩格斯全集》第 3 卷，人民出版社 2002 年版，第 320 页。
③　《马克思恩格斯全集》第 42 卷，人民出版社 1979 年版，第 25 页。
④　《马克思恩格斯全集》第 3 卷，人民出版社 2002 年版，第 278 页。

历了自己的史前时期一样,我们德意志人是在思想中、哲学中经历自己的未来的历史的。我们是本世纪的哲学同时代人,而不是本世纪历史的同时代人。德国的哲学是德国历史在观念上的继续。因此,当我们不去批判我们现实的历史的 oeuvres incompètes[未完成的著作],而来批判我们观念历史的 oeuvres posthumes[遗著]——哲学的时候,我们的批判恰恰接触到了本世纪所谓的 that is the question![问题所在!]的那些问题的中心。"①也就是说,对黑格尔法哲学与国家哲学的批判所触及的正是时代的根本问题。

因此,马克思当时面临的"总问题"实质上是"解放何以可能的问题",即人的自我分裂和对立以及如何消除这种分裂和对立而实现人的解放问题。

三、马克思思想变革的革命性

如果说整个近代西方哲学将思维和存在的关系问题作为基本问题,并将寻求二者的统一性作为自己的目标实现了哲学的认识论转向的话,那么马克思将哲学的根本问题由思存关系问题转变为人的自我分裂和对立问题,并寻求消除二者的分裂和对立以实现人的解放,则实现了哲学的生存转向。具体可以从以下几个方面进行分析:

思维和存在的关系问题并不是从来就有的,或者说只是在近代西方的历史进程中才成为问题。正如黑格尔所言,"这种两个世界的各不相涉和分离隔绝,是在中世纪搞出来的,"②正是在中世纪基督教确立了天国与尘世、内在的超感性世界与外在的自然界之间的分裂和对立。而文艺复兴、启蒙运动和宗教改革对基督教神学的批判则逐步消解了内在超感性世界的神圣性而使之成为思维的理智。"这种思维的出现,主要是随着人们对自在存在的反思,是一种主观的东西,因此它一般地与存在有一种对立。所以全部兴趣仅仅在于

---

① 《马克思恩格斯全集》第 1 卷,人民出版社 1956 年版,第 458 页。
② 黑格尔:《哲学史讲演录》第 4 卷,商务印书馆 1978 年版,第 3 页。

和解这一对立,把握住最高度的和解,也就是说,把握住最抽象的两极之间的和解。这种最高的分裂,就是思维与存在的对立,一种最抽象的对立;要掌握的就是思维与存在的和解。从这里起,一切哲学都对这个统一发生兴趣。"①而所谓的和解,"就是某一假定客体的进入意识"。②

但马克思并没有停留于纯粹的思维领域,马克思同样从黑格尔的"思存统一"原则出发,通过揭示其思辨的概念对现实生活的抽象而深入到现实的社会生活,在对政治解放的分析之中把思维与存在的关系问题提升为社会问题,提升为人的生存问题。这样马克思就从根本上改变了思维与存在统一问题的提问方式,并引导了全新的解答问题的途径。

如果从认识论的角度来说,思维和存在的统一性问题的实质是主观与客观如何相符合,或者说认识的真理性的根据是什么的问题,那么从生存论的角度来说这一问题就转变为人自身的分裂是如何产生的问题。换言之,在认识论的转向中思维和存在是被视为两个不同的存在或本体,而在生存论转向中则成为同一个人的存在的两个方面。因此,思存统一问题就成为人自身的内在的问题。如果仅止于此,那么马克思的思想确实可以被归入"斯宾诺莎的类"。马克思思想变革的革命性质正是体现在从人自身的存在出发去寻求问题的解答,提出了解答问题的另一种方式。

马克思在《黑格尔法哲学批判导言》中指出,"人并不是抽象的栖息在世界以外的东西。人就是人的世界,就是国家,社会。""人是人的最高本质"、"人的根本就是人本身"。③ 马克思对人的本质的这种简单概括,其内在的含义有如下两个方面:其一,人是自己确证自己的存在的,不能用一个外在的概念去限定人本身,即只有从人自身出发才能解答人的存在问题。其二,人就是其创造的世界,人与其生活的世界是同一的,国家、社会就是人的存在方式。

---

① 黑格尔:《哲学史讲演录》第4卷,商务印书馆1978年版,第6页。
② 黑格尔:《哲学史讲演录》第4卷,商务印书馆1978年版,第6页
③ 《马克思恩格斯全集》第1卷,人民出版社1956年版,第452、461、460页。

因此,思维与存在、人与自然并不是两种绝对不同的存在,而是同一存在的不同的表现形式。如果说马克思在《黑格尔法哲学批判导言》中只是提出了人的本质规定,那么在《1844年经济学哲学手稿》中马克思则深入细致地阐明了人的生成的本质,为解决这一问题奠定了坚实的基础。

马克思在《1844年经济学哲学手稿》中指出,从自然的角度来说,人同自然的其他生命个体一样是自然的存在物,人靠自然界生活。"自然界,就它自身不是人的身体而言,是人的无机的身体。人靠自然界生活。这就是说,自然界是人为了不致死亡而必须与之处于持续不断的交互作用过程的、人的身体。"①如果仅止于此,人不过是自然界的一部分,而且是最无关紧要的部分,也就无所谓人与自然的差别问题。但从人的角度来说,人是以自然为对象的、对象性的存在物。人只有以自然界为其活动的对象才能存在,自然也只有作为人之活动的对象对于人来说才是存在的。正是人的对象性实践活动的双重的尺度——任何一种自然物的尺度和人自身的内在尺度——的统一,一方面扬弃了对象世界的外在性和给定性,使现实的自然界得以生成,另一方面则使人超越了自然的存在作为人得以生成。因此,人与自然是相互包含、相互设定的。"当现实的、肉体的、站在坚实的呈圆形的地球上呼出和吸入一切自然力的人通过自己的外化把自己现实的、对象性的本质力量设定为异己的对象时,设定并不是主体;它是对象性的本质力量的主体性,因此这些本质力量的活动也必须是对象性的活动。对象性的存在物进行对象性活动,如果它的本质规定中不包含对象性的东西,它就不进行对象性活动。它所以只创造或设定对象,因为它是被对象设定的,因为它本来就是自然界。因此,并不是它在设定这一行动中从自己的'纯粹的活动'转而创造对象,而是它的对象性的产物仅仅证实了它的对象性活动,证实了它的活动是对象性的自然存在物的活动。"②因此,人是自我生成的存在,是在以自然为对象的实践活动之中现实地

① 《马克思恩格斯全集》第3卷,人民出版社2002年版,第272页。
② 《马克思恩格斯全集》第3卷,人民出版社2002年版,第324页。

生成的。

但是在马克思看来,人的自我创造、自我生成并不是一次性完成的。这根源于人的对象性实践活动意义的双重性:一方面是人的本质通过它而得以确证,即人通过对象性的活动将自己的内在本质对象化,在外在的对象中体现出来,从而在其所创造的对象中直观到自身。因而,另一方面对象性活动本身同时设置对象,即将人的内在本质外化为人的活动的对象。"一个有生命的、自然的、具备并赋有对象性的即物质的本质力量的存在物,既拥有它的本质的现实的、自然的对象,而它的自我外化又设定一个现实的、却以外在性的形式表现出来因而不属于它的本质的、极其强大的对象世界,这是十分自然的。"①也就是说,对象性实践活动的结果依然是对象。因此,人的本质的自我确证不可能是一次性完成的,而只能表现为一个永恒的自我创造、自我超越的过程。但是,作为自然的存在物,人的生命是有限的,在一个有限的生命之中,如何实现这个无限的过程呢?尽管个人的生命是有限的,是会消失的,但人在有限生命活动中所创造的现实的世界并不会随着个体的死亡而消失的,这个现实的世界为人的自我超越活动奠定了基础,尽管它本身的存在也应该是被超越的。换言之,每一代人的生活都是建立在其先辈所创造的世界基础之上的,而其自身的确证只有通过对已知世界的超越才能完成。这样,人的本质的自我确证就表现为人类世代相传、有限的生命无限相续的过程。因此,人的存在本身就是历史性。

马克思正是基于对人之存在的历史性的深刻的理解,最终超越了近代西方形而上学,并将人与世界的存在阐释为人通过自身的对象性的实践活动现实地生成的过程,开启了哲学的生存论转向。因此,马克思哲学的根本性质是生成论的。

---

① 《马克思恩格斯全集》第3卷,人民出版社2002年版,第323页。

四、解放何以可能的解答

如果说"解放何以可能?"的问题是马克思的"总问题",那么这也就提示了一个我们用以理解和把握马克思思想发展的根本点,即以实现人的解放为出发点去理解马克思各个不同时期的思想,从而发现其思想逻辑的内在一致性,以及由于社会历史条件的变化、面对的现实问题的不同而带来的各个不同时期马克思思想之间的差别。只有把握住思想的内在一致性,才能真正把握马克思思想发展的内在逻辑,从而形成对其思想的总体的理解和把握;只有阐明马克思各个不同时期思想之间的差异,才能真正理解马克思思想何以是一个不断发展的思想体系。因为构成思想发展阶段的,恰恰就是不同时期思想之间的差异。

在《德法年鉴》时期,马克思确立了其思想的总问题,开始了对近代思辨形而上学的革命性变革,开启了生成论转向,在接下来的《巴黎笔记》中,马克思则是以人的解放为根本目标,通过批判资产阶级政治经济学进一步揭示了资本主义条件下人——特别是无产阶级——的生存状况,形成了异化劳动理论,揭示了私有财产的本质,进而阐明了资本主义社会异化劳动与私有财产的关系。通过批判地分析资产阶级政治经济学的基本前提——私有财产——揭示了政治经济学所阐述的物的关系背后隐藏着的人的关系,从而阐明了政治经济学批判的目的并不在于批判资产阶级政治经济学,而是其所描述的社会现实。正如马克思指出的:"我们把私有财产的起源问题变为外化劳动对人类发展进程的关系问题,就已经为解决这一任务得到了许多东西。因为人们谈到私有财产时,总以为是涉及人之外的东西。而人们谈到劳动时,则认为是直接关系到人本身。问题的这种新的提法本身就已包含问题的解决。"①

---

① 《马克思恩格斯文集》第 1 卷,人民出版社 2009 年版,第 168 页。

也正是异化劳动理论形成的过程中,马克思通过对人的对象性实践本质的理解和把握,建构了对整个人类世界的基本理解,阐明了现实的人与人的生活世界在人的对象性实践活动过程中历史地生成过程,既超越了近代西方形而上学对人与世界关系的基本理解,同时也为批判一般形而上学奠定了坚实的基础。正是基于对政治经济学的批判及在这一过程中形成的对人与人的世界的全新理解,马克思开始了对资本主义及黑格尔思辨哲学的双重批判,其目标就是人的解放——共产主义。只是在《巴黎笔记》中马克思对共产主义的理解更多的还是理论性的,是基于对人的活动的内在逻辑的理解和把握,因此被称为"哲学共产主义"。对此可以借助《1844年经济学哲学手稿》中马克思的三个命题来说明:其一,"异化是以人的内在本质为依据的",其大意是异化是根源于人的内在的生存结构,并不是外在的东西。因此,异化对于人的现实的存在来说是一个不可避免其发生的必然的阶段。其二,"自我异化借以实现的手段本身就是实践的",也就是说,正是在人的实践活动过程中出现了人的自我异化,这是人的实践活动的结果。正是由于作为人的对象性实践活动结果的对象的丧失,才导致人的自我异化。其三,"自我异化的扬弃与自我异化走的是同一条道路",既然自我异化是在人的对象性实践活动中产生的,那么自我异化的扬弃也只有通过人的对象性实践活动才可能完成。由此,人的存在似乎就表现为非异化—异化—扬弃异化的辩证否定的过程。因而,马克思在《1844年经济学哲学手稿》中对作为完成了人的解放的共产主义的论述就表现为一种理论逻辑的回归,与现实的社会生活并无必然的联系。也正因如此,才被称为"哲学共产主义"。

之所以如此,我想大概有以下两个方面的原因:其一,是此时马克思尚未完成对一般形而上学的批判,还没有完全走出黑格尔思辨哲学的理论逻辑,还没有通过批判近代西方形而上学把握住黑格尔思辨的概念逻辑体系掩盖着的资本主义社会的现实。尽管此时的马克思确实找到了解决问题的切入点,那就是私有财产问题实质上是根源于人类发展的历史进程,私有财产关系并不仅仅是物的关系,而是人的关系,但由于此时的马克思还刚刚开始批判政治经济学,还没有真正深入到政治经济学理论体系内部并发现其中所掩盖着的现实的人的生存结构,因而还无法真正超越黑格尔哲学。不过此时的马克思已经明确地认识到了黑格尔的劳动概念的纯精神性——黑格尔唯一知道并承认的劳动是抽象的精神的劳动。但黑格尔只看到了劳动是人的自我确证这一积极方面,而没有看到劳动的消极方向,即劳动是人在外化范围之内的或者作为外化的人的自为的生成。也就是劳动中必然会发生的人的自我异化过程。因此,黑格尔以劳动为核心建构自己的理论体系时,并没有意识到这不过是以概念逻辑的方式表现了人的异化的生成过程。其二,尽管此时的马克思已经初步确立了理解人类历史的基本原则,但还没有完成自己的历史理论的建构,没有能够真正深入到现实的历史进程之中,更没有形成理解和阐释人类历史的系统的理论体系。这一步直到《神圣家族》中彻底地清算了近代西方形而上学之后,才在《德意志意识形态》中真正完成。也正是由于唯物史观的创立,才使马克思对政治经济学的批判有了坚实的理论基础。因而我们就在马克思思想发展的下一个阶段看到了以唯物史观为基础的政治经济学批判与一般形而上学批判的统一的重要的著作——《哲学的贫困》。从理论发展的逻辑来说,这种统一是马克思思想发展的一个必然的结果。也正是马克思需要展开这样的批判的时候,一个合适的批判对象——蒲鲁东及其《贫困的哲学》——出现了。之所以说蒲鲁东及《贫困的哲学》是一个合适的批判对象,正如马克思所说:"蒲鲁东先生不幸在欧洲异常不为人了解。在法国,人家认为他理应是一个拙劣的经济学家,因为他在那里以卓越的德国哲学家著称。在德国,人家却认为他理应是一个拙劣的哲学家,因为他在那里以最杰出的法国经济学家著称。我们是德国人同时又是经济学家,我们要反对这一双重错误。"①自此以后,马克思对政治经济学的批判始终没有离开唯物史观的

---

① 《马克思恩格斯全集》第4卷,人民出版社1958年版,第75页。

基地。正如恩格斯所说,唯物史观和剩余价值学说的发现,使社会主义实现了从空想到科学的发展,为人的解放提供了最终的理论指引。

至于说,马克思那一系列的大部头的政治经济学批判的著作怎样才能被解释成社会历史批判的著作,我们留待后面再详细阐释。这里的关键是要说明《巴黎笔记》究竟在马克思思想发展中处于什么样的位置,其对于马克思思想的未来发展提出了哪些新的东西。

第三章 《巴黎笔记》的基础性地位及其政治经济学批判

马克思真正开始政治经济学研究的第一个重要的成果是《巴黎笔记》,由《笔记》和《手稿》两部分共十个笔记本构成。在某种意义上可以说,《手稿》(即《1844 年经济学哲学手稿》)是马克思在大量阅读政治经济学著作的基础上准备写作的一部专门性的著作。

对于《1844 年经济学哲学手稿》在马克思思想形成中的地位问题,国内学术界总体的评价基本上是一致的,即尽管《1844 年经济学哲学手稿》还是马克思思想不成熟时期的著作,但在马克思思想形成中具有极其重要的地位和作用。对于《1844 年经济学哲学手稿》内容的研究,还主要集中于异化劳动理论以及在此基础上展开的对资本主义的批判、哲学共产主义思想、人与自然关系思想的生态学意义,以及对黑格尔辩证法和整个哲学的批判等具体的内容,但从总体上、从马克思思想发展的理论逻辑上去理解《1844 年经济学哲学手稿》的成果并不多。从马克思思想发展的总体逻辑来看,《巴黎笔记》是马克思在明确自己面临的总问题——解放何以可能——的前提下,通过批判资产阶级政治经济学以揭示资本主义的社会运行的基本逻辑,寻求实现人的解放的现实路径的开始。同时,也是在经过对《黑格尔法哲学批判》明确黑格尔的思辨哲学与古典政治经济学的内在一致性之后逐步展开对一般形而上学批判的开始。因此马克思明确指出,在《1844 年经济学哲学手稿》的最后展开对黑格尔辩证法和整个哲学的批判是十分必要的。

　　如果说在《黑格尔法哲学批判》中，马克思还不理解黑格尔辩证法是因为不理解市民社会的经济结构对于黑格尔哲学的意义的话，那么在《1844年经济学哲学手稿》中初步完成了政治经济学的批判，并通过对政治经济学批判而明确了人的对象性实践活动与现实的人类历史之间的关系之后，马克思对黑格尔辩证法的理解就达到了一个全新的高度——不仅抛弃了其唯心主义性质，而且深入到历史的那一度中去，阐明了辩证法作为人之存在方式的社会历史性质。而对于黑格尔辩证法的这一超越，同样为批判资产阶级政治经济学提供了一个基本的理论基点，即任何社会都不是永恒的，只不过是现实的人类社会历史进程中的一个阶段。大概正是基于此，马克思在《1844年经济学哲学手稿》的序言中才明确指出："本著作的最后一章，即对黑格尔的辩证法和整个哲学的剖析，是完全必要的，……因为即使是批判的神学家，毕竟还是神学家，就是说，他或者不得不从作为权威的哲学的一定前提出发，或者当他在批判的过程中以及由于别人的发现而对这些哲学前提产生怀疑的时候，就怯懦地和不适当地抛弃、撇开这些前提，仅仅以一种消极的、无意识的、诡辩的方式来表明他对这些前提的屈从和对这种屈从的恼恨。"[1]因此可以说，此时马克思已经明确意识到批判和清理黑格尔哲学及其解体后形成的各种哲学派别的思想对于解决面临的理论问题的必要性，以及这一清理对于思想本身的发展的重要意义。这一点正是在此后的《神圣家族》和《德意志意识形态》中完成的。

　　我们认为，《1844年经济学哲学手稿》的核心思想并不是异化劳动理论及以此为基础展开的对资本主义的批判[2]，而是表现在三个方面：其一，通过揭示异化劳动与私有财产关系，阐明了作为政治经济学前提的私有财产的本质，

---

　　①　《马克思恩格斯全集》第3卷，人民出版社2002年版，第220—221页。
　　②　有学者将此时马克思对资本主义的批判称为道德的批判，恰恰就在于仅仅从异化劳动的分析入手去理解《1844年经济学哲学手稿》的思想，并没有真正触及到《手稿》中通过对私有财产本质的揭示对于批判资产阶级政治经济学的重要意义及在这一过程中形成对人与世界关系的揭示。

并为政治经济学批判的概念、范畴和理论体系的建构奠定了基本框架;其二,是通过阐明人的对象性实践活动的本质及人之存在的历史性,进一步说明了现实的人及其生活世界的统一性及二者在人的对象性实践活动中的生成过程,从而明确了现实的生活世界的历史性,为彻底地清算黑格尔辩证法和整个哲学提供了理论基础和现实基础;其三,通过批判一般形而上学与批判政治经济学的结合,逐步展开了对各种空想社会主义思潮的批判,并从哲学的视角对共产主义的内涵进行了阐释。对此,需要进行深入的分析。

一、对政治经济学的批判

在《巴黎笔记》中,马克思通过完全经验的、对国民经济学进行深入的批判研究,揭示了古典政治经济学的内在矛盾及其非历史性,初步阐明了资本主义运行的基本趋势及必然造成的无产阶级非人的生存状态,为批判资本主义社会寻求人的解放奠定了现实基础。

首先,马克思通过对政治经济学导致的现实的社会状况的分析,揭示了无产阶级的生存状况。马克思指出:(1)政治经济学以增进国民财富为其根本目标,以实现人的幸福,但是在政治经济学导致的这种富裕社会中大多数人却是贫穷的、痛苦的和不幸福的。无论是在社会的衰落状态中,还是在社会财富增进的状态下,工人的生活都是痛苦而不幸的。造成这种痛苦和不幸的根源并不是由于无产阶级本身,而是根源于资本主义经济运行的基本规律。因而,"贫困从现代劳动本身的本质中产生出来。"①(2)按政治经济学的理论来说,全部劳动产品都应属于工人。但"实际上工人得到的是产品中最小的、没有就不行的部分,也就是说,……只得到不是为繁衍人类而是为繁衍工人这个奴隶阶级所必要的那一部分。"②——工资。在政治经济学家看来,劳动可以用来

---

① 《马克思恩格斯全集》第 3 卷,人民出版社 2002 年版,第 232 页。
② 《马克思恩格斯全集》第 3 卷,人民出版社 2002 年版,第 230 页。

购买一切,而资本就是积累起来的劳动,因而资本可以购买一切,包括工人的劳动。工资就是资本家偿付工人劳动的价格。这里包含着一个内在的逻辑矛盾,即积累起来的死劳动——资本——可以购买一切,但工人的劳动——活劳动——的存在却必须以其自身的丧失为前提,即工人只有出卖自己的劳动才能活下来。(3)在工人和资本家的竞争中,尽管是工人的劳动创造了一切,但是工人却始终处于不利的地位。工人,这个物质财富的创造者却始终处于奴隶的地位。一方面在竞争中资本家处于绝对有利的位置,因为在都不进行劳动的前提下,资本家一定会比工人活得更长久——资本家拥有大量的物质财富,而工人则一无所有。另一方面,在分工得到充分发展的情况下,工人想要从一个生产领域转向另一个生产领域是极为困难的。正是由于分工,工人的劳动越来越片面化,越来越依赖于一定的、机器般的劳动,从而在整个生产体系之中被固定在某一确定位置。而资本活动领域的转换则容易得多。同时,由于生产过程的机器化,必然会导致机器与工人的竞争。通过分工和技术的进步,机器不断地在夺走工人的饭碗。这就表明,在劳动的过程中,工人活动的全部自然的、精神的和现实的社会差别,即其为一个社会的人的感性的存在,都成为对其生存不利的因素。"而死的资本总是迈着同样的步子,根本不在乎实际的个人活动如何。"①

对于政治经济学的这种矛盾反映出来的工人的现实的生存状况,马克思从历史和现实两个方面分析了其存在的根源。从现实的方面来看,在政治经济学所描述的那种经济运行之中,工人(劳动)并不是作为人进行生产的,而仅仅是生产过程中的一个因素——尽管这是使全部的生产价值得以实现的根本因素。因而,资本购买工人的劳动与购买其他生产要素是一样的。换言之,在市场上工人劳动的供给同其他的生产要素的供给必须遵循相同的规律。所以说工人并不是作为人,而是作为一种商品被生产出来,同样必须遵循其他任

---

① 《马克思恩格斯全集》第42卷,人民出版社1979年版,第51页。

何商品生产所遵循的规律。从历史的方面来看,形式上工人和资本家之间是自由地签订契约的,但实质上这个契约既不是自由的,更不是平等的。因为工人的自由是一无所有的自由,工人只有出卖自己的劳动,才能获得基本的生活资料,才能使工人的劳动成为现实的劳动,否则工人的劳动只是一种抽象的可能性。政治经济学不过是把人类的最大部分归结为抽象的劳动,而且对于工人来说还是有害的、造孽的劳动。工人的自由只是选择饿死,或者选择进入资本家的工厂接受剥削的自由。因此,像蒲鲁东那样把工资的平等作为革命的目标,只不过是给奴隶以更多的生活资料,是不可能改变现实的状况的。

其次,马克思分析了资本主义运行的规律,揭示了资本竞争必然导致资本在少数大资本家手中的积累,以及由此必然带来的社会的两极分化,即分化为有产者阶级和没有财产的无产阶级。马克思是从三个层次,依次递进地分析了资本积累的趋势的。从资本自身来说,资本就是积累起来的劳动。因此,通过对自然产品的加工和再加工,不仅会使获利资本的数额增长,而且会使后来的资本比先前的资本大。从资本之间的竞争来说,大资本对于小资本总是具有竞争的优势。因为按照同样的利润来计算的话,大资本总是比小资本增长的速度要快,而且这种增长的速度的差距是不断加速的。但是,随着资本的积累,资本的利润率就会下降,从而更不利于小资本的生存。所以必然的结果是大资本逐步侵蚀、消灭小资本,从而使小资产阶级破产,沦为无产阶级。这是资本竞争的必然规律。"在私有制的统治下,积累就是资本在少数人手中的积聚,只要听任资本的自然趋向,积累一般说来是一种必然的结果;而资本的这种自然使命恰恰是通过竞争来为自己开辟自由的道路的。"①

再次,马克思通过对地租与利润率关系的分析,揭示了资本利润和地租之间的关系,阐明在资本主义条件下,必然会发生的大土地对小土地的吞并,地产集中,这与资本竞争中出现的状况是一样的。最终的结果是资本家和土地

① 《马克思恩格斯全集》第3卷,人民出版社2002年版,第243页。

所有者之间的差别的消失,原有的小土地所有者破产,与土地上的农民一样沦为无产者,整个社会最终划分为资本家阶级和工人阶级。其一,土地所有者从一切社会财富的增长中获益的同时,与整个社会的利益相敌对。马克思指出,根据政治经济学的理论,土地所有者同资本一样从社会的发展中获利,从一切的社会财富的增长中获取利益。一方面,地租会随着人口的增长而增长,因为人口的增长会增加对土地这一生活必需品的需求,无论这种需求是以住房、食物还是活动场所等形式表现出来,还是以生产资本的形式表现出来;另一方面,随着经济的发展带来的原材料价格的提高、技术的进步、开发出新的原材料、提高土地的产出率,以及交通运输条件的改善对土地利用率的改变,都会带来地租的增长。因为这种变化会使原来不能利用的土地得到利用,从而提高原来已经利用的土地的地租。因而,土地所有者的利益与社会大部分人的利益是不一致的,土地所有者的利益不仅同租地农场主、雇农、资本家和产业工人的利益相对立,而且由于竞争必然与其他的土地所有者的利益相敌对。

其二,地产之间的竞争与资本之间的竞争是一样的,其必然的结果是大地产的积累和大地产对小地产的吞并。由于土地的特殊性,使工人和劳动在农业生产中的相对数量不会像在工业生产中因资金和技术的增长而大幅度地减少,同样也不像在工业生产中那样随着资金和技术的投入而大幅度提高。也就是说,对于相同大小的土地来说,其所必需的基本的生产投入是不变的,但地产的面积是可以不断扩大的。因此,在竞争中大地产总是比小地产有更多获利,积累的速度也就更快。另一方面,租地农场主投入改良土地的资金同样成为大土地所有者的积累。而对于小土地所有者来说,为了提高土地的生产效率,就必须将自己的资本投入到土地中,以改良土地,从而侵蚀其资本的利润。"在这种情况下,自耕的小土地所有者和大土地所有者的关系,正像拥有自己的工具的手工业者和工厂主的关系一样。小地产简直成了劳动工具。对小土地占有者来说,地租完全消失了,留给他的至多只是他的资本的利息和他的工资;因为通过竞争,地租可能降低到刚好相当于并非土地占有者本人所投入的那笔资本的利息。"①也就是说,在土地的竞争中小土地所有者同样摆脱不了资本竞争中小手工业者和小资产阶级的命运,必然会丧失其全部的土地而最后沦为农业产业工人或者工业产业工人。同时还必须注意这样一种现象,即由于资本参与土地的竞争,从而使大部分土地落入资本家手中,使大资本家同样成为土地所有者;正像大土地所有者同样会参与资本的竞争而成为产业资本家一样。"因此,最终的结果是资本家和土地所有者之间的差别消失,以致在居民中大体上只剩下两个阶级:工人阶级和资本家阶级。"②

其三,马克思分析了需要、生产和分工的关系,揭示了分工和私有财产的关系及其在历史发展中的作用。在马克思看来,满足人的需要的根本方式是生产,任何新的生产方式和新的劳动产品对于人来说都意味着人的本质的丰富性增加,必然会产生新的人的本质力量并使之得到确证。但是,在私有制的前提下,这一切却都具有完全相反的意义,即任何新的需要都意味着人的本质的自我丧失。因为在私有制的前提下,生产是私人性质的,而非社会的生产,也就是说生产并不是人为了作为人的人而从事的生产,每一个生产者与他人的产品都不具有人的关系,他们都把自己的产品视为自己的、物化的私利。尽管在这种情况下人的需要与产品之间依然存在着人的关系。但在以私有制为基础的生产中,"你作为人同我的产品有一种人的关系;你需要我的产品;因此,我的产品对你来说是作为你的愿望和你的意志的对象而存在的。但是,你的需要、你的愿望、你的意志对我的产品来说却是软弱无力的需要、愿望和意志。换句话说,你的人的本质,因而也就是同我的人的产品必然有内在联系的本质,并不是你支配这种产品的权力,并不是你对这种产品的所有权,因为我的产品所承认的不是人的本质的特性,也不是人的本质的权力。相反,你的需要、你的愿望、你的意志是使你依赖于我的纽带,因为它们使你依赖于我的产品。它们根本不是一种赋予你支配我的产品的权力的手段,倒是一种赋予我

---

① 《马克思恩格斯全集》第3卷,人民出版社2002年版,第259页。
② 《马克思恩格斯全集》第3卷,人民出版社2002年版,第260页。

支配你的权力的手段。"①也就是说,人的需要、人的本质联系的纽带变成了使人受制于他人产品的强制力。需要作为人的本质的表现,使人成为受奴役的对象;劳动作为人的本质确证的手段,也成为奴役自己及他人的手段和工具。在这种人与人相互奴役的生产和交往中,每一个私有者都千方百计地试图在别人身上唤起某种新的需要,诱使别人追求新的享受并提供满足这种新的需要的方式,从而使他人陷入新的依赖地位。每个人都试图创造出新的异己的力量以支配他人,进而实现自己的私利。因此,随着生产出来的对象的数量、种类的增长,与这种增长相对应的是人的需要的增长,异己的、压制人的物的王国也在扩张,因为每一个新产品的出现都是产生相互欺骗和相互掠夺的新的潜在力量。也就是说,增长的社会财富等于扩大的奴役。人的这种被奴役的状况的根本表现就是生活资料不属于自己,而属于别人。

在马克思看来,分工是人的活动的相互交换和补充,因而不仅对于创造社会财富来说,而且对于人的本质发展来说,都具有重要的推动作用。因为人与动物不同,"动物不能把同类的不同特性汇集起来;它们不能为同类的共同利益和方便做出任何贡献。人则不同,各种各样的才能和活动方式可以相互利用,因为人能够把各种不同的产品汇集成一个共同的资源,每个人都可以从中购买所需要的东西。"②因此借助于分工,人不仅可以充分发展每一个人的自然差别,并使这种自然差别成为对人有益的方面,即在使人的本质的丰富性得到充分发展的同时获得相应的满足。但是,由于分工对于人的发展具有的有益方面是以交换为前提的,只有在真正的人与人的关系中这种分工才能成为对人的存在有益的方面。因此,在私有制的前提下,分工必然造成的问题是:一方面,分工在造成人的某一方面才能充分发展的同时,必然意味着其他某些方面能力的退化,而且分工越是深入细致,人的充分发展的才能方面就越单

① 《马克思恩格斯全集》第42卷,人民出版社1979年版,第34—35页。
② 《马克思恩格斯全集》第42卷,人民出版社1979年版,第147页。

一,而退化的方面就越普遍;另一方面,由于私有制只承认个人对其产品的私有权,人们进行交换的动机不是人性而是利己主义,因此,在由于分工形成的交换中人的本质的相互补充反而变成了人的相互奴役。在以私有财产为前提的交换中,人与人的社会关系、人的需要的相互补充不过是假象,是一种以相互掠夺为基础的假象。因为在交换的过程中,每一个人都把自己的产品视为支配另一个人及其产品的权力。正如马克思指出的:"当然,在你心目中,你的产品是占有我的产品从而满足你的需要的工具、手段。但是,在我心目中,它是我们交换的目的。相反,对我来说,你是生产那在我看来是目的的物品的手段和工具,而你对我的物品也具有同样的关系。但是,(1)我们每个人实际上把自己变成了另一个人心目中的东西;你为了占有我的物品实际上把自己变成了手段、工具、你的物品的生产者。(2)你自己的物品对你来说仅仅是我的物品的感性的外壳,潜在的形式,因为你的生产意味着并表明想谋取我的物品的意图。这样,你为了你自己而在事实上成了你的物品的手段、工具,你的愿望则是你的物品的奴隶,你象奴隶一样从事劳动,目的是为了你所愿望的对象永远不再给你恩赐。"①也就是说,每一个人都把别人视为实现自己目的的手段和工具,其结果必然是每一个人都沦落为手段和工具。就总体来说,就是人的绝对的丧失。

在分析了分工和私有制造成的人的这种绝对的异化的存在状态之后,马克思对生产中人与人的真正关系进行了阐述。马克思认为,在真正的以人的关系为目的的生产中,每一个人都在生产中双重地肯定了自己和其他的人。一方面,通过现实的社会物质财富的生产,生产者物化了他的个性和个性的特点,从而既在他创造的劳动产品中认识到其个人的生命表现,又在生产的过程中认识到自己的人的特性是物质的、感性直观的、因而是毫无疑问的权力而感受到生命的乐趣;另一方面,通过交换实现人的需要的相互满足时,每一个生

① 《马克思恩格斯全集》第42卷,人民出版社1979年版,第36—37页。

产者都能够明确意识到他的劳动的人的性质，即满足了人的需要，使得人的本质物化，并创造出与人的本质需要相符合的物品。因而，对于每一个生产者来说，他都在自己的生命表现中，即在生产中直接创造了他人的生命表现，在自己的生产活动中直接实现和证实了自己的真正的本质——人的本质，人的社会本质。正是通过这种生产和交换，每一个生产者都成为一个中介，既是他人与类的中介，同时也是自己与类之间的中介，意识到他人是自己不可分割的组成部分，意识到生产者之间的相互补充与证实。从而使分工真正成为对人有益的方面。

正是因此，马克思指出："如果人的感觉、激情等等不仅是［本来］意义上的人本学规定，而且是对本质（自然）的真正本体论的肯定；如果感觉、激情等等仅仅因为它们的对象对它们是感性地存在的而真正地得到肯定，那么不言而喻：（1）对它们的肯定方式决不是同样的，相反，不同的肯定方式构成它们的存在的、它们的生命的特殊性；……（2）如果感性的肯定是对采取独立形式的对象的直接扬弃（吃、喝、对象的加工，等等），那么这就是对对象的肯定；（3）只要人是合乎人性的，因而他的感觉等等也是合乎人性的，那么对象为别人所肯定，这同样也就是他自己的享受；（4）只有通过发达的工业，也就是以私有财产为中介，人的激情的本体论本质才既在其总体上、又在其人性中存在；因此，关于人的科学本身是人在实践上的自我实现的产物；（5）私有财产的意义——撇开私有财产的异化——就在于本质的对象——既作为享受的对象，又作为活动的对象——对人的存在。"①在这样长的一段表述中，马克思既明确了人是通过感性的、对象性的活动来确证人的本质的，又明确了各种不同的对象性的活动方式不过是人的本质的独特性的不同表现形式。人通过感性对象性实现自己人的本质的方式，既可以是主动的，即在对象性活动中的自我确证；也可以是被动的，即通过他人的对象实现自我肯定，因为在人的关系中

---

① 《马克思恩格斯文集》第1卷，人民出版社2009年版，第242页。

的受动,是人的一种自我享受。因此,在真正的人的关系中,人是以一种全面的方式、作为一个完整的人确证自己的全面的本质的。但是,人的这种全面的本质只有以私有财产为中介才是可能的,才能成为现实。分工——私有制的同义语——虽然使人变得如此的片面,但同样使个体的某一方面得到了充分的发展,尽管造成了个体的片面化、抽象化,但从总体来说,如果能够超越这种异化,在真正人与人的关系中就能够看到总体性的、真正的人的存在。因此马克思说:"分工和交换是私有财产的形式,这一情况恰恰包含着双重证明:一方面人的生命为了本身的实现曾经需要私有财产;另一方面人的生命现在需要消灭私有财产。"①私有财产的历史必然性就在于此。

马克思之所以能够通过对国民经济学分析得出上述结论,就在于"国民经济学把社会交往的异化形式作为本质的和最初的形式、作为同人的本性相适应的形式确定下来了。国民经济学——同现实的运动一样——以作为私有者同私有者的关系的人同人的关系为出发点。"②也就是说,政治经济学的全部的矛盾的根本就在于私有财产这一前提。因此,揭示私有财产的本质及其与人的活动的关系,就成为展开政治经济学批判的基点和前提。

二、私有财产本质的揭示与政治经济学批判

为了解决使他苦恼的"对物质利益发表意见的难事",马克思开始研究资产阶级政治经济学,以便实现对市民社会的剖析,因为"对市民社会的解剖应该到政治经济学中去寻求。"正是通过批判资产阶级政治经济学,马克思阐明了市民社会的实质及其内在矛盾,为解决国家与市民社会、市民社会的个人与共同体的人的分裂和对立,最终实现人类解放作出了重要的理论贡献。因此,马克思从来没有将自己的研究称为"政治经济学",而始终用政治经济

---

① 《马克思恩格斯全集》第 3 卷,人民出版社 2002 年版,第 357—358 页。
② 《马克思恩格斯全集》第 42 卷,人民出版社 1979 年版,第 25 页。

学批判来指称。马克思正是在《1844 年经济学哲学手稿》中,阐明了私有财产的本质及其与异化劳动的关系,从而为揭示政治经济学描述的物的运动背后掩盖着的人的活动的规律奠定了基础,也拟定了整个政治经济学批判的基本框架。

首先,通过揭示政治经济学的内在矛盾,马克思确立了政治经济学批判的切入点。在《1844 年经济学哲学手稿》中马克思指出了政治经济学理论的内在逻辑矛盾:其一,按国民经济学家的说法,国民经济学以研究如何增进社会财富为目的,以最终实现个人幸福。但在现实的资本主义社会中却是大部分人的不幸,更为重要的是这种不幸恰恰是在国民经济学导致的最富裕的状态中出现的。马克思因此指出,国民经济学是导致社会的不幸原因。其二,国民经济学承认财富是人的能动的劳动产品,劳动是物质财富的唯一源泉,是用来增加自然产品价值的唯一的东西。因此,是工人的劳动创造了全部社会价值,劳动产品本应属于工人。但"实际上工人得到的是产品中最小的、没有就不行的部分,也就是说,只得到他不是作为人而是作为工人生存所必要的那一部分,只得到不是为繁衍人类而是为繁衍工人这个奴隶阶级所必要的那一部分。"[1]因此,工人劳动的价格比劳动产品更具有偶然性和更容易波动,工人得到劳动产品与其付出的劳动并不成比例,而是与对工人这种"商品"的需求成比例。在社会的衰落状态中,对工人劳动的需求减少,由于工人自己所处的工人的地位使工人遭受的压迫特别沉重,工人遭受的痛苦最深重。而在社会财富增进的状态中,工人也并不会获得更多的好处,而是不可避免地沦为资本的奴隶和相对贫困化的进一步加剧。因为工人的劳动是用以增加资本的力量的唯一的东西,工人付出的劳动越多,资本的力量就越强大,工人也就越衰弱。这种状况正是他的劳动的产物和他生产的财富的产物。因此,工人的贫困是从现代劳动本身的本质中产生出来的。也就是说,从国民

---

① 《马克思恩格斯全集》第 3 卷,人民出版社 2002 年版,第 230 页。

经济学本身的前提出发,马克思得出的结论却是"工人的贫困同他的产品的力量和数量成反比"。工人生产的越多,他们越是通过自身的劳动改造外在的自然界而获得财富,其自身所拥有的就越少,他们就越贫穷,那个凌驾于工人之上并压迫工人的力量也就越强大。其根本的原因就是作为国民经济学理论的前提——私有财产——本身存在问题。"国民经济学从私有财产的事实出发。它没有给我们说明这个事实。它把私有财产在现实中所经历的物质过程,放进一般的、抽象的公式,然后把这些公式当作规律。它不理解这些规律,就是说,它没有指明这些规律是怎样从私有财产的本质中产生出来的。国民经济学没有向我们说明劳动和资本分离以及资本和土地分离的原因。"①因此,对政治经济学的批判就必须从批判政治经济学理论的前提——私有财产入手。

其次,马克思阐明了私有财产与异化劳动的关系,揭示了私有财产的主体本质。马克思在《1844年经济学哲学手稿》中通过批判地分析资本主义条件下工人的生存状况,发现了劳动产品的异化和劳动的异化这两个基本的事实,并由此推出了人的类本质的异化和人与人关系的异化,创立了异化劳动理论,以此为基础展开了对资本主义的批判。有学者认为,马克思在《1844年经济学哲学手稿》中基于异化劳动理论对资本主义的批判还是一种道德批判,并没有触及到资本主义的本质。我们认为,这一判断虽然有一定的道理,但事实上没有真正认识到异化劳动理论对于政治经济学批判具有的重要意义,以及马克思在批判政治经济学的过程中对于人的对象性实践本质、对于人与世界的关系及其存在的历史性的认识所具有的重要的理论意义。一方面,异化劳动理论确实是揭示了资本主义社会工人非人的生存状况,但是更重要的是阐明了私有财产的本质及其与异化劳动的关系:"私有财产是外化劳动即工人对自然界和对自身的外在关系的产物、结果和必然后果。……尽管私有财产

---

① 《马克思恩格斯全集》第3卷,人民出版社2002年版,第266页。

表现为外化劳动的根据和原因,但确切地说,它是外化劳动的后果,正像神原先不是人类理智迷误的原因,而是人类理智迷误的结果一样。后来,这种关系就变成相互作用的关系。"①换言之,私有财产和异化劳动是互为表里的关系,或者说二者不过是同一件事,只不过一个是就活动的结果而言的,另一个是就活动的过程而言的。因此,对资本主义条件下异化劳动的批判本身就是对私有财产的批判,就是对私有财产条件下人与人的关系的批判。国民经济学以私有财产关系、以作为私有者同私有者的关系来阐述的物同物的关系为出发点,"只不过表述了异化劳动的规律罢了"。另一方面,通过揭示私有财产与异化劳动关系,揭示私有财产的本质,为阐明政治经济学批判的性质奠定了基础。马克思对异化劳动与私有财产关系的分析表明,私有财产的关系不过就是劳动与资本及二者之间的相互关系,构成了资本主义条件下一切社会关系的基础,是政治经济学研究的主要对象。因此,借助对异化劳动与私有财产这两个概念及其相互关系的分析,可以"阐明国民经济学的一切范畴,而且我们将重新发现,每一个范畴,例如买卖、竞争、资本、货币,不过是这两个基本因素的特定的、展开了的表现而已。"②也就是说,政治经济学研究的商业、竞争、资本、货币等等一切范畴和因素,不过是私有财产与异化劳动及其相互关系的各种不同的表现、变形和展开的形式,就其实质而言都不过是在私有财产运动基础上人及其活动的各种形式和关系的异化的表现形式。因此,批判政治经济学及其各个范畴之间的关系,也就是对政治经济学所揭示的异化劳动规律的批判,也是对资本主义状态下人的基本的生存状况的批判。这一批判恰恰是由马克思完成的。

马克思在《1844 年经济学哲学手稿》中指出:"我们已经承认劳动的异化、劳动的外化这个事实,并对这一事实进行了分析。现在要问,人怎么使他的劳动外化、异化?这种异化又怎么以人的发展的本质为根据?我们把私有财产

---

① 《马克思恩格斯全集》第 3 卷,人民出版社 2002 年版,第 277 页。
② 《马克思恩格斯全集》第 3 卷,人民出版社 2002 年版,第 278—279 页。

的起源问题变为外化劳动对人类发展进程的关系问题,就已经为解决这一任务得到了许多东西。因为人们谈到私有财产时,认为他们谈的是人之外的东西。而人们谈到劳动时,则认为是直接谈到人本身。问题的这种新的提法本身就已包含问题的解决。"①马克思的这一表述包含三个方面的意思:其一,劳动的异化、外化这是一个历史的事实性的存在,由于政治经济学本身的非历史性特点,没有看到这种劳动的异化、外化是根源于人类一定的历史性活动的结果,而是将其视为前提和出发点。这就构成了政治经济学的基本矛盾之一,即政治经济学一方面承认劳动创造财富,同时又承认私有财产对工人的统治;其二,异化是根源于人的对象性实践活动本质的,是在人的历史性实践活动中产生的,也只有在人的历史性实践活动之中才能实现异化的扬弃。一方面,"异化借以实现的手段本身是实践的",另一方面,"自我异化的扬弃与自我异化走的是同一条道路"。因此,对人的自我异化的批判具有社会历史批判的性质,只有在人类历史的进程中才能实现对人的异化的生存状态的理论的和实践的扬弃。其三,通过对私有财产与异化劳动之间关系的揭示,阐明了政治经济学批判的实质是一种社会历史批判。因为私有财产的问题实质上就是异化劳动的问题,也就是人自身的问题,私有财产关系就是劳动与资本及其相互关系,资本和劳动的关系就是死劳动与活劳动的关系,就是人的自我分裂和对立。正如恩格斯所说:"经济学研究的不是物,而是人和人之间的关系,……马克思第一次揭示出这种联系对于整个经济学的意义,从而使最难的问题变得如此简单明了。"②政治经济学批判就是对资本主义经济关系的批判,就是对现实的资本主义条件下人的自我分裂和对立的生存状态的批判。这种批判必然要建立在对现实的人及其生活的感性世界的理解基础之上。

①　《马克思恩格斯全集》第 3 卷,人民出版社 2002 年版,第 279 页。
②　《马克思恩格斯文集》第 2 卷,人民出版社 2009 年版,第 604 页。

四、感性世界与现实的人

之所以说《1844 年经济学哲学手稿》对于马克思思想的形成具有基础性意义，不仅在于其揭示了政治经济学批判的实质，更为重要的是在分析异化劳动与私有财产关系的过程中，马克思通过对人的本质的分析，揭示了感性世界与现实的人的关系，从而为世界观与唯物史观的统一奠定了基础。这里所说的世界观与历史观（唯物史观）的统一，并不是指两个不同的理论体系内容上的一致性，而是强调二者就是一个东西。马克思的世界观也就是马克思的唯物史观，马克思的唯物史观也就是马克思的世界观。

首先，在《1844 年经济学哲学手稿》中马克思批判了形而上学对现实的人及世界的抽象理解，明确了现实的世界之中人始终是主体这一根本原则。在谈到世界的创造问题时马克思指出，所谓人与世界的创造问题，是一个基于绝对的理论抽象的假问题。对于人与自然是谁创造了谁的问题，实际上可以从两个不同的角度去考虑：一个角度是一定要追问究竟是先有人还是先有自然的问题。对此马克思指出："既然你提出自然界和人的创造问题，你也就把人和自然界抽象掉了。你设定它们是不存在的，你却希望我向你证明它们是存在的。那我就对你说：放弃你的抽象，你也就会放弃你的问题，或者，你想坚持自己的抽象，你就要贯彻到底，如果你设想人和自然界是不存在的，那么你就要设想你自己也是不存在的，因为你自己也是自然界和人。不要那样想，也不要那样向我提问，因为一旦你那样想，那样提问，你就会把自然界的存在和人的存在抽象掉，这是没有任何意义的。"①从这个角度来说，这个问题实际上是不存在的，或者说是一个伪问题。因为这种追问实际上是通过对人与自然的无限的还原和抽象得出来的，而在每一次的还原和抽象的过程中，现实的、感

①《马克思恩格斯文集》第 1 卷，人民出版社 2009 年版，第 196 页。

性的、丰富的人和世界就逐步地被抽象掉了,而归于绝对的无,这是没有意义的。另一个角度是从这种无限的还原和抽象中摆脱出来,把人与自然的关系理解为一个过程,一个在人的对象性实践活动中人与自然的相互生成过程。因此,"应该不是仅仅注意一个方面即无限的过程","还应该紧紧盯住这个无限过程中的那个可以通过感觉直观的循环运动,由于这个运动,人通过生儿育女使自身重复出现,因而人始终是主体。"①也就是说,对于人与自然的关系问题,必须从主体、从人及其现实活动出发才能真正理解。无论是旧唯物主义从客体、直观的形式去理解,还是唯心主义对能动方面的抽象发展,都不可能真正阐明人与自然的关系。正是马克思,从人的对象性的实践活动出发,阐明了人与自然的关系,确立了对现实的人及其世界的全新的理解。

其次,从人的对象性实践活动出发,马克思对人与自然的关系做出了全新的解释,从而明确了"世界"这一概念的全新内涵。与近代西方形而上学从抽象的人与自然出发不同,马克思是直接从感性现实的人与自然出发的。从人这方面来说,人同其他的自然生命个体一样依赖于自然界生活,是自然的存在物;同时人又是以自然为活动对象的对象性的存在物,只有在以自然为对象性实践活动之中,人才能成为人,成为与其他的自然生命个体不同的存在。因为正是在对象性实践活动之中,人通过对象性实践活动的双重尺度创造出一个属人的世界,从而能够在其创造的对象世界之中直观到自身。在这一过程中,人实现了对自然与自身的双重改造,既生成了自然人不具有的新的品质,同时也创造出自然本身不具有的存在形式——属人的自然界。从自然的方面来说,人是自然的存在,是自然界的一部分,正是自然界为人的存在提供了双重的基础:一方面是人的自然生命的基础,即自然界为人的生存提供最基本的生活资料;另一方面自然界为人的活动提供了对象,提供了其必须事先进行加工才能够消化的精神食粮。"说人是肉体的、有自然力的、有生命的、现实的、感

---

① 《马克思恩格斯文集》第 1 卷,人民出版社 2009 年版,第 195—196 页。

性的、对象性的存在物，这就等于说，人有现实的、感性的对象作为自己本质的即自己生命表现的对象；或者说，人只有凭借现实的、感性的对象才能表现自己的生命。"①

因此，对于马克思来说的自然界并不是近代西方形而上学所说的那个抽象的自然界，而是作为人的活动对象、在人的对象性实践活动之中生成的自然界。近代西方形而上学所说的自然界，就是那种在人之外、与人无关的自然界，是非对象性的存在物，是非现实的、非感性的存在，只不过是在意识中虚构出来的、抽象的东西。在这种抽象当中人与自然被割裂开来，无论是对于人来说，还是对于自然来说，都是非感性的、非现实的、非对象性的存在。"一个存在物如果在自身之外没有自己的自然界，就不是自然存在物，就不能参加自然界的生活。一个存在物如果在自身之外没有对象，就不是对象性的存在物。一个存在物如果本身不是第三存在物的对象，就没有任何存在物作为自己的对象，就是说，它没有对象性的关系，它的存在就不是对象性的存在。"②因此，对于马克思来说，并不存在在人之外的自然界，也不存在自然界之外的人，人与自然始终处于原初的关联之中，只要有人，就有了作为人的活动对象的自然界，而在人产生之前的那个自然界对于马克思来说就是无，不是对象。它是无意义的，或者只具有应被扬弃的外在性的意义。而作为人之活动对象的自然界，对于人来说不是外在的，而是在人的对象性实践活动之中生成的。人生活于其中的感性的、现实的世界绝不是直接存在的、始终如一的东西，而是人的对象性实践活动的结果，是工业和社会状况的产物，是人类社会发展、工业和商业活动的结果，因而是历史的产物。在批判费尔巴哈抽象的自然的观念时马克思指出："这种活动、这种连续不断的感性劳动和创造、这种生产，正是整个现存的感性世界的基础，它哪怕只中断一年，费尔巴哈就会看到，不仅在自然界将发生巨大的变化，而且整个人类世界以及他自己的直观能力，甚至他本

---

① 《马克思恩格斯全集》第3卷，人民出版社2002年版，第324页。
② 《马克思恩格斯全集》第3卷，人民出版社2002年版，第325页。

身的存在也会很快就没有了。……先于人类历史而存在的那个自然界,不是费尔巴哈生活于其中的自然界;……因而对于费尔巴哈来说也是不存在的自然界。"①

综上所述,在马克思的视野之中的"世界"并不是一个在人之外、与人无关的死寂的、纯客观的自然界,而是在人的对象性实践活动中现实地生成的"人类学的自然界",即人的生活世界。对这一世界的理解即是马克思的世界观。但由于这一世界的形成本身是一个历史的过程,不仅仅是自然的历史过程,而且是人类的历史过程——这本身就是同一个过程。因而,这一世界观本身也就是马克思的唯物史观。"全部历史是为了使'人'成为感性意识的对象和使'人作为人'的需要成为需要而作准备的历史(发展的历史)。历史本身是自然史的即自然界生成为人这一过程的一个现实部分。自然科学往后将包括关于人的科学,正像关于人的科学包括自然科学一样:这将是一门科学。"②

五、对共产主义内涵的阐释

如果说政治经济学批判与一般形而上学批判的统一,使马克思超越了近代西方形而上学,开辟了从现实的人及其实践活动出发理解和阐释人类历史的唯物史观,那么建立在对人的理解及政治经济学批判基础之上的空想社会主义批判,则成为其题中应有之义。对政治经济学的批判确立了空想社会主义批判的现实基础,而对现实的人及其对象性实践活动本质的揭示,则奠定了空想社会主义批判的哲学基础。

首先,借助于对资产阶级政治经济学的批判分析,马克思在《1844年经济学哲学手稿》中对圣西门、傅立叶、欧文、蒲鲁东、卡贝、摩莱里、马布利等空想社会主义思想家的思想进行了批判,尽管这种批判是零散的、不系统的,但却

① 《马克思恩格斯文集》第1卷,人民出版社2009年版,第529—530页。
② 《马克思恩格斯全集》第3卷,人民出版社2002年版,第308页。

揭示了各种空想社会主义思想存在问题的根源,即空想社会主义者并不真正理解资本主义社会经济活动的本质。在分析工资的本质过程中,马克思批判了空想社会主义者试图通过提高工资或工资平等以解决工人的生存状况时指出:"强制提高工资,无非是给奴隶以较多工资,而且既不会使工人也不会使劳动获得人的身份和尊严。甚至蒲鲁东所要求的工资平等,也只能使今天的工人对自己的劳动的关系变成一切人对劳动的关系。这时社会就被理解为抽象的资本家。"①其根本原因就在于空想社会主义者并不理解资本主义条件下劳动的本质,并没有真正理解资本与劳动的关系,不理解资本实质上是积累起来的劳动。因此,"对私有财产只是从它的客体方面来考察,——但是劳动仍然被看成它的本质。因此,它的存在形式就是'本身'应被消灭的资本。(蒲鲁东。)或者,劳动的特殊方式,即划一的、分散的因而是不自由的劳动,被理解为私有财产的有害性的和它同人相异化的存在的根源——傅立叶,他和重农学派一样,也把农业劳动看成至少是最好的劳动,而圣西门则相反,他把工业劳动本身说成本质,因此他渴望工业家独占统治"②。也就是说,这些空想社会主义者甚至没有达到政治经济学家的理论高度,没有真正意识到政治经济学实质上只不过表述了异化劳动的规律。因此,空想社会主义者仍停留于政治经济学的范围内或置身于资本主义社会之外展开对资本主义的批判,以此为基础的新的社会制度的建构必然陷入空想。

其次,马克思结合对人的自我异化的扬弃,批判、分析了共产主义的三种不同的表现形式。

第一种是粗陋的共产主义,"不过是想把自己设定为积极的共同体的私有财产的卑鄙性的一种表现形式。"③这种共产主义虽然意识到了私有财产的普遍性,但仅仅是把对私有财产的直接占有视为生活和存在的唯一目的。因

---

① 《马克思恩格斯全集》第3卷,人民出版社2002年版,第278页。
② 《马克思恩格斯全集》第3卷,人民出版社2002年版,第294页。
③ 《马克思恩格斯全集》第3卷,人民出版社2002年版,第297页。

此,其实质是私有财产的普遍化和真正的完成,最终是对人的个性的彻底否定,——"私有财产就是这种否定。"这种粗陋的共产主义一方面表现为绝对的平均主义,即将一切可以平均的物质财富在共同体内部进行平均分配,而对于不能被平均分配的——无论是物质财富还是个人的才能等等——则直接舍弃;另一方面表现为公妻制,即将妇女变为公有财产来反对婚姻,这完全是一种动物的形式。在马克思看来,人和人之间的自然的、直接的、必然的关系就是男女之间的关系,如何对待这种关系直接表明人的文明的程度,即人在何种程度上将自己理解为人,理解为类存在物。在公妻制中,妇女并不是作为人、而是作为男人的私有财产来被对待的。这就表明这种粗陋的共产主义是还没有文明化、更没有达到人的高度的原始的平均主义。因此,"粗陋的共产主义不过是这种忌妒心和这种从想像的最低限度出发的平均主义的完成。它具有一个特定的、有限制的尺度。对整个文化和文明的世界的抽象否定,向贫穷的、需求不高的人——他不仅没有超越私有财产的水平,甚至从来没有达到私有财产的水平——的非自然的简单状态的倒退,恰恰证明私有财产的这种扬弃决不是真正的占有。"①

第二种是(1)政治性质上民主的或专制的共产主义,(2)或者是废除国家的共产主义。这同样是处于未完成状态的共产主义,它虽然将自身理解为人向自身的还原和复归、是人的自我异化的扬弃,但由于它们不理解私有财产的本质,特别是不理解私有财产的积极本质,还不能实现对私有财产的积极的扬弃。所谓私有财产的积极本质,就是私有财产不仅仅是人的本质的自我异化的表现,同时也是对人的需要的满足、人的本质的自我确证,只不过是以异化的形式的满足和自我确证。正如马克思的《1857—1858 年经济学手稿》中指出的:"事实上,如果抛掉狭隘的资产阶级形式,那么,财富不就是在普遍交换中产生的个人的需要、才能、享用、生产力等等的普遍性吗? 财富不就是人对

①　《马克思恩格斯全集》第 3 卷,人民出版社 2002 年版,第 295—296 页。

自然力——既是通常所谓的'自然'力,又是人本身的自然力——的统治的充分发展吗?财富不就是人的创造天赋的绝对发挥吗?"①

第三种是真正的共产主义。这种"共产主义是私有财产即人的自我异化的积极的扬弃,因而是通过人并且为了人而对人的本质的真正占有;因此,它是人向自身、向社会的(即人的)人的复归,这种复归是完全的、自觉的而且保存了以往发展的全部财富的。这种共产主义,作为完成了的自然主义,等于人道主义,而作为完成了的人道主义,等于自然主义,它是人和自然界之间、人和人之间的矛盾的真正解决,是存在和本质、对象化和自我确证、自由和必然、个体和类之间的斗争的真正解决。它是历史之谜的解答,而且知道自己就是这种解答。因此,历史的全部运动,既是这种共产主义的现实的产生活动即它的经验存在的诞生活动,同时,对它的能思维的意识说来,又是它的被理解到和被认识到的生成运动。"②这是马克思第一次对共产主义内涵做出系统的表述,一般被称为"哲学共产主义"。这一表述分为三个层次:

其一,共产主义是对私有财产的"积极的"扬弃,因为私有财产不仅仅是异化劳动的结果,而且是异化劳动得以产生的原因和根据,因此必须扬弃私有财产的消极本质,恢复其积极本质,使之作为人的活动的结果,真正满足人的需要、确证现实的人的本质。但这种扬弃不是外在的,而是内在于人的对象性实践活动之中的,或者说只有在人的对象性实践活动之中才能实现对私有财产的积极的扬弃。在积极扬弃私有财产的过程中,人既是手段也是目的,是目的和手段的统一。因此,在扬弃私有财产的过程中,消除的不仅仅是物的异化问题,更为重要的是消除了人的全面异化,是人的本质的真正的恢复。而真正的人的活动是社会性活动,在其中每一个人都在自己的生产过程中双重地确证了自己和他人的生命。作为社会的人,人一方面在自己的对象性实践活动之中通过将自己的内在本质外化、对象化,从而在其所创造的对象世界中直观

---

① 《马克思恩格斯文集》第 8 卷,人民出版社 2009 年版,第 137 页。
② 《马克思恩格斯全集》第 42 卷,人民出版社 1979 年版,第 120 页。

到其自身的生命表现、享受到个人乐趣；另一方面，由于生产活动及产品的社会性质，在他的活动中直接创造了他人的生命表现，从而在他人享受其产品时明确意识到其自身活动的社会的、人的性质——满足了人的需要、物化了人的本质。每个人都在自己的生产和对产品的使用中双重地确证了自己和他人的本质、社会本质。因此，在扬弃了私有财产之后恢复的是真正的人的本质、社会的（即人的）本质。

　　其二，正是由于人的活动的本质性的恢复，也就彻底地消解了人与自然、人与人之间的分裂和对立，从而将存在与本质、对象化与自我确证、自由和必然、个体和类之间真正统一起来。正如马克思所说的，"只有在社会中才有那个著名的人与自然的统一性"，正是在社会性的、人的实践活动之中，人现实地创造着人与自然的统一，从而生成一个人生活于其中的自然界——"人类学的自然界"。这个"人类学的自然界"既是人的对象性实践活动的结果，同时也是人的存在的前提和基础。而且它只有作为人的活动的结果，才能成为前提。因为对于个体的人来说，存在先于本质，即人是先行存在于这个生活世界之中的，从其呱呱坠地开始，就有了一个确定的社会关系和人的身份，这个确定的社会关系和人的身份是先在的，是由其父母的活动决定的，对于个体的人来说并不是由其自身的活动确证的，他没有选择的权利。因而并不是其本质的自我确证。只有在其成长的过程中、在其自身的活动的展开过程中，他才能逐步形成属于自己的社会关系、属于自己的社会生活，并通过自己的对象性实践活动，创造一个属于自己的生活世界，从而实现其人的本质的确证。在这一过程中，其父母的因素逐渐减弱，并最终会有消失的那一天。那时，他自己已经处于其父母曾经的位置了。因此，人的存在与本质、对象化与自我确证并不是绝对对立的，而是始终统一在一起的，每一方都以对方为前提，但也只有作为对方的结果才能成为前提，二者的统一表现为一个历史性的生成过程，也只有在历史的进程中才能实现二者的统一。这是一个无限循环的运动过程，在其中"人始终是主体"。

由此,我们也就可以理解马克思所说的"自由与必然"、"个体与类"之间矛盾的真正解决了。所谓自由,并不是不受限制,恰恰是在明确限制的前提下对必然性的超越。因为在人的历史性的生成过程中,每一个个体都是被限定的,受其生活的社会历史条件的制约,这也就是必然性。一方面这种必然性并不是那种在人之外、与人无关的外在的、绝对客观的自然的必然性,而是一种历史的必然性,正是这种历史的必然性使个体的人得以"存在";另一方面,之所以称之为历史的必然性,就在于对于前一代人来说,这并不是先在的,而是其历史性实践活动的结果,因而这种必然性对于人来说是内在,是个体的人得以存在的根据。但是这种必然性只是新的一代人的活动前提,为新的一代人的活动提供了条件,并将在新的一代人的活动中被改变。"历史的每一阶段都遇到一定的物质结果,一定的生产力总和,人对自然以及个人之间历史地形成的关系,都遇到前一代传给后一代的大量生产力、资金和环境,尽管一方面这些生产力、资金和环境为新的一代所改变,但另一方面,它们也预先规定新的一代本身的生活条件,使它得到一定的发展和具有特殊的性质。"[1]所谓的必然性在历史展开的进程就表现为一种历史的可能性。人的自由恰恰就表现在能够明确自己被限定的性质,并在历史性的实践活动的展开过程中不断地超越这种限定,在创造性的实践活动中走向自由。

在马克思看来,个体与类之间的矛盾实际上是根源于人的自我分裂和对立,正是由于资产阶级的政治解放造成的个人生活与社会生活的二元性,才使"社会"作为抽象的东西与个人对立起来,才有了所谓的个体与类之间的矛盾。因此,在完成了共产主义的条件下,在人与社会的统一被重新建立起来之后,个体与类的统一同样完成了。一方面,从社会的角度来说,每一个个人都是社会的存在物。"他的生命表现,即使不采取共同的、同其他人一起完成的生命表现这种直接形式,也是社会生活的表现和确证。人的个人生活和类生

---

① 《马克思恩格斯文集》第1卷,人民出版社2009年版,第544—545页。

活并不是各不相同的,尽管个人生活的存在方式必然是类生活的较为特殊的或者较为普遍的方式,而类生活必然是较为特殊的或者较为普遍的个人生活。"①另一方面,从个体的角度来说,每一个人都是一个特殊的个体,正是由于他自己的特殊性而使之成为一个现实的、单个的社会的存在物。但"同样地他也是总体、观念的总体、被思考和被感知的社会的主体的自为存在,正如他在现实中既作为社会存在的直观和现实享受而存在,又作为人的生命表现的总体而存在一样。"②也就是说,每一个个体既作为个体而存在,又都表现为总体。但相对于总体而言,个体的生命是有限的。也正是由于个体的人的死亡,使人的生成过程表现为一个有限生命相续的无限的过程,从而赋予人的生成运动以时间性,因而人的存在本身就是历史性的,人的生成过程本身就是历史的过程。

其三,这种共产主义的存在本身是历史性的,这种共产主义产生、形成和发展的过程,也就是其被理解、被认识的过程。因为对于真正的人来说,人的自我意识的对象就是其全部的生命活动。对于人的历史性实践活动来说,人对自身生成的过程——历史——的认识、理解和把握是内在的,是在历史的进程中形成和展开的。一方面,人的存在本身就表现为这样的过程;另一方面,人借以理解、把握这一过程的"意识"也是在人的历史性的实践活动中生成的。"只是由于人的本质的客观地展开的丰富性,主体的、人的感性的丰富性,如有音乐感的耳朵、能感受形式美的眼睛,总之,那些能成为人的享受的感觉,即确证自己是人的本质力量的感觉,才一部分发展起来,一部分产生出来。……五官感觉的形成是以往全部世界历史的产物。"③正是在历史的进程中,人现实地创造着自己的社会生活,认识、理解和把握自身的存在。因此,这种共产主义对于马克思来说,并不是一次性完成的,而是一个历史的过程。

① 《马克思恩格斯全集》第42卷,人民出版社1979年版,第122—123页。
② 《马克思恩格斯全集》第42卷,人民出版社1979年版,第123页。
③ 《马克思恩格斯全集》第42卷,人民出版社1979年版,第126页。

"共产主义是作为否定的否定的肯定,因此它是人的解放和复原的一个现实的、对下一段历史发展说来是必然的环节。共产主义是最近将来的必然的形式和有效的原则。但是,这样的共产主义并不是人类发展的目标,并不是人类社会的形式。"①而是一种人的现实的存在方式,一种不断地超越现存状况的现实的运动。

综上所述,在《1844年经济学哲学手稿》中,马克思不仅通过批判资产阶级政治经济学提出了异化劳动理论,从而确立了对资本主义社会的人道主义批判,更为重要的是通过对政治经济学的批判揭示了私有财产的本质和人的异化的存在方式,从而确立了政治经济学批判的基本的框架;同时通过对人的对象性实践本质的阐述及人与世界关系的重建,为一般形而上学批判确立了基点。而对共产主义内涵的本质阐释不仅确立了空想社会主义批判的基本原则,而且阐明了其唯物史观的基本理论原则。因此,《1844年经济学哲学手稿》是马克思的政治经济学批判、一般形而上学批判与空想社会主义批判的一个共同的基点,对于理解马克思思想的形成和发展来说具有基础性意义。

---

① 《马克思恩格斯全集》第42卷,人民出版社1979年版,第131页。

第四章　一般形而上学批判的完成与
政治经济学批判

　　《神圣家族》作为全面展开政治经济学研究之后第一部重要的著作,其批判的主要对象虽然是以布鲁诺·鲍威尔为代表的青年黑格尔派,但从马克思思想发展的理论逻辑来说,这是在《1844年经济学哲学手稿》中完成了对黑格尔辩证法和整个哲学批判、确立了现实的人及其世界存在的历史性这一基点之后展开的对近代西方一般形而上学批判的继续。《1844年经济学哲学手稿》的最后一章"对黑格尔辩证法和整个哲学的批判"中"整个哲学"不能简单地限定为"黑格尔的整个哲学",而应理解为整个近代西方形而上学。正如吴晓明先生指出的,"黑格尔哲学不是形而上学之一种,而是形而上学之一切",因而对黑格尔哲学的批判也就意味着对整个西方形而上学的批判。或者说,对整个近代西方形而上学的批判是以对黑格尔哲学的批判为起点的。在《1844年经济学哲学手稿》中,马克思以政治经济学批判所揭示的现实的人及其世界的生成性为基础,完成了对黑格尔哲学的清理,从而使在《神圣家族》中对一般形而上学的批判成为可能。马克思在《神圣家族》中不仅批判了青年黑格尔派基于黑格尔青年时期的思想而对现实的社会生活的抽象,批判了全部的唯心主义哲学,而且对近代以来的唯物主义,特别是对法国唯物主义进行了战斗的批判,从而彻底地清理了近代西方形而上学,为建构自己生成论的历史理论奠定了坚实的基础。更有意思的是,在批判青年黑格尔派的过程中,由于涉及到青年黑格尔主义者埃德加尔对蒲鲁东《什么是所有权?》一书的翻译问题,从而使对青年黑格尔派的批判与对政治经济学批判结合起来,为我们理解政治经济学批判与一般形而上学批判的统一提供了一个极为有用的范例。

一、《1844 年经济学哲学手稿》 对黑格尔思辨哲学的批判

在《1844 年经济学哲学手稿》的序言中马克思明确指出:"本著作的最后一章,即对黑格尔的辩证法和整个哲学的剖析,是完全必要的,"①因为"黑格尔站在现代国民经济学家的立场上",只不过是以抽象的概念逻辑表达了人的异化劳动的规律。因此,对政治经济学的批判与对黑格尔辩证法和整个哲学的批判是密切地联系在一起的。

首先,通过批判资产阶级政治经济学,马克思揭示了人的对象性实践活动的本质及其与现实世界的关系,从而为批判思辨哲学奠定了现实的基础。人作为对象性的存在,只有在以自然为对象的实践活动中才能确证自身。正是在能动的类生活中对对象世界的改造,人才真正地证明自己是类存在物。因为劳动的对象就是人的类生活的对象化,正是在这种生产过程中,人不仅现实地、能动地使自己二重化,而且在精神上使自己二重化,从而在其所创造的世界中直观到自身。因而,自然对于人的存在来说并不是一个外在的存在,而是与人直接相关的、作为人的活动对象的存在。一方面,人本身就是自然的存在物,是人的自然的存在物,必须从自然获取最基本的生活资料人才能够建构自己的社会生活;另一方面,自然界是人得以自我实现的对象,是人的生命活动的对象。只有作为人活动的对象,自然界才能成为现实的人的存在。因此,说人是肉体的、有生命力和自然力的、感性的、现实的、对象性的存在物,其意义

---

① 《马克思恩格斯文集》第 1 卷,人民出版社 2009 年版,第 112 页。

就在于承认必须有现实的、感性的对象——自然界——作为人的本质的生命表现的对象；换言之，人只有凭借感性的、现实的对象才能表现自己的生命。因而，人与自然是同在的，正是人的对象性活动现实地创造着人与自然界的统一。人的对象性实践活动中人与自然的统一，就是现实的人的生活世界的生成过程。这一过程既是人的自我生成过程，也是人的世界的生成过程。人的活动是什么样的，人的现实的生活世界就是什么样的。这也就是"人就是人的世界，就是国家、社会"这一命题的真实含义。不过需要特别指出的是，人与其生活世界的存在是历史性的，因为人的活动本身是历史性的。所谓整个世界历史不过是人通过自身的活动现实地生成的过程，"对它的思维着的意识来说，又是它的被理解和被认识到的生成运动"①。因为人的意识也是在这一过程中现实地生成的。因此马克思说，只有在社会状态中，人的活动和受动，唯灵主义和唯物主义，主观主义和客观主义，才失去它们彼此间的对立。因此，对理论对立的解决，只有借助于人的实践力量，通过实践方式才是可能的。黑格尔的根本问题就在于，他"唯一知道并承认的劳动是抽象的精神的劳动。""所以他只是为历史的运动找到抽象的、逻辑的、思辨的表达"。②

　　其次，政治经济学和黑格尔哲学都是基于对现实社会生活的抽象。在《哲学的贫困》中马克思指出："如果说有一个英国人把人变成帽子，那么，有一个德国人就把帽子变成了观念。这个英国人就是李嘉图，一位银行巨子，杰出的经济学家；这个德国人就是黑格尔，柏林大学的一位专任哲学教授。"③在马克思看来，黑格尔哲学的出发点不过是实体的自我异化——自我意识，作为无限的、抽象的普遍的东西、作为绝对的和不变的抽象，不过是宗教和神学——"宗教是还没有获得自身或已经再度丧失自身的人的自我意识和自我

---

①　《马克思恩格斯文集》第1卷，人民出版社2009年版，第186页。
②　《马克思恩格斯文集》第1卷，人民出版社2009年版，第205、201页。
③　《马克思恩格斯文集》第1卷，人民出版社2009年版，第597页。

感觉。"①自我意识通过外化设定的物性,并不是独立于自我意识的、实质性存在的东西,而是自我意识的创造物,因而这种设定并不是要确证被设定的东西,而是确证了设定这一行动,即确证自我意识本身。因此,外化的扬弃就不仅具有否定的意义——对对象的否定,同时具有肯定的意义——对自我意识的肯定。因为在这种扬弃的过程中意识知道自己就是对象、确证的是意识自身的存在。也就是说,自我意识通过扬弃外化和对象性而返回到自身,不过是思维直接地冒充为异于自身的他物,把自己理解为感性、现实、生命。这种扬弃并没有触动那个存在于现实中的思维的对象,同时对象在自身的现实中也被思维看作自我意识的、抽象的自我确证。因此,通过否定的否定最终确证的不过自我意识自身异化的本质。在这一过程中本身被抽象化和固定化的自我,不过是原子式的个人,那个在现实的市民社会中作为抽象的利己主义者的人,只是这个人被提升到自己的纯粹抽象、思维的利己主义。因此马克思说"黑格尔站在现代国民经济学家的立场上",而国民经济学家"不过是表述了异化劳动的规律"罢了。也就是说,黑格尔哲学不过是思辨的方式表述了异化劳动的规律,在黑格尔抽象的思辨哲学背后的是那个资产阶级政治革命之后建立起来的"人在非神圣形象中的自我异化"的世界。从思辨形而上学的角度来说,黑格尔的哲学体系仍然是一种自我意识的哲学,全部的思辨的哲学运动过程,不过是自我意识的思辨运动。因而,尽管黑格尔强调的是自我意识的自我运动,但他仍然无法使自我意识走出自身而通达那个对象的世界。虽然在黑格尔思想的晚期由自我意识转向绝对精神,并将世界历史的运动理解为绝对精神自我运动的过程,但依然无法摆脱思辨的唯心主义体系,而为现实的人及其世界提供真正的理解和把握。

再次,尽管黑格尔哲学是抽象的,是以概念的逻辑表述了异化劳动的规律,但"其中仍然隐藏着批判的一切要素",那就是作为推动原则和创造原则

---

① 《马克思恩格斯文集》第 1 卷,人民出版社 2009 年版,第 3 页。

的否定的辩证法。马克思指出："黑格尔把人的自我产生看做一个过程,把对象化看做非对象化,看做外化和这种外化的扬弃;可见,他抓住了劳动的本质,把对象性的人、现实的因而是真正的人理解为人自己的劳动的结果。"①从而以思辨的、概念的逻辑揭示了人的历史性的存在方式。一方面,既然人是自己劳动的结果,就必须把人的对象世界还给人,恢复人的感性现实性,尽管这一切在黑格尔那里是以纯思辨的形式表达的;另一方面,由于人的自我实现只能以异化的形式、通过人的全部活动、作为历史的结果才是可能的,因此,就必须将现实的人、现实的世界的存在理解为一个历史的过程。也就是说,黑格尔的辩证法和整个哲学不过基于对现实的人及其实践活动的抽象而形成的思辨思维的生产史,就其实质而言不过是人类现实历史的抽象的、逻辑的、思辨的表达。因此,对整个思辨形而上学的批判就必须回到原点,回到那个思辨哲学得以产生的现实的、人类历史性的实践活动。

如何理解这里所说的"现实的、人类历史性的实践活动",不仅对于理解马克思对思辨形而上学的批判,而且对于理解马克思自身思想的发展都具有实质性的重要意义。因为如何理解人及其世界是马克思全部哲学思想的基础。

对于《1844年经济学哲学手稿》中的这一思想,学术界并没有给予应有的重视。一般认为,马克思此时还主要是受费尔巴哈的影响,还是以费尔巴哈的人本主义理论逻辑为基础来批判黑格尔和政治经济学的,还没有形成以生产力和生产关系的分析为基础的客观历史逻辑。如果说此时马克思已经形成了以生产力和生产关系的分析为基础的客观历史逻辑自然是不对的,但有一个事实是绝对不可以否认的,那就是马克思历史理论的基点恰恰是对人及其世界存在历史性的揭示。这一基点的揭示正是在《1844年经济学哲学手稿》中完成的,并在《神圣家族》得以进一步阐明的。这也是马克思能够完成对一般

---

① 《马克思恩格斯文集》第1卷,人民出版社2009年版,第205页。

形而上学的批判的根本之所在。

　　首先，一个不可否认识的事实是此时的马克思确实受到了费尔巴哈的影响，是在费尔巴哈的人本主义的异化史观的理论逻辑和分析框架基础上展开对思辨哲学批判的。但此时的马克思与费尔巴哈并不完全相同，甚至在《德法年鉴》时期，马克思与费尔巴哈的思想之间就存在着差异。具体来说，在《论犹太人问题》中分析政治解放完成之后人的生存状况的时候，马克思就明确指出，"人，作为市民社会的成员，即非政治的人，必然表现为自然人"，①这个"自然人"作为市民社会的成员，由于摆脱了人的全部的共同性，必然表现为费尔巴哈看到的那个"孤独的人类个体"。而马克思此时确立的"人的解放"的目标恰恰就是对人的自我分裂和对立的生存状况的超越。在这个意义上马克思对人的理解与费尔巴哈的"自然人"不同，马克思更强调的是人与国家、社会的一致性。在《1844年经济学哲学手稿》中，马克思更是从人的对象性活动的分析入手，阐明了人之存在的历史性，即人的本质并不是确定不变的，既没有一个确定不变的自然本质，也没有一个确定不变的理性本质，而是在以自然为对象的对象性实践活动中不断地生成、展开的。即使是像人的意识、思维、感觉（听觉、嗅觉、味觉等等）也同样是人的对象性实践活动的结果，是在人的对象性实践活动中生成的。② 而且人的这种自我生成的活动并不是孤独的个体的活动，而是社会的活动。"社会性质是整个运动的一般性质；正象社会本身生产作为人的人一样，人也生产社会。活动和享受，无论就其内容或就其存在方式来说，都是社会的，是社会的活动和社会的享受。"③正是通过这种以自然——既包括人自身的自然，也包括外在的自然界——为对象的社会性活动，人才使自身从自然的必然性链条中摆脱出来，使人的自然存在成为真正现实的、人的存在；也正是通过对象性的、社会性的活动，才消除了自然的

---

①　《马克思恩格斯文集》第1卷，人民出版社2009年版，第45页。

②　参见隽鸿飞：《历史意识的生成论阐释》，载《哲学研究》2009年第8期。

③　《马克思恩格斯全集》第42卷，人民出版社1979年版，第121—122页。

自在性和给定性,使之由"自在之物"转化为"为我之物",成为人与人联系的纽带,成为人自己的人的存在的基础。因此,通过对象性的实践活动人现实地创造着人的生活世界。

费尔巴哈正是由于不理解人的对象性实践活动的性质、不理解这种对象性的实践活动对于现实的人及其生活世界的本体论意义,因而他只能达到对市民社会的抽象的个人的直观,只能撇开现实的历史进程,"把人的本质理解为'类',理解为一种内在的、无声的、把许多个人纯粹自然地联系起来的普遍性。"①因此,在此后马克思思想发展进程中,与其本质性相关的是黑格尔,而不是费尔巴哈。

其次,尽管黑格尔哲学是思辨的形而上学,但黑格尔哲学与费尔巴哈相比却具有一个巨大的优越性,那就是"黑格尔把人的自我产生看作一个过程,把对象化看作失去对象,看作外化和这种外化的扬弃;因而,他抓住了劳动的本质,把对象性的人、现实的因而是真正的人理解为他自己的劳动的结果。"②黑格尔实质性地把握住了人及其存在的历史性,只不过这种把握"只是为那种历史的运动找到抽象的、逻辑的、思辨的表达,这种历史还不是作为既定的主体的人的现实的历史,而只是人的产生的活动、人的发生的历史。"③因而,只要能够破解黑格尔思辨哲学的理论逻辑,将其中所隐含着的现实的人及其生成的运动释放出来,就可以真正理解和把握现实的人类社会的历史进程了。这一点,马克思正是通过对黑格尔哲学的颠倒完成的。关于这一点,我们留待后面再谈。这里先分析一下,"这种历史还不是作为既定的主体的人的现实的历史"的真实含义。如果仅仅从字面的意思来看,是指黑格尔仅仅把握了人类历史的抽象的、思辨的形式,而没有把握住现实的历史。但是,如果深入地分析,我们会发现除此之外还应该包含两层意思:其一,黑格尔哲学从实体的

---

① 《马克思恩格斯文集》第 1 卷,人民出版社 2009 年版,第 505 页。
② 《马克思恩格斯全集》第 42 卷,人民出版社 1979 年版,第 163 页。
③ 《马克思恩格斯全集》第 42 卷,人民出版社 1979 年版,第 159 页。

异化出发,也就是在逻辑上从无限的、抽象的、普遍的东西出发来理解和把握人类社会的历史。但这种把握是要经过一个否定之否定的过程才能完成。在黑格尔看来,实体即主体,从实体出发就是从自我意识出发,自我意识通过外化而设定对象——对象化的自我意识。这一设定既具有肯定的意义,同时也具有否定的意义。所谓肯定,是自我意识的自我肯定,因为外化这一行动证实的不是对象的存在,而是证实了设定这一主体的活动,即意识在这种外化中把自身设定为对象;所谓否定,是自我意识的自我否定、自我外化,即设定物性。由于物性是自我意识的设定,其对于自我意识来说是正在消逝的东西,是虚假的。因此自我意识必须扬弃物性而返回到自身,通过否定物性、否定对象而回归意识本身。于是,思维的行程重新从最高的实体(主体)开始,只不过经过否定的否定之后的实体是个总体,在这一否定之否定的过程中经历的各个环节不过是其自身发展的不同阶段,不过是这个绝对实体自我实现的环节。从而以抽象的思维的形式描述了历史的运动过程,即绝对主体思辨的、辩证的发展过程。因此其二,这种历史活动"不过是人的产生史、人的发生的历史"。相对于马克思所阐述的真正的人类史而言,这是人类的史前史;这一历史过程揭示了异化劳动(或者说私有财产——对于马克思来说异化劳动和私有财产是同义语)存在的历史必然性和积极意义。用马克思的话来说,就是人作为类存物和自身的现实的能动关系——人的自我确证的方式,只有通过人类的全部活动、作为一个历史的结果才是可能的,只有通过异化和这种异化的扬弃才是可能的。因此,对于异化劳动和私有财产的积极的扬弃还只是从私有财产开始的对人的肯定,还不是真正的、从人自身开始对人的肯定。因此,真正的人类史是从彻底地消灭私有财产开始的。

二、《神圣家族》对一般形而上学的批判

如果说马克思在《1844 年经济学哲学手稿》中通过批判政治经济学、黑格

尔的辩证法和整个哲学,开启了对思辨形而上学的批判,那么在《神圣家族》中则彻底地清算了整个近代西方形而上学,真正实现了哲学的革命性变革。

马克思恩格斯在《神圣家族》中对唯物主义和唯心主义进行了全面、深入的批判,并超越了费尔巴哈,为现实的人奠定了基础。恩格斯在谈到《神圣家族》一书时写道:"对抽象的人的崇拜,即费尔巴哈的新宗教的核心,必定会由关于现实的人及其历史发展的科学来代替。这个超出费尔巴哈而进一步发展费尔巴哈观点的工作,是由马克思于 1845 年在《神圣家族》中开始的。"①

在马克思看来,近代西方形而上学的根本问题就是抽象性,"它用'自我意识'即'精神'代替现实的个体的人"②,并将整个现实的运动及对这一运动的认识过程理解为想象的理性本质本身,即绝对主体自身所完成的过程,这不过是绝对主体的自我运动。对此,马克思结合"果实"这一观念与各种具体的水果之间的关系进行了深入的分析:"果实"这一观念不过是个抽象,是抽象掉了具体水果的感性现实性而形成的、抽象的一般观念。思辨哲学却仅仅抓住这一抽象的共同性而否认感性的差别,从而形成"果实"这一实体(概念),并且认为它是决定各种具体的、千差万别的果实本质的东西。从现实的各种水果得出"果实"这一抽象的观念是容易的,只要借助形式逻辑的抽象就可以了;但要从这一抽象的观念得出现实的果实就困难了。对此,思辨哲学的解释是:千差万别的果实不过是"统一的果实"这一实体的生命的不同表现形式,各种具体的果实之间的差别一方面使各种特殊的果实成为可能;另一方面则构成"一般果实"生成过程中的千差万别的环节。因此,"果实"这一概念并不是无内容、无差别的统一体,而是所有具体水果的总和、总体,而具体的果实则"被有机地划分为各个环节的系列"。在每一个环节中,"果实"都使自己获得一种更为发展的、理性的显著的定在,而全部环节的完成所获得的对一切果实的根据,就成为活生生的统一体——最终的"果实"。也就是说,在思辨哲学

① 《马克思恩格斯选集》第 4 卷,人民出版社 2012 年版,第 247 页。
② 《马克思恩格斯全集》第 2 卷,人民出版社 1957 年版,第 7 页。

体系之中,全部现实的存在都失去了其独立的外观,而成为精神运动的环节,全部现实存在都消融于精神的运动之中,从而成为绝对主体的自我运动。在黑格尔那里,这个绝对的主体就是绝对精神、神。现实的人和现实的自然界不过是绝对精神、主体的显现形式,是绝对精神存在的环节,因而成为这个隐秘的、非现实的自然界和非现实的人的宾词。也就是说,黑格尔绝对地相互颠倒了主词和宾词之间的关系;这就是所说的"实体即主体"——笼罩在客体上的主体性。作为过程的绝对主体——绝对精神——既使自己外化并且从这种外化返回到自身的主体,同时还是这一整个运动过程的承担者——过程的主体。正是通过这一外化的过程,主体成为回到自身的能动的主体。也就是说,这里的主体就在自身内部的纯粹的、不停息地旋转。但是,这个思辨的主体无论如何地转来转去,也无法走出自身去通达那个对象的世界。因此,必须将这一封闭的体系炸开并抛到一边,才能释放出其包裹着的合理内核,而炸开这一体系的正是费尔巴哈。

恩格斯晚年在谈到费尔巴哈思想时指出,面对现实的社会矛盾冲突,大批青年黑格尔分子基于与宗教进行斗争的实践需要,回到英国和法国的唯物主义,从而与其原有的体系发生了激烈的冲突。"这时,费尔巴哈的《基督教的本质》出版了。它直截了当地使唯物主义重新登上王座,这就一下子消除了这个矛盾。……这部书的解放作用,只有亲身体验过的人才能想象得到。那时大家都很兴奋:我们一时都成为费尔巴哈派了。"①恩格斯的这一表述对后世影响巨大。传统的理解正是从这里出发将马克思主义哲学理解为费尔巴哈的唯物主义加黑格尔的辩证法。这一解释传统的基本前提是黑格尔的合理内核就是辩证法,而不包含其他的东西。但是,黑格尔体系被炸开之后,释放出来的究竟是什么呢?

在《神圣家族》中马克思明确指出:"在黑格尔的体系中有三个要素:斯宾

---

① 《马克思恩格斯选集》第4卷,人民出版社2012年版,第228页。

诺莎的实体,费希特的自我意识以及前两个要素在黑格尔那里的必然充满矛盾的统一,即绝对精神。第一个要素是形而上学地改了装的、同人分离的自然。第二个要素是形而上学地改了装的、同自然分离的精神。第三个要素是形而上学地改了装的以上两个要素的统一,即现实的人和现实的人类。"①换言之,黑格尔哲学作为整个近代西方哲学的完成,在其包罗万象的体系中囊括了近代西方形而上学的全部内容,既包括斯宾诺莎的实体——那个"脱离人的、形而上学地改了装的自然",也包括费希特的自我意识,那个绝对的自我。黑格尔的贡献在于以绝对精神实现了二者的统一,从而完成了近代西方形而上学,即"对统一性的思维"。因而,作为这种统一的最高成果的合理内核就是"现实的人和现实的人类"——正是人的实践活动创造着的人与自然的统一——在黑格尔那里被形而上学地改装之后以"绝对精神"的形式体现出来。而绝对精神的运动方式——辩证法——不过是以抽象的形式展示出来的现实的人和现实的人类社会的生成运动、是现实的人和现实的人类社会的存在方式,尽管是以异化的形式展示出来的。由于黑格尔通过异化的方式阐明了意识的自我否定的积极意义,也就把人失去对象和现实性,把人的自我异化、外化理解为人的本质的表现、对象化、现实化,理解为人的自我获得。因此,也就把人对自身的关系理解为对异己本质的关系,也就是在抽象的范围内把劳动理解为人的自我产生活动,把人的异化的存在形式理解为生成着的类意识和类生活。这个运动在其抽象形式上,被看成真正人的生命——就是辩证法;因为黑格尔的抽象劳动不过是人的生命的抽象化、异化,因而抽象的精神运动的过程就被看作是人的神灵的过程,被视为一个与人自身有区别的、抽象的、纯粹的、绝对的本质所经历的过程。

　　因此,我们认为马克思对黑格尔的颠倒并不是简单地颠倒了思维和存在的关系,而是剥去其思辨的外壳使黑格尔体系中包含的真实的东西——现实

---

①　《马克思恩格斯文集》第 1 卷,人民出版社 2009 年版,第 341—342 页。

的人和现实的人类与自然的关系——呈现出来。而辩证法,不过是作为人的存在方式、作为现实的人的生成运动的形式。因此,马克思对黑格尔哲学的颠倒并不是简单地回到了唯物主义——那个强调物质决定意识的唯物主义。这一点,充分地体现在马克思对旧唯物主义批判之中。

马克思在《神圣家族》中剖析了近代唯物主义发展的历史,在肯定旧唯物主义的进步意义的同时,对旧唯物主义进行了深刻的批判。

首先,马克思肯定了近代唯物主义及其发展对于批判形而上学具有的积极意义。"18 世纪的法国启蒙运动,特别是法国唯物主义,不仅是反对现存政治制度的斗争,同时是反对现存宗教和神学的斗争,而且还是反对 17 世纪的形而上学和反对一切形而上学,特别是反对笛卡儿、马勒伯朗士、斯宾诺莎和莱布尼茨的形而上学的公开的旗帜鲜明的斗争。"①作为启蒙运动产儿的法国唯物主义,是那种趋向于直接现实的生活、趋向于现世的享乐和利益,趋向世俗世界的理论表现。与那种批判宗教神学、批判形而上学的唯物主义实践相适应的,自然是批判形而上学的唯物主义理论。而且,由于唯物主义实践的发展促进了自然科学的发展,使各门自然科学逐步从形而上学中摆脱出来,给自己划定了单独的活动范围,从而进一步消解了 17 世纪形而上学所具有的感性的、世俗的内容。当现实的物质世界和感性的、丰富的社会生活被从形而上学中解放出来之后,人们开始追逐尘世的生活,将关注的目光集中于自己身上。想象的本质和神灵的事物成了脱离了现实的形而上学的唯一财富,形而上学变得枯燥乏味了。因此可以说,唯物主义及其推动的自然科学的发展,以及在这一发展过程中对现实的世界的揭示,成为批判形而上学的最有力的武器。

其次,通过分析法国唯物主义的双重来源,揭示了唯物主义的两个派别及其影响。马克思指出,法国唯物主义有两个来源,一个是笛卡尔的物理学,另一个是洛克的感觉论。从笛卡尔的物理学出发,法国唯物主义承认的唯一实

---

① 《马克思恩格斯文集》第 1 卷,人民出版社 2009 年版,第 327 页。

体是物质,并认为物质是一切认识的来源,他们发展了机械论,从而发展了自然科学,使之成为对抗笛卡尔形而上学的有力武器。但是,由于不理解"知识和观念起源于感性世界的基本原则",最终彻底地否定了感性世界的存在,而陷入冰冷的、死寂的物质世界。因此马克思说:"唯物主义在它的第一个创始人培根那里,还以朴素的形式包含着全面发展的萌芽。物质带着诗意的感性光辉对整个人发出微笑。……唯物主义在以后的发展中变得片面了。霍布斯把培根的唯物主义系统化了。感性失去了它的鲜明色彩,变成了几何学家的抽象的感性。物理运动成为机械运动或数学运动的牺牲品;几何学被宣布为主要的科学。唯物主义变得漠视人了。"①这种敌视人的唯物主义是与法国当时热烈的社会生活相矛盾的。而且在否定神学和 17 世纪形而上学的同时,也需要一个肯定的体系来为现实的社会生活做论证,以肯定现实的社会生活。人们需要一部能够把当时的生活实践归纳为一个体系,并从理论角度对现实的社会生活进行论证,以为现实的社会生活提供合法性的著作。这时洛克的《人类理解论》出版了,它就像人们翘首以待的客人一样受到了热烈的欢迎。因为这部著作提出了一种理解和阐释现实的社会生活的理论。借助洛克的感觉论,孔狄亚克、爱尔维修、霍尔巴赫、拉美特利等人将唯物主义运用社会生活,并将批判的矛头指向现实的社会,从而使之成为共产主义的理论资源。不仅不成熟的共产主义思想受到法国唯物主义的影响,而且法国唯物主义也成为成熟的共产主义的直接起源。法国唯物主义者对现实的社会生活的关注与重视、对世界存在的经验的、机械性的解释,直接影响了边沁、欧文、卡贝等共产主义思想家,"比较有科学根据的法国共产主义者德萨米、盖伊等人,像欧文一样,也把唯物主义学说当做现实的人道主义学说和共产主义的逻辑基础加以发展。"②

　　综上所述,马克思通过对近代西方形而上学的批判,并不是简单地颠倒了

---

① 《马克思恩格斯文集》第 1 卷,人民出版社 2009 年版,第 331 页。
② 《马克思恩格斯文集》第 1 卷,人民出版社 2009 年版,第 335 页。

唯心主义对思维和存在关系的解释,而是回到了起点,那个思维和存在关系问题得以产生的现实的基础,即现实的人和现实的人类世界。这恰恰是借助于费尔巴哈完成的。因为不是别人,"只有费尔巴哈才是从黑格尔的观点出发而结束和批判了黑格尔的哲学。费尔巴哈把形而上学的绝对精神归结为'以自然为基础的现实的人',从而完成了对宗教的批判。同时也巧妙地拟定了对黑格尔的思辨以及一切形而上学的批判的基本要点。"①这一要点,并不是传统所说的费尔巴哈的唯物主义,而恰恰是费尔巴哈通过对宗教神学的批判而揭示出来的感性的、现实的世界。

通过对一般形而上学的批判,马克思再次确认了现实的人及其实践活动对于人类历史的本体论意义。在《神圣家族》中马克思明确地指出,"历史什么事情也没有做,它'并不拥有任何无穷尽的丰富性',它并'没有在任何战斗中作战'!创造这一切、拥有这一切并为这一切而斗争的,不是'历史',而正是人,现实的、活生生的人。'历史'并不是把人当做达到自己目的的工具来利用的某种特殊的人格。历史不过是追求着自己目的的人的活动而已。"②也就是说,历史不过是人通过自身的活动而现实地生成的过程。正是在这个意义上马克思说人"给历史规定了它的'任务'和它的'业务'。"如果相对于康德提出来的"人为自然立法"来说,那么马克思则提出了"人为历史立法"。

三、《神圣家族》对政治经济学的批判

马克思在《神圣家族》中的主要任务是批判青年黑格尔派。但由于涉及到埃德加尔对蒲鲁东的《什么是所有权?》一书的翻译问题,马克思专门在第四章"体现为认识的宁静的批判的批判或埃德加尔先生所体现的批判的批判"中用一节对蒲鲁东的《什么是所有权?》一书进行了探讨。

---

① 《马克思恩格斯全集》第2卷,人民出版社1957年版,第177页。
② 《马克思恩格斯全集》第2卷,人民出版社1957年版,第118—119页。

之所以蒲鲁东会成为马克思与青年黑格尔派之间进行争论的一个交界点,这与蒲鲁东本人有关。在某种意义上可以说,由于蒲鲁东试图运用黑格尔的逻辑方法来建构自己的理论,阐述自己的政治经济学观念,因而在法国,他往往是被视为哲学家,而在德国则被视为政治经济学家,而且是一个以黑格尔的逻辑方法来建构自己体系的政治经济学家,自然就吸引了青年黑格尔派的关注。正如马克思所说的,"它是一个老太婆,而且将来仍然是一个老太婆;它是年老色衰、孀居无靠的黑格尔哲学。这个哲学搽胭抹粉,把她那干瘪得令人厌恶的抽象的身体打扮起来,在德国的各个角落如饥似渴地物色求婚者。"①因而,带有黑格尔特征的蒲鲁东就必然也成为青年黑格尔派的对象。但是,由于青年黑格尔派的绝对抽象的本质特征,使他根本无法理解蒲鲁东的思想,从而造成了一系列"赋予特征的翻译",这样就使马克思对青年黑格尔派的批判与对蒲鲁东的批判统一起来——这本来就是马克思思想发展的基本逻辑之一。

在《神圣家族》中,马克思给予蒲鲁东的评价可以用一句话来概括,那就是"从国民经济学观点出发对国民经济学进行批判时所能做的一切,他都已经做了。"②这既是对蒲鲁东的高度的评价,即蒲鲁东对政治经济学本身的批判达到了政治经济学自身发展的最高点;同时也是对蒲鲁东的批评,即蒲鲁东并没有超越资产阶级政治经济学,或者说他并没有真正理解资产阶级政治经济学的本质。对此,我们可以从两个方面分别进行分析:

首先,马克思指出,"蒲鲁东的《什么是财产?》这部著作也是根据国民经济学的观点对国民经济学所做的批判。"③但是,在这部著作中蒲鲁东提出了一个政治经济学的根本性的问题,那就是私有财产存在的前提问题。众所周知,私有财产的存在是全部资产阶级政治经济学的理论前提,但是对于这个前

---

① 《马克思恩格斯全集》第2卷,人民出版社1957年版,第22页。
② 《马克思恩格斯文集》第1卷,人民出版社2009年版,第257页。
③ 《马克思恩格斯文集》第1卷,人民出版社2009年版,第255页。

提本身,全部的政治经济学理论并没有给予任何的说明,仅仅将其作为政治经济学偶然所涉及的事实。政治经济学家从私有制的运动中抽象出一般的公式,并将这些公式作为规律去理解现实的经济运动过程。然而他们忘了,抽象的规律只有在现实的运动过程中通过不断变化和扬弃才能表现为规律。因而我们看到,政治经济学一方面将私有制关系视为合理的、合乎人性的关系作为其理论建构的前提,另一方面又不断地和自己的基本前提发生矛盾。例如工资和资本利润的矛盾等。"工资最初表现为产品中劳动应得的那个合乎比例的份额。工资和资本的利润彼此处在最友好的、互惠的、仿佛最合乎人性的关系中。后来却发现,这二者是处在最敌对的、相反的关系中的。最初,价值看起来确定得很合理:它是由物品的生产费用和物品的社会效用来确定的。后来却发现,价值是一个纯粹偶然的规定,这个规定根本不需要同生产费用和社会效用有任何关系。工资的数额起初是通过自由的工人和自由的资本家之间的自由协商来确定的。后来却发现,工人是被迫让资本家去确定工资,而资本家则是被迫把工资压到尽可能低的水平。强制代替了立约双方的自由。商业和其他一切国民经济关系方面的情况也都是这样。有时国民经济学家们自己也感觉到这些矛盾,而且对这些矛盾的论述成了他们相互之间斗争的主要内容。但是,在国民经济学家们意识到这些矛盾的情况下,他们自己也指责私有财产的某种个别形式扭曲了本来(即在其想象中)合理的工资、本来合理的价值、本来合理的商业。例如,亚当·斯密有时抨击资本家,德斯杜特·德·特拉西抨击汇兑业者,西蒙德·德·西斯蒙第抨击工厂制度,李嘉图抨击土地所有制,而几乎所有现代的国民经济学家都抨击非产业资本家,即仅仅作为消费者来体现财产的资本家。"①但是政治经济学家之间的这种相互的攻击,不过是以某种私有财产的形式攻击另一种私有财产的形式,维护的是不同的私有财产或不同私有者阶层的利益。不是别人,正是蒲鲁东永远结束了这种不自

---

① 《马克思恩格斯文集》第1卷,人民出版社2009年版,第256—257页。

觉的状态。因为正是蒲鲁东"对国民经济学的基础即私有财产作了批判的考察,而且是第一次具有决定意义的、无所顾忌的和科学的考察。这就是蒲鲁东在科学上实现的巨大进步,这个进步在国民经济学中引起革命,并且第一次使国民经济学有可能成为真正的科学。蒲鲁东的著作《什么是财产?》对现代国民经济学的意义,正如西哀士的著作《第三等级是什么?》对现代政治学的意义一样。"①因为正是蒲鲁东触及到了政治经济学的根基,从而揭示了政治经济学似乎"合乎人性的外观"与其违反人性的现实之间必然发生矛盾的根本原因,从而为批判资产阶级政治经济学,建立科学的经济学理论奠定了基础。但是,由于蒲鲁东还不理解各种不同的私有财产之间的关系,还没有意识到工资、商业、价格、价值、货币等不过是私有财产的不同的表现形式,因而还不能超越资产阶级政治经济学本身,还不能认识到这一系列私有财产形式中所包含的内在的人的关系。马克思在《1844 年经济学哲学手稿》中批判蒲鲁东提出的"工资的平等"时就指出,"蒲鲁东所要求的工资平等,也只能使今天的工人同他的劳动的关系变成一切人同劳动的关系。这时社会就被理解为抽象的资本家。"因而,"强制提高工资(且不谈其他一切困难,不谈强制提高工资这种反常情况也只有靠强制才能维持),无非是给奴隶以较多工资,而且既不会使工人也不会使劳动获得人的身份和尊严。"②因此,我们可以说虽然蒲鲁东没有真正解决问题,但毕竟蒲鲁东正确地提出了问题。

其次,正是由于意识到了政治经济学自身矛盾的根本性质——私有财产自身的矛盾,蒲鲁东同样是从政治经济学的基本前提——私有财产——出发,却得出了与政治经济学相反的结论。以往的政治经济学从私有财产的运动增加社会财富的事实出发,得出了为私有制辩护的结论。而蒲鲁东则从私有财产的运动造成贫穷这个事实出发,得出了否定私有制的结论。对私有财产的最初的批判,当然是从私有财产造成的贫穷困苦的事实出发的。在蒲鲁东看

① 《马克思恩格斯文集》第 1 卷,人民出版社 2009 年版,第 256 页。
② 《马克思恩格斯文集》第 1 卷,人民出版社 2009 年版,第 167 页。

来,不仅贫穷和财产这两个事实之间存在着必然的联系,而且正是由于财产——主要是私有财产造成了贫困,因而必须通过消灭财产才能消除贫困。但是蒲鲁东用以消除贫困的办法是平等,即将对财产的私人占有变为社会的共同占有,换言之就是通过平等占有财产而消除贫困的根源。因此他将"占有"理解为一种社会职能,在这种职能中每个人对社会财富的占有并不排斥他人,占有并不是目的,而是一种手段,即使个人把自己的全部能力、自己的本质力量全部发挥出来的手段和前提。但是蒲鲁东忘了,"平等占有"是政治经济学的观念,不过是对现实的人、现实的物质世界异化的表现。因此马克思说:"蒲鲁东想扬弃不拥有以及拥有的旧形式,这同他想扬弃人与自己的对象性本质的实际异化的关系,以及想扬弃人的自我异化在国民经济学上的表现,其实都是完全相同的一回事。但是,由于他对国民经济学的批判还受到国民经济学的前提的束缚,因此,蒲鲁东仍以国民经济学的占有形式来理解对象世界的重新获得。"这不过是"在国民经济学的异化范围内扬弃国民经济学的异化。"①

以此为基础,马克思再次重申了无产阶级的历史地位及其历史使命。在马克思看来,"平等是人在实践领域中对他自身的意识,也就是说,人意识到别人是同自己平等的人,人把别人当做同自己平等的人来对待。平等是法国的用语,它表示人的本质的统一,表示人的类意识和类行为,表示人和人的实际的同一性,也就是说,它表示人同人的社会关系或人的关系。"②但是,在私有制的前提下,在形式的自由与平等的前提下,实际上是绝对的不平等。从形式上来看,资产阶级和无产阶级是平等的,二者共同构成了一个既相互依存、又相互对立的统一整体。虽然资产阶级与无产阶级同是封建社会解体的产物,但是在这一解体的过程中,资产阶级获得了一切,无论是人身自由、财产权利还是政治权利;而无产阶级除了获得了所谓的政治权利——人权——以外,几

---

① 《马克思恩格斯文集》第1卷,人民出版社2009年版,第268页。
② 《马克思恩格斯文集》第1卷,人民出版社2009年版,第264页。

乎丧失了一切,对于无产阶级来说这种政治自由的代价就是一无所有。他的自由不过是选择被奴役或者饿死的自由。从资产阶级方面来说,私有制要想保持自身的存在,就必须同时保持无产阶级这个自己的对立面的存在。因为正是无产阶级的劳动创造的财富,才使资产阶级保持在富有的状态;从无产阶级方面来说,要想消除贫困,就必须消除私有制。正是私有制造成了无产阶级的贫困,因而无产阶级也就不得不消灭自身。因为"在已经形成的无产阶级身上实际上已完全丧失了一切合乎人性的东西,甚至完全丧失了合乎人性的外观,由于在无产阶级的生活条件中现代社会的一切生活条件达到了违反人性的顶点,由于在无产阶级身上人失去了自己,同时他不仅在理论上意识到了这种损失,而且还直接由于不可避免的、无法掩饰的、绝对不可抗拒的贫困——必然性的这种实际表现——的逼迫,不得不愤怒地反对这种违反人性的现象,由于这一切,所以无产阶级能够而且必须自己解放自己。但是,如果它不消灭它本身的生活条件,它就不能解放自己。如果它不消灭集中表现在它本身处境中的现代社会的一切违反人性的生活条件,它就不能消灭它本身的生活条件。"[①]这正是马克思在《德法年鉴》时期所提出无产阶级不解放自身就不能解放全人类,不解放全人类也就不能解放自身的思想的进一步阐释。

　　需要特别指出的是,此时马克思为这一思想找到了一个现实的基础,那就是私有制。在马克思看来,不是别的什么原因,而正是私有制赋予了无产阶级的自我解放以历史必然性。马克思明确指出:"私有制在自己的经济运动中自己把自己推向灭亡,但是它只有通过不以它为转移的、不自觉的、同它的意志相违背的、为客观事物的本性所制约的发展,只有通过无产阶级作为无产阶级——这种意识到自己在精神上和肉体上贫困的贫困、这种意识到自己的非人性从而把自己消灭的非人性——的产生,才能做到这一点。"[②]在这段话中,马克思明确地表达了三层的意思:其一,就是私有制是自己走向灭亡的,大概

---

　① 《马克思恩格斯全集》第 2 卷,人民出版社 1957 年版,第 45 页。
　② 《马克思恩格斯全集》第 2 卷,人民出版社 1957 年版,第 44 页。

这是马克思第一次谈到资本主义（私有制）灭亡的历史必然性问题，而且初步通过无产阶级与资产阶级的对立对这一历史必然性做了逻辑上的论证；其二，重申了无产阶级自我解放的理论，即无产阶级是自我解放的，而且这种解放的根据并不是无产阶级自身的属性决定的，而是由于其在资本主义社会结构中的位置决定的；其三，至关重要的是明确了无产阶级的自我意识是无产阶级获得解放的前提。无产阶级仅仅意识到自己肉体的贫困是不够的，还必须明确意识到自己精神的贫困，以及由这二者造成的自身的非人性存在及消灭这种非人性存在的历史使命。虽然马克思在《1844 年经济学哲学手稿》中谈到人的自由的时候已经明确了人的自由就在于以其全部的社会生活作为其意志和意识的对象，但从无产阶级革命的角度来说，这里重申了无产阶级自我意识的重要性。当然，马克思并不仅仅是要求无产阶级应具有这样的自我意识，而且更强调在具有明确的自我意识的前提下无产阶级的具体的革命的行动。因为在马克思看来，无产阶级"要想站起来，仅仅在思想中站起来，而现实的、感性的、用任何观念都不能解脱的那种枷锁依然套在现实的、感性的头上，那是不行的。"①因此，必须以武器的批判打碎枷锁，彻底地变革现实的社会生活结构，才能消解使无产阶级成为无产阶级、使资产阶级成为资产阶级的现实条件，才能真正实现人的解放。

再次，是关于劳动时间的问题。根据蒲鲁东的观点，决定劳动产品价值的是劳动时间，即生产该物品所必须花费的劳动时间。马克思指出，"蒲鲁东既把劳动时间，即人类活动本身的直接定在，当做工资和规定产品价值的量度，因而就使人成了决定性的因素；而在旧政治经济学中决定性的因素则是资本和地产的物质力量，这就是说，蒲鲁东恢复了人的权利，虽然还是以政治经济学的、因而也是矛盾的形式来恢复的。"②也就是说，通过明确劳动价值的根源及其计算的方式，使在资本主义条件下异化了的人与物的关系颠倒过来，即物

---

① 《马克思恩格斯全集》第 2 卷，人民出版社 1957 年版，第 105 页。
② 《马克思恩格斯全集》第 2 卷，人民出版社 1957 年版，第 61 页。

的价值取决于人,而不是相反。但是,由于蒲鲁东还不理解工资、商业、价格、价值、货币不过是私有制的不同的表现形式,还不理解劳动与资本、资本与地产之间的关系,因而他仅仅是把时间对于人的劳动的意义变成了时间对工资的意义,即按劳动时间来计算工资。而在马克思看来,劳动时间对于人的意义绝不仅仅是工资的问题。"在直接的物质生产领域中,某物品是否应当生产的问题即物品的价值问题的解决,本质上取决于生产该物品所需要的劳动时间。因为社会是否有时间来实现真正人类的发展,就是以这种时间的多寡为转移的。甚至精神生产的领域也是如此。"①

最后,马克思批判了蒲鲁东的思维方式,指认了政治经济学与思辨哲学的一致性。在马克思看来,蒲鲁东以"平等占有"来消灭私有财产,但是他借助黑格尔的思辨方法建构的理论并没有使他从"平等的占有"这一概念真正深入到社会历史的现实,依然停留于思辨哲学的领域。如果我们把蒲鲁东的"平等"与黑格尔的"自我意识"进行比较就会发现,黑格尔以德国的方式——抽象的思维形式——所表达的东西,也就是蒲鲁东以法国的方式——政治和思维直观的语言——所表达的东西。"自我意识是人在纯思维中的和自身的平等。平等是人实践领域中对自身的意识,也就是人意识到别人是和自己平等的人,人把别人当做和自己平等的人来对待。平等是法国的用语,它表明人的本质的统一、人的类意识和类行为、人和人的实际的同一,也就是说,它表明人对人的社会的关系或人的关系。"②因此,我们看到,青年黑格尔派思想家批判一切,力图用自我意识的原则来铲除一切确定的和现存的东西,而蒲鲁东则力图用平等的原则来达到同样的目的。"平等占有"依然是政治经济学的概念,不过是"实物是为人的存在,是人的实物存在,同时也就是人为他人的定在,是他对他人的人的关系,是人对人的社会关系。"③这一事实的异化的表

---

① 《马克思恩格斯全集》第 2 卷,人民出版社 1957 年版,第 62 页
② 《马克思恩格斯全集》第 2 卷,人民出版社 1957 年版,第 48 页。
③ 《马克思恩格斯全集》第 2 卷,人民出版社 1957 年版,第 52 页。

现。因此，蒲鲁东的"平等占有"不过是以政治经济学的形式来表达对实物世界的重新拥有。也就是说，政治经济学与思辨哲学一样，同样是基于对现实的人及其活动的抽象，描述了人及其活动的异化规律。当然，蒲鲁东比抽象的批判者更有优越性，即从理论上揭示了"财产作为一种制度的不可能性"，揭示了私有制的内在矛盾，从而使批判的矛头指向现实的不平等，从而使其著作成为"法国无产阶级的科学宣言"。

第五章　基于现实社会生活分析的
唯物史观的确立

如果说在《巴黎笔记》时期，马克思阐明了对象性实践活动中人及其生活世界的历史性为其唯物史观确立了基点，那么在完成了对一般形而上学批判之后如何建构自己的唯物史观就成为其面临的根本问题。这既是其哲学革命变革的终点，也是一个全新的开始，即马克思作为马克思全面阐述自己思想体系、彻底批判资本主义社会的开始。但对于马克思来说，这一开始面临着一个重要的困难，那就是如何实现从《巴黎笔记》时期的哲学人本学话语，转换到现实历史的分析话语。因为在《巴黎笔记》时期，尽管马克思在对政治经济学及其所阐述的经验事实的分析中触及到了现实的社会生活，但由于其批判的对象——无论是政治经济学还是一般形而上学——都是基于对现实生活的抽象，因而话语系统必然是人本主义的哲学话语。但是，一旦需要进入人的现实的生活——历史就是人的实际的生活过程——那么原有的人本主义的哲学话语由于思辨和抽象的特点——尽管其所要阐述的是感性的现实的人及其活动——就已经不再适合，就需要转换话语系统，以真实地切入现实的社会生活。

一、言说话语体系的转换

从《巴黎笔记》到《德意志意识形态》的思想发展过程中，马克思的话语言说体系发生了一个重要的变化,即从哲学人本学话语转换到经济的社会历史话语。其最明确的标志就是马克思唯物史观的确立,以及由此而形成的以生产力与生产关系、经济基础与上层建筑的相互关系为基础的全新话语体系。

对于这一话语体系转换的原因,以往的研究更多关注的是这两个时期思想之间有差异,甚至有人将这种差异理解为两个时期的绝对的对立,如阿尔都塞的"断裂论"。关注这两个时期的差异,发现马克思思想发展进程中的变化,对于理解马克思思想的发展特别是关键时期的思想发展的重要性是毋庸置疑的,但过度强化这种差异,则会割裂马克思思想发展的整体性和内在逻辑。因此,我们尝试从其思想的内在一致性入手,来分析这一话语体系的转换。

首先,无论是在《巴黎笔记》时期,还是在《德意志意识形态》时期①,马克思对人及其世界的理解是一致的,只不过表述的方式上存在着差异。相对于《德法年鉴》时期"人就是人的世界,就是国家、社会"、"人是人的最高本质"、"人的根本就是人本身"这种近似于同义反复的表述,在《巴黎笔记》时期马克思从人的对象性的实践活动入手,深入分析了人、自然、世界之间的关系。在马克思看来,人是自然的存在物,但人是以自然——人自身的自然和外在的自然——为对象的存在物。正是在以"双重尺度"——人的内在尺度和自然对象的尺度——改造对象的实践活动中,人确证了自己人的存在,确证了人与自然的统一性。"正是在改造对象世界的过程中,人才真正地证明自己是类存在物。这种生产是人的能动的类生活。通过这种生产,自然界才表现为他的作品和他的现实。因此,劳动的对象是人的类生活的对象化:人不仅像在意识中那样在精神上使自己二重化,而且能动地、现实地使自己二重化,从而在他

---

① 虽然《德意志意识形态》是一部独立的著作,但写于1845年春的《关于费尔巴哈的提纲》及《德意志意识形态》写作期间的其他相关的手稿因其思想的一致性和相关性,可以将其视为一个思想的总体,因此用"《德意志意识形态》时期"这一概念。

所创造的世界中直观自身。"①也就是说,人的自我理解、自我创造和自我确证是同一个过程。这是对"人就是人的最高本质"、"人的根本就是人本身"的明确的论证。在《德意志意识形态》中,马克思再次重申了这一观点,"个人怎样表现自己的生命,他们自己就是怎样。因此,他们是什么样的,这同他们的生产是一致的——既和他们生产什么一致,又和他们怎样生产一致。"②

同样重要的是,正是通过人的对象性的实践活动创造出人与人的联系,使人类社会成为可能。而社会既是人的对象性实践活动得以实现的前提,同样也是人的对象性实践活动的结果。只有作为人的对象性实践活动的结果,才能成为前提。因为在马克思看来,"人的本质是人的真正的社会联系,所以人在积极实现自己本质的过程中创造、生产人的社会联系、社会本质,而社会本质不是一种同单个人相对立的抽象的一般的力量,而是每一个单个人的本质,是他自己的活动,他自己的生活,他自己的享受,他自己的财富。……真正的社会联系并不是由反思产生的,它是由于有了个人的需要和利己主义才出现的,也就是个人在积极实现其存在时的直接产物。"③因此,有没有这种社会联系,是不以人为转移的。也就说人本身就是这种社会联系,这种社会联系本身就是人的存在,即人与社会是一体的。这不过是"人就是人的世界,就是国家、社会"的进一步的阐释。这一思想在《德意志意识形态》时期则被表述为人的本质在其现实性上是一切社会关系的总和。只是这里对于"总和"这一概念需要多说几句:一是这里的"总和"这一概念与数学上的总和概念是不同的,它并不是指数量和内容的简单叠加,而是指人的社会关系的各个方面、各个层次相互联系、相互交织而构成的总体,这个总体大于部分之和;④二是这

---

① 《马克思恩格斯文集》第 1 卷,人民出版社 2009 年版,第 163 页。
② 《马克思恩格斯文集》第 1 卷,人民出版社 2009 年版,第 520 页。
③ 《马克思恩格斯全集》第 42 卷,人民出版社 1979 年版,第 24 页。
④ 参见齐效攻:《马克思〈关于费尔巴哈提纲〉中"总和"概念的辨析》,载《南京政治学院学报》2015 年第 3 期。

个"总和"并不仅仅是一个结果,同时也是一个过程,正是通过人的自我确证的过程才形成人与人之间的关系,而这种关系又是人的自我确证得以实现的前提;三是这个"总和"既是结构的,也是历史的。一方面,正是在社会关系形成的结构中人所处的位置决定了其作为一个社会的人的身份,因而社会关系对于个体来说是具有先在性、强制性的特征;另一方面,这种社会关系又是人的自己创造的,是人自主活动的结果,因而也必然会随着人的活动而变化。正如马克思指出的:"这些一定的社会关系同麻布、亚麻等一样,也是人们生产出来的。社会关系和生产力密切相联。随着新生产力的获得,人们改变自己的生产方式,随着生产方式即谋生的方式的改变,人们也就会改变自己的一切社会关系。"①

另一方面,只有在人与人的关系中,人以自然为对象的活动才是可能的。因为"社会性质是整个运动的普遍性质;正像社会本身生产作为人的人一样,社会也是由人生产的。活动和享受,无论就其内容或就其存在方式来说,都是社会的活动和社会的享受。自然界的人的本质只有对社会的人来说才是存在的;因为只有在社会中,自然界对人来说才是人与人联系的纽带,才是他为别人的存在和别人为他的存在,只有在社会中,自然界才是人自己的合乎人性的存在的基础,才是人的现实的生活要素。只有在社会中,人的自然的存在对他来说才是人的合乎人性的存在,并且自然界对他来说才成为人。"②在《德意志意识形态》时期,马克思将其进一步阐述为"全部社会生活在本质上是实践的",因而"环境的改变和人的活动或自我改变的一致,只能被看做是并合理地理解为革命的实践。"③

其次,在《巴黎笔记》时期所确立的理解人类历史的基点上,马克思明确了从现实的社会生活分析入手研究人类历史的基本原则。在马克思看来,既

---

① 《马克思恩格斯文集》第1卷,人民出版社2009年版,第602页。
② 《马克思恩格斯文集》第1卷,人民出版社2009年版,第187页。
③ 《马克思恩格斯文集》第1卷,人民出版社2009年版,第501、500页。

然人是自己创造自己现实的历史的,那么对人类历史的理解和把握就必须从现实的人及其活动的分析入手。所谓的现实的人,是相对于政治经济学和思辨形而上学对人的抽象而言的。现实的人就是在一定的社会关系中从事生产实践活动的人,正是这些现实的人的活动构成了人类的历史。因此马克思说,我们既不像政治经济学那样从抽象的物出发,也不像思辨形而上学那样从其所设想的、想象出来的、抽象的人出发来理解历史,因为全部的经济范畴、思辨的概念等不过是对现实的人及其社会关系的抽象。因而我们的出发点是从事实际活动的人,正是从事实际活动的人的生产和交往活动不断地变革着自己现实的生活世界,同时也变革自己的思维和思维的产物。不是意识决定生活,而是生活决定意识。因此,符合现实生活的考察方法就必须从现实的、有生命的个人活动出发,而不是从意识出发。"这种考察方法不是没有前提的。它从现实的前提出发,它一刻也不离开这种前提。它的前提是人,但不是处在某种虚幻的离群索居和固定不变状态中的人,而是处在现实的、可以通过经验观察到的、在一定条件下进行的发展过程中的人。只要描绘出这个能动的生活过程,历史就不再像那些本身还是抽象的经验主义者所认为的那样,是一些僵死的事实的汇集,也不再像唯心主义者所认为的那样,是想象的主体的想象活动。"①也就是说,所谓的历史研究,就是对人们的现实的社会生活及其在人类历史性实践活动中发生的变化的研究。而马克思原来的人本主义哲学话语中所使用的"实践"这一概念在面对具体的社会生活时则显得过于笼统和抽象,无法用于描述和分析具体的人类活动。因而必须从对作为对象性活动的"实践"概念的分析入手,实现话语体系的转变。

再次,实现了从实践到生产的越迁,确立了理解和阐释现实社会生活的历史话语体系,阐明了人类历史的运行机制。在人的对象性实践活动中,实际上包含着双重的关系,一方面是人对自然——人自身的自然和作为对象的自

---

① 《马克思恩格斯文集》第1卷,人民出版社2009年版,第525—526页。

然——的关系,这种关系在具体的社会生活中表现为生产;另一方面是人对人的关系,也就是交往——社会关系。从人的实践活动本身来说,这双重关系并不是矛盾的,而是内在地统一的。正像马克思所说的,"生命的生产,无论是通过劳动而生产自己的生命,还是通过生育而生产他人的生命,就立即表现为双重关系:一方面是自然关系,另一方面是社会关系;社会关系的含义在这里是指许多个人的共同活动,不管这种共同活动是在什么条件下、用什么方式和为了什么目的而进行的。由此可见,一定的生产方式或一定的工业阶段始终是与一定的共同活动方式或一定的社会阶段联系着的,而这种共同活动方式本身就是'生产力';由此可见,人们所达到的生产力的总和决定着社会状况,因而,始终必须把'人类的历史'同工业和交换的历史联系起来研究和探讨。……由此可见,人们之间一开始就有一种物质的联系。这种联系是由需要和生产方式决定的,它和人本身有同样长久的历史;这种联系不断采取新的形式,因而就表现为'历史'"。① 这可以说是马克思以现实社会历史的话语体系分析现实社会生活的唯物史观的一个初步的表述。其中包含着极为丰富的内容:其一,人的实践活动本身就内在地包含着生产力和生产关系,正因如此,马克思才能在转向现实的社会生活的分析时,直接将实践这一概念所包含的内容分为生产和交往两个方面。当然,这同时是得益于通过对政治经济学的批判而发现的经济规律不过是以物的形式表现出来的人的活动的规律,经济范畴不过是社会关系的抽象的表达形式。因此,不能像传统的历史唯物主义所理解那样把生产力和生产关系之间的关系机械地理解为决定作用与反作用的关系。因为马克思这里所说的生产绝不仅仅是指单纯的物质资料的生产,而是人及整个人类社会的生产和再生产。只有在这个意义上才可以说"这种共同活动方式本身就是'生产力'"。其二,现实的社会状况与"生产力的总和"是同一的。因为所谓的"社会状况"不过是在生产过程中建构起来的

---

① 《马克思恩格斯文集》第1卷,人民出版社2009年版,第532—533页。

人与人之间的关系及共同的活动方式。因此,这个"总和"概念同样不可以理解为各个部分的简单叠加,而应被理解为"总体"、"全体"。不仅仅体现在物质资料的生产方面,而且体现在人的社会生活的一切方面。只有在这个意义上我们才能说生产力决定生产关系。但同时必须注意到的问题,所谓的起决定作用的生产力是在生产关系中运动的,如果把生产力与生产关系割裂开来,自然也就无法说明生产力的决定作用了。因此,必须突破近代西方形而上学的二元对立的思维方式,不能把生产力与生产关系视为两个不同的存在,而是作为同一个社会存在的两个方面,才能真正理解由生产关系的总和构成的社会经济结构对于整个社会存在的基础性意义。其三,所谓的"历史",就是在生产方式推动下人们之间物质联系的变化过程,是人(社会)的存在方式。因此马克思说:"旧唯物主义的立脚点是市民社会,新唯物主义的立脚点则是人类社会或社会的人类。"①这个新唯物主义就是历史唯物主义——从人自身、从人类社会出发的唯物主义。"这种历史观就在于:从直接生活的物质生产出发阐述现实的生产过程,把同这种生产方式相联系的、它所产生的交往形式即各个不同阶段上的市民社会理解为整个历史的基础,从市民社会作为国家的活动描述市民社会,同时从市民社会出发阐明意识的所有各种不同的理论产物和形式,如宗教、哲学、道德等等,而且追溯它们产生的过程。这样做当然就能够完整地描述事物了(因而也能够描述事物的这些不同方面之间的相互作用)。"②

　　马克思对人类历史的这种理解,与传统上对历史的理解不同。传统的理解更多地是将历史作为过去的事来理解,这实际上是将历史活动的主体和历史认识的主体分割开来,并将历史活动和历史认识理解为两个不同的活动。但对于马克思来说,作为社会历史性的人以其全部的社会生活作为其意志和意识的对象,其现实地生成的过程同时也就是人的自我认识、自我理解的过

---

① 《马克思恩格斯文集》第 1 卷,人民出版社 2009 年版,第 502 页。
② 《马克思恩格斯文集》第 1 卷,人民出版社 2009 年版,第 544 页。

程。历史作为人通过自身的实践活动现实地生成的过程,也就是人认识、理解和把握历史的过程。"历史的全部运动,……即它的经验存在的诞生活动,同时,对它的思维着的意识来说,又是它的被理解和被认识到的生成运动"。①这也就决定了,马克思对历史的认识、理解和把握并不是要提供一个药方或公式,而是提供了一种认识、理解和把握历史的方法,而明确反对为人类的历史发展提供一个形而上学的解释。关于这一点,马克思在批判政治经济学的过程就有过明确的表述。早在《詹姆斯·穆勒〈政治经济学原理〉一书摘要》中马克思就明确指出:"穆勒——完全和李嘉图学派一样——犯了这样的错误:在表述抽象规律的时候忽视了这种规律的变化或不断扬弃,而抽象规律正是通过变化和不断扬弃才得以实现的。"②在马克思看来,对于经济的研究确实是可以发现其中的规律的,但不能将所谓的经济规律抽象化,并用它来裁剪现实的经济运动,只有将所谓的经济规律与具体的经济运行结合起来,才能真正理解和把握现实的经济运行,才能在具体的经济运行之中把握规律。换言之,所谓的经济规律不过通过对现实的经济运行的分析抽象出来的,其意义在于提供了一个理解和把握具体经济运行的方法和准则,只有将抽象的规律与现实的经济运行结合起来,才能形成对现实的经济运行的理解和把握。在晚年《给"祖国纪事"杂志编辑部的信》中,马克思更明确了这一观点。马克思指出:"极为相似的事变发生在不同的历史环境中就引起了完全不同的结果。如果把这些演变中的每一个都分别加以研究,然后再把它们加以比较,我们就会很容易地找到理解这种现象的钥匙;但是,使用一般历史哲学理论这一把万能钥匙,那是永远达不到这种目的的,这种历史哲学理论的最大长处就在于它是超历史的。"③正因如此,就不可能用一个一般历史哲学的结论去裁剪现实的人类历史,而是要具体地去分析每一个历史时代人们的具体社会生活,才能

① 《马克思恩格斯文集》第1卷,人民出版社2009年版,第186页。
② 《马克思恩格斯全集》第42卷,人民出版社1979年版,第18页。
③ 《马克思恩格斯选集》第3卷,人民出版社2012年版,第730—731页。

真正形成对人类历史的理解和把握。在这个意义上,张一兵对历史唯物主义所做的"广义历史唯物主义"与"狭义历史唯物主义"区分是切中了马克思唯物史观的实质的。从马克思所实现的哲学革命变革同样可以证实这一点。众所周知,马克思哲学革命变革过程中一个至关重要的前提就是对一般形而上学的批判和对政治经济学抽象的批判,从而才确立了从现实的人及其实践活动出发来理解人类历史的基点。在彻底否定了一般形而上学对人及其对世界的抽象理解之后,再建构一个新的抽象的形而上学体系是不可想象的。因此,我们看到,马克思对人类历史的认识、理解和把握总是从对现实的社会生活的分析开始的。

二、历史认识的方式

在阐明了人类历史的运行机制之后,马克思分析了认识人类历史的基本方式。既然历史是根源于现实的物质生活过程,那么对历史的认识、理解和把握就也就必须从对现实的物质生活过程的理解和把握开始。因此,历史认识问题的核心仍然是人,而且是现实历史进程中的人。

第一,作为历史认识的主体,人是在现实的历史进程中生成的,脱离了现实的历史进程也不会有现实的人的存在,自然也就谈不上对历史的认识和理解问题。因为不仅是人、而且用于认识和把握历史的人的意识都是在现实的历史进程中生成的。[1] 马克思在《1844 年经济学哲学手稿》中就明确指出感性的、现实的人是在人的对象性实践活动中生成的。"只是由于人的本质客观地展开的丰富性,主体的、人的感性的丰富性,如有音乐感的耳朵、能感受形式美的眼睛,总之,那些能成为人的享受的感觉,即确证自己是人的本质力量的感觉,才一部分发展起来,一部分产生出来。因为,不仅五官感觉,而且连所

---

① 参见隽鸿飞:《历史意识的生成论阐释》,载《哲学研究》2009 年第 10 期。

谓精神感觉、实践感觉(意志、爱等等),一句话,人的感觉、感觉的人性,都是由于它的对象的存在,由于人化的自然界,才产生出来的。五官感觉的形成是迄今为止全部世界历史的产物。"①因此,在人类社会发展的不同的阶段,人的意识的发展的程度是不同的。在人类社会发展的初期,人的意识毋宁说是具有一种"畜群的意识"。与动物不同之处在于,人的本能是被意识到了的本能,或者说他只是用意识代替了他的本能。只是随着生产的发展、需要的增长,以及以此为基础的人口的增长,这种类似本能的"畜群的意识"才逐渐发展起来,并在物质劳动和精神劳动的分工之后才真正获得了独立存在的形态。从这时起,意识才表现为与现实的实践意识不同的存在。

第二,历史认识不过是历史进程中的人对自身存在的认识,是人通过历史而实现的自我认识、自我理解、自我把握。并不存在着一个独立于历史进程之外的人在认识、理解和把握人的历史。马克思指出,人和动物的本质区别在于,"动物和自己的生命活动是直接同一的。动物不把自己同自己的生命活动区别开来。它就是自己的生命活动。人则使自己的生命活动本身变成自己意志的和自己意识的对象。他具有有意识的生命活动。这不是人与之直接融为一体的那种规定性。有意识的生命活动把人同动物的生命活动直接区别开来。正是由于这一点,人才是类存在物。或者说,正因为人是类存在物,他才是有意识的存在物,就是说,他自己的生活对他来说是对象。仅仅由于这一点,他的活动才是自由的活动。"②也就是说,人是以自己的全部的社会生活作为他意识和意志的对象,认识并不是对人之外存在的某种东西的认识,而就是对人自身存在的认识。也正是在这个意义上马克思说:"意识[das Bewuβtsein]在任何时候都只能是被意识到了的存在[das bewuβte Sein],而人们的存在就是他们的现实生活过程。"③因此,无论是就意识的内容来说,还是

---

① 《马克思恩格斯文集》第1卷,人民出版社2009年版,第191页。
② 《马克思恩格斯全集》第3卷,人民出版社2002年版,第273页。
③ 《马克思恩格斯文集》第1卷,人民出版社2009年版,第525页。

就意识的存在方式来说，都是与人们的现实的社会生活同一的。人们的现实的社会生活是什么样的，人们的意识也就是什么样的。换言之，人们的意识是什么样的，那么人们的现实的社会生活就是什么样的。因此在人们的思想意识中表现出来的各种观念，无论这种观念是他们关于自身状况的观念，还是关于他们个人的观念，抑或是关于他们与自然关系的观念，"都是他们的现实关系和活动、他们的生产、他们的交往、他们的社会组织和政治组织有意识的表现，而不管这种表现是现实的还是虚幻的。相反的假设，只有在除了现实的、受物质制约的个人的精神以外还假定有某种特殊的精神的情况下才能成立。如果这些个人的现实关系的有意识的表现是虚幻的，如果他们在自己的观念中把自己的现实颠倒过来，那么这又是由他们狭隘的物质活动方式以及由此而来的他们狭隘的社会关系造成的。"①因此，我们既可以通过观念史的研究来理解历史，同样也可以通过人们的现实生活来研究历史。但是，对于历史研究中各种观念的矛盾和冲突的理解，就不能仅仅从理论出发，而必须从人们的实际生活过程的分析中才能获得相应的解答。归根结底，历史的研究是要从人们的实际生活过程的分析开始。因为"以一定的方式进行生产活动的一定的个人，发生一定的社会关系和政治关系。经验的观察在任何情况下都应当根据经验来揭示社会结构和政治结构同生产的联系，而不应当带有任何神秘和思辨的色彩。社会结构和国家总是从一定的个人的生活过程中产生的。但是，这里所说的个人不是他们自己或别人想象中的那种个人，而是现实中的个人，也就是说，这些个人是从事活动的，进行物质生产的，因而是在一定的物质的、不受他们任意支配的界限、前提和条件下活动着的。"②与此相应的是，人们的观念，无论是对于自身存在的观念、还是他与自然关系的观念，或者是人与人之间关系的观念，都根源于他们的现实的活动，根源于他们生产、交往，以及在生产和交往的基础上形成的社会组织和政治组织。只有从现实的人及其

---

① 《马克思恩格斯文集》第1卷，人民出版社2009年版，第524页。
② 《马克思恩格斯选集》第1卷，人民出版社2012年版，第151页。

活动的分析入手,才能形成对人类历史的认识、理解和把握。

在《德意志意识形态》中马克思明确指出,要想有历史,就必须有人,也就是必须满足人的衣、食、住、行等最基本的生活需要。因此,一切历史的第一个前提就是生产满足最基本生活需要的活动。正是在这个意义上,也只有在这个意义才可以说物质生活资料的生产是人类社会存在的前提和基础。"因此任何历史观的第一件事情就是必须注意上述基本事实的全部意义和全部范围,并给予应有的重视。"①因为当人们开始生产自己所需要的物质生活资料——生产自己的物质生活本身——的时候,也就将自己与动物区别开来了,尽管这种生产是由于人的肉体组织所决定的。马克思认为,由于人的自身活动的生成性质,"已经得到满足的第一个需要本身、满足需要的活动和已经获得的为满足需要而用的工具又引起新的需要,而这种新的需要的产生是第一个历史活动。"②之所以称之为"第一个历史活动",就在于这一"新的需要"并不是根源于人的自然的生物本能,而是在人的对象性实践活动中创造出来的,因此它标志着人超越了自然的必然性链条而成为人,因此称之为"第一个历史活动"。所以,任何历史记载都必须从人的生存的自然基础以及这种自然基础由于人的活动而发生的变化开始。也就是要具体地去分析在不同的历史阶段上人们生活的自然历史条件、人与自然的关系,以及在人以自然为对象的活动中形成的人与人之间关系。以此为基础,马克思在《德意志意识形态》中具体地分析了部落所有制、古典古代的公社所有制或国家所有制、封建的或等级的所有制等人类历史上已经出现过的几种所有制形式。特别是在分析封建和或等级的所有制的产生时,马克思并没有像传统所理解的那样,将其视为生产力发展的结果,即原有的奴隶制生产关系已经无法容纳新的生产力,从而造成了奴隶制的解体,封建的生产方式的产生。在分析封建的或等级的所有制的产生时马克思指出:"与希腊和罗马相反,封建制度的发展是在一个宽广得多

① 《马克思恩格斯文集》第 1 卷,人民出版社 2009 年版,第 531 页。
② 《马克思恩格斯文集》第 1 卷,人民出版社 2009 年版,第 531—532 页。

的、由罗马的征服以及起初就同征服联系在一起的农业的普及所准备好了的地域中开始的。"①封建制度的形成根源基于三个方面：其一，地旷人稀，居住分散，而且蛮族的入侵造成了人口的大量减少，因而与古希腊罗马以城市为中心不同，中世纪则是从乡村开始的；其二，由于罗马帝国的衰落、蛮族的入侵，使生产力遭到了极大的破坏。这种破坏表现为农业衰落了，工业因缺乏销路而一蹶不振，商业停滞或被迫中断；其三，是日耳曼人的军事制度以及受其现实状况制约的进行征服的组织方式。这充分说明了一个问题，即在欧洲封建所有制代替奴隶所有制，并不是生产力发展的结果，恰恰相反，是在古罗马帝国生产衰落及其已经准备好的广阔的领土、一定的农业技术的普及、人口减少（根据恩格斯的两种生产理论，在生产水平极低的情况下，人口的减少就意味着生产力的衰落）的前提下，从日耳曼人的军事组织方式及其征服罗马帝国的方式发展出来了封建所有制。在这个意义上，欧洲的封建制度的形成是有其独特性的。

这里我们可以稍稍讲点题外话，也就是关于古罗马帝国衰落的问题。因为对这个问题的分析，可以使我们更清楚地明白马克思所建构的认识、理解人类历史的基本方法。按马克斯·韦伯的说法，罗马帝国并不是被蛮族消灭的，而是自己走向衰落的。"古典西方文明的衰落并非由于罗马帝国的衰亡所造成。事实上，古典西方文明本身在此之前早就已经没落，但罗马帝国作为一个政治结构却在古典文明衰落几世纪后仍然存在。早在第三世纪初，罗马文学已乏善可陈，罗马法学则与其各学派一起退化；希腊罗马的诗歌几已绝种，历史编纂一片凋零，甚至连铭文都已难得一见。用不了多久连拉丁文本身都已让位给各种方言。"②那么导致这个庞大帝国衰落的原因是什么呢？对此，我们可以运用马克思提供的历史分析方法给予解释。

---

① 《马克思恩格斯文集》第1卷，人民出版社2009年版，第522页。

② 马克斯·韦伯：《民族国家与经济政策》，生活·读书·新知三联书店1997年版，第2页。

从自然地理位置来说,罗马帝国的版图是一个环地中海的庞大帝国,但无论是在哪个方向上,罗马帝国的统治都没有能够深入到内陆,仅仅停留于地中海沿岸。这是由其自然地理位置及生产力的发展水平决定的。广阔的地中海及意大利沿岸的峡湾、港口使古希腊、罗马人发展出了发达的航海技术,使之能够顺利地到达地中海各个沿岸港口,并建立自己的统治。但是,无论是哪个方向上向内陆的进一步发展,都面临无法克服的困境。向南是广阔的撒哈拉沙漠,向东面临着强大的波斯帝国,向北是高高的阿尔卑斯山脉及蛮族。而发达的水路运输技术无法使强大的罗马军团深入到内陆,从而形成了这样一个独特的罗马帝国的版图。"古代文明的疆域所及由此已在内部并且相当大程度上在外部都已不再处于战争状态,但由此奴隶市场所需的源源不断的人力供应也就停止了。早在提比略时代这一结果似就已经初显苗头,即人力严重短缺已经开始出现。……要维持那种以奴隶营为基础的生产制度已变得越来越困难,因为奴隶营仍需要不断补充,而这已不再可能。"①也就是说,随着罗马帝国版图的完成,罗马帝国也就开启了其衰落的进程。作为整个罗马帝国经济支柱的是奴隶劳动,因而随着罗马帝国的扩张而来的源源不断的战争中俘获的人口为帝国的经济的发展提供了大量的劳动力,从而推动经济发展的同时为帝国的扩张奠定了坚实的物质基础。但是,随着受自然地理条件和生产发展水平限制而来的扩张的结束,作为帝国最重要的生产基础的奴隶的来源迅速减少,帝国经济的发展走向停滞、衰落。而为了应对日益减少的奴隶供应,"当奴隶主允许其奴隶有他们自己的家庭并进一步把奴隶变成世袭家仆时,他们实际是想确保奴隶的子孙可以继承其父辈的位置而为庄园劳动。"②与此同时,原有租种庄园土地的"拓殖农"也逐步丧失了自由而农奴化了。

---

① 马克斯·韦伯:《民族国家与经济政策》,生活·读书·新知三联书店 1997 年版,第17 页。

② 马克斯·韦伯:《民族国家与经济政策》,生活·读书·新知三联书店 1997 年版,第18 页。

"这样,在罗马帝国后期的庄园中有两类农民服劳役,一类是非自由的农民即奴隶,他们所服的是无限的劳役;另一类则是身份自由的农民即拓殖农或附庸农,他们要以货币或农产品来缴纳严格规定的租。以后更包括一定比例的收成,以及虽非常年但却相当经常的特定劳役。一旦我们抓住了这些现象来分析,那么再清楚不过,罗马帝国后期的大地产庄园已经具有中世纪庄园的一切特点。"①这正确证了马克思所说的历史的发展总是与人在其中活动的自然地理条件及这些条件在人的活动中的改变密切相关的,不仅人对自然的关系,而且人对人的关系都现实地影响着历史的进程。因此,对于每一段人类历史的理解和把握都必须深入分析其变化的具体的过程才是可能的。

马克思在分析了部落所有制、古典古代的公社所有制或国家所有制、封建的或等级的所有制之后亦明确指出,封建的或等级的所有制同部落所有制和公社所有制一样,也是建立在共同体的基础之上的。"这种封建结构同古典古代的公社所有制一样,是一种联合,其目的在于对付被统治的生产者阶级;只是联合的形式和对于直接生产者的关系有所不同,因为出现了不同的生产条件。"②也就是说,正是由于人与人之间的关系不同,分工发展的程度不同,以及由此引发的与自然的关系不同,从而形成了不同的所有制形式。但从根本上说,这三种不同的所有制形式都是建立在共同体基础之上的。与之相比较,资本主义则是建立在共同体解体的基础之上的。

在《巴黎笔记》时期马克思就提出过传统社会的生产与现代资本主义社会生产的本质差别。马克思在《詹姆斯·穆勒〈政治经济学原理〉一书摘要》中指出:"人本身——在未开化的野蛮状态下——以他自己直接需要的量为他生产的尺度,这种需要的内容直接是他所生产的物品本身。因此,人在这种

---

① 马克斯·韦伯:《民族国家与经济政策》,生活·读书·新知三联书店1997年版,第22—23页。

② 《马克思恩格斯文集》第1卷,人民出版社2009年版,第522页。

状态下生产的东西不多于他直接的需要。他需要的界限也就是他生产的界限。因此需求和供给就正好相抵。他的生产是以他的需要来衡量的。"①因为无论是生产还是需要,都是共同体内部的生产和需要。一方面,在这里并不存在着独立的个体主体,每个人都是作为共同体的一员才拥有共同体的财产;另一方面,此时人的需要是受其生产力发展的水平限制的,还仅限于基本的生存需要的满足。但是,在资本主义条件下,即在私有制的条件下,人的需要,或者说是人本身已经不再是生产的目的。生产只是为了占有,而且只为了自己的占有,他在生产中不过是物化了他直接的、自私自利的需要。因为在资本主义社会,原有的共同体已经解体,人摆脱了共同体获得了独立,人是作为"私人"进行活动的,人与人之间的关系只有借助于物才能建立起来,人的身份——人与人的关系,因为只有在人与人的关系中人才能获得人的身份——的获得取决于其所拥有的物。在此基础上,通过分析生产过程中人与人、人与自然之间的关系以及建立这种关系的人的活动方式,马克思区分了资本主义社会与前资本主义社会。

在前资本主义社会,由于生产力和分工的不发达,各个个人受自然界的支配。人们通过生产从自然获取生活资料,即以人的劳动换取自然的产品的过程中,人们还以家族、部落或者是地区的联系结合在一起形成共同体,因而统治也是以某种形式的共同体的方式进行的。而在资本主义社会,由于生产力和分工的发展,原有的共同体的解体,各个个人互不依赖,人与人之间的联系仅限于交换其拥有的私有财产。因而人们受劳动产品的支配,统治的实质是劳动的统治,特别是积累起来的劳动即资本的统治。因此,对于马克思来说,要想在资本主义社会实现人的解放这一最高的目标,就必须从现实的资本主义社会寻求解放的可能性。

---

① 《马克思恩格斯全集》第 42 卷,人民出版社 1979 年版,第 33 页。

三、共产主义——人的自我解放

人的解放既是马克思全部思想的"总问题",也是其改变世界的目的。因此,马克思的政治经济学批判始终是与批判各种空想社会主义、探索人的解放联系在一起。如果说在《巴黎笔记》时期马克思还是从哲学上阐释共产主义对于人的解放的意义的话,那么在《德意志意识形态》中完成了唯物史观建构的马克思则是结合着对现实的人类历史的分析来阐述共产主义思想的。此时马克思对共产主义的理解既与《巴黎笔记》时的思想密切相关,又存在着较大的差别。

首先,在《德意志意识形态》中马克思延续了《1844 年经济学哲学手稿》中的哲学共产主义思想,将共产主义理解为人的自我异化的积极的扬弃。马克思虽然在《1844 年经济学哲学手稿》中是结合着对资本主义条件下人的自我异化的分析,揭示了异化劳动与人的对象性实践活动之间的关系,并将共产主义理解为人的自我异化的积极的扬弃。"共产主义是私有财产即人的自我异化的积极的扬弃,因而是通过人并且为了人而对人的本质的真正占有;因此,它是人向自身、向社会的即合乎人性的人的复归,这种复归是完全的,自觉的和在以往发展的全部财富的范围内生成的。"[1]马克思明确指出,这种共产主义由于是以私有财产的扬弃为中介的,是作为否定的否定的肯定,还不是真正的、从人自身开始的肯定。因而,尽管这种共产主义"它是人的解放和复原的一个现实的、对下一段历史发展来说是必然的环节。共产主义是最近将来的必然的形式和有效的原则。但是,共产主义本身并不是人的发展的目标,并不是人的社会的形式。"[2]马克思在《德意志意识形态》中通过对生产和交往的分析,一方面进一步揭示了资本主义条件下由于强制性的社会分工造成人

---

[1] 《马克思恩格斯全集》第 3 卷,人民出版社 2002 年版,第 297 页。
[2] 《马克思恩格斯全集》第 3 卷,人民出版社 2002 年版,第 311 页。

的片面性发展的状况,另一方面则提出了实现共产主义的必要条件。其一,是生产力的普遍发展;其二,是由于生产力的普遍发展而形成的人们之间的普遍交往。因为只有借助于生产力的普遍发展造成全新的社会关系,资本主义的内在矛盾才能真正暴露出来;只有通过资本主义造成的生产力的普遍发展才能使异化成为一种不堪忍受的力量、成为革命的对象,同时使社会的大部分人成为没有财产的人——成为革命的力量;只有生产力的普遍发展,才能避免贫穷的普遍化导致的一切陈腐的东西的死灰复燃。此外,生产力的普遍发展必然带来世界性的普遍交往,从而促进世界历史性的、真正普遍性的个人的形成。生产的普遍发展和由此形成的世界性的交往不断地消灭地域性的共产主义,使之成为一个世界历史性的运动,促进现实的共产主义的形成。"共产主义对我们来说不是应当确立的状况,不是现实应当与之相适应的理想。我们所称为共产主义的是那种消灭现存状况的现实的运动。"①也就是说,共产主义对于马克思说来并不是一种确定的社会形态,而是一种人的、现实的生存状态。只是此时马克思对这种现实的人的生存状态的分析是从现实的社会历史条件入手的。

其次,通过分析生产力与交往关系的辩证运动,揭示了共产主义的本质——交往关系本身的生产。在马克思看来,每一个时代都有与之生产力发展程度相适应的交往关系,在生产力与交往关系发生矛盾之前,个人之间进行交往的条件既是个人自主活动的条件,也是其自主活动的结果,个人之间进行交往的条件是与他们的个性相适应的。因而,人们进行生产和交往的现实条件是与其生存的现实状况相适应的,人们生存状况的片面性也就决定了其生产与交往活动的片面性。因而,"这些不同的条件,起初是自主活动的条件,后来却变成了自主活动的桎梏,这些条件在整个历史发展过程中构成各种交往形式的相互联系的序列,各种交往形式的联系就在于:已成为桎梏的旧交往形式被适应于比

———————

① 《马克思恩格斯选集》第1卷,人民出版社2012年版,第166页。

较发达的生产力,因而也适应于进步的个人自主活动方式的新交往形式所代替;新的交往形式又会成为桎梏,然后又为另一种交往形式所代替。由于这些条件在历史发展的每一阶段都是与同一时期的生产力的发展相适应的,所以它们的历史同时也是发展着的、由每一个新的一代承受下来的生产力的历史,从而也是个人本身力量发展的历史。"①之所以人的自主活动的条件会变成桎梏,就在于这种发展是自发地进行的,特别是在分工得到充分发展、原有共同体解体的情况下,人的自主活动以及在此过程中形成的、历史地积淀下来的社会关系及其产物,成为一种独立于人之外、并把人的打算化为乌有的物质力量。"共产主义和所有过去的运动不同的地方在于:它推翻一切旧的生产关系和交往关系的基础,并且第一次自觉地把一切自发形成的前提看做是前人的创造,消除这些前提的自发性,使这些前提受联合起来的个人的支配。因此,建立共产主义实质上具有经济的性质,这就是为这种联合创造各种物质条件,把现存的条件变成联合的条件。共产主义所造成的存在状况,正是这样一种现实基础,它使一切不依赖于个人而存在的状况不可能发生,因为这种存在状况只不过是各个人之间迄今为止的交往的产物。"②换言之,共产主义首先是建立在人的自觉的基础之上的,即明确意识到现存的一切条件不过是人类自主活动的结果。因此,对现存条件的意识不过就是对人自身存在的现实状况的自我理解和把握。其次是要消除现存条件的自发性,使之受联合起来的个人的支配。之所以强调必须是自觉地联合起来的个人,就在于这种现实的条件恰恰是由于强制的分工才转化为异己的物质力量,要使个人获得解放就必须通过个人驾驭这种物质力量并消灭强制性的分工,这又是必须通过集体的力量才是可能的。因为只有在社会中——也就是在集体中,个人才能获得全面发展其才能的手段,才能获得自由。

　　这样,共产主义实际上是把有史以来的生产和交往所产生的全部条件看

---

① 《马克思恩格斯选集》第 1 卷,人民出版社 2012 年版,第 204 页。
② 《马克思恩格斯文集》第 1 卷,人民出版社 2009 年版,第 574 页。

看到这种所谓的"平等"的实质。因而马克思说,这不过是现代工业发展的一个事实,并不是,也绝不会带来蒲鲁东先生的永恒的公平。现代工业发展的这个事实恰恰表明,资本主义形成和发展的历史,也就是人的不断抽象化、社会生产的不断非人化的历史——也就是说,在资本主义大工业生产中,工人的生产活动之间的质的差别消失了,完全是量的差别,即生产过程中花费的劳动时间的差别。

正是由于现实的社会生产过程中的这种抽象化过程,政治经济学才在理论上表现为一种抽象的理论。因为经济范畴只不过是现实的社会生产以及社会关系的理论的表现,或者说是对现实的社会生活的抽象。"李嘉图从一切经济关系中得出他的公式,并用来解释一切现象,甚至如地租、资本积累以及工资和利润的关系等那些骤然看来好象是和这个公式抵触的现象,从而证明他的公式的真实性;这就使他的理论成为科学的体系。"[1]因此,作为科学地反映了资本主义体系的李嘉图的政治经济学,同样是基于对现实社会生活的抽象的理解。

其次,批判了政治经济学的非历史性,进一步阐明了人类历史发展的进程。在马克思看来,资产阶级政治经济学是建立在一个非历史性的假设的基础之上的,也就是说其确立的基本前提是非历史的。但在资产阶级政治经济的发展进程中,却呈现出了现代资本主义的发展的历史。这是一个十分有意思的事情。从政治经济学建构本身来说,其实际是建立在"理性的经济人"这一前提假设的基础之上,即认为人都是独立的、自由的、理性的个体,而自私自利是其追求的基本目标。全部的经济关系都是基于这种自私自利的个体的活动才能建构起来。但是他们根本不知道,这种所谓的市民社会的个人并不是从来就有的,而是现实社会历史发展的结果。正如马克思所说的,这种个人一方面是封建社会解体的产物,同时也是 16 世纪以来发展起来的新的生产力的

---

① 《马克思恩格斯全集》第 4 卷,人民出版社 1958 年版,第 93 页。

产物。资产阶级政治经济学家以 18 世纪的预言家设想的个人——这种个人被认为是曾经存在过的理想状态——为基础,而将其视为历史的起点。因为在他们看来这种自然的个人并不是由历史的进程产生的,而是自然造成的。正是从这种抽象的、自然人出发,政治经济学家从社会生产中将分工、生产、交换、信用、货币等资本主义社会的生产关系抽象出来,将其视为固定不变的、永恒的范畴,并以此来解释整个资本主义社会的经济活动。他们忘了,这些概念、范畴及其构成的生产关系本身也是有历史的,是经历了一系列的发展过程才形成这样的抽象。也正因如此,通过对这些概念、范畴及其相互关系形成和发展的历史的分析,也就可以把握整个资本主义生产关系形成和发展的过程。换言之,通过对政治经济学说史的分析,也就可以理解资本主义形成和发展的历史了。因为政治经济学形成和发展的每一个重要的时期,都现实地表征着资本主义社会形成和发展的关节点。

例如,重商主义的出现,意味着资本主义迈向现代的起点。因为重商主义"实际上表征了一种人与外部世界依存关系的重大改变,直指出来,就是人类生存的直接物质条件从自然经济(以农业为主导的生产模式)中的自然物质向商品经济(以工业生产为主导的生产模式)中的社会物质条件的转变。"①也就是说,从人类社会生活的角度来看,重商主义的兴起标志着人们已经摆脱了对纯自然物的依赖,而将社会生活逐步建立在由人自身创造的社会物质条件基础之上,从而实现了从自然因果关系转向关注社会生活中由人创造的事物之间的因果关系。正是由于关注人创造的事物之间的因果关系,使社会生活中"利大于义"的经济决定论原则得以确立。也就是说,正是伴随着这种转变,社会的经济生活开始决定性地影响到社会的政治生活,并使资产阶级从中世纪的政治统治中解放出来。而从重商主义向重农主义的转变,首次区分了自然财富和社会财富,明确了财富的源泉是物质生产领域。"从哲学上看,配

---

① 　张一兵:《回到马克思》,江苏人民出版社 1999 年版,第 48 页。

第的劳动价值论实际上是对生产中人类主体性的第一次确认,也是对社会财富本质的第一次科学抽象!"①通过这一次抽象,全部的社会财富都丧失了具体的、实物的形态,而被抽象为财富一般——货币。从而为资本的最终统治开辟了道路。及至李嘉图的政治经济学已是科学地阐明作为现代社会即资产阶级社会的理论了,他的劳动价值论对于现代经济生活进行了科学的解释。也就是说,随着资本主义的充分发展,现实的一切都被抽象化了,完全被纳入资本主义运行体系之中。因此,对资产阶级政治经济学形成史的分析,也就是马克思对资本主义社会形成的历史过程的批判。正如马克思所说的,这些政治经济学家在谈到抽象规律时,他们忘了这些所谓的抽象规律只有在运动中、在现实的经济活动中才表现为规律。但是,他们否认这种现实性。"经济学家所以说现存的关系(资产阶级生产关系)是天然的,是想以此说明,这些关系正是使生产财富和发展生产力得以按照自然规律进行的那些关系。因此,这些关系是不受时间影响的自然规律。这是应当永远支配社会的永恒规律。"②对于这种所谓的"社会的永恒规律"的批判,必须结合着对资本主义形成史与政治经济学说史的批判分析才能真正揭示出来。这一点在马克思的《资本论》及其手稿所遵循的基本原则——历史与逻辑的统一——中得到了充分的体现。

在研究马克思的《资本论》的过程中,学界普遍关注的是《资本论》揭示出来的资本主义社会的结构及由此结构决定的资本逻辑的强制性。但是,这一资本主义社会结构的揭示是通过批判分析资本主义的形成史及政治经济学说发展史才能建构起来。这也就提示了一个重要的研究领域,即马克思对资本主义形成史和政治经济学说发展史及二者之间关系的研究。因为从二者的关系来看,政治经济学说史不过是资本主义形成史的一个理论的表达,甚至政治经济学本身的抽象性同样来源于资本主义发展过程中对生产过程抽象的普遍

---

① 张一兵:《回到马克思》,江苏人民出版社 1999 年版,第 50 页。
② 《马克思恩格斯选集》第 1 卷,人民出版社 2012 年版,第 232 页。

化,政治经济学说史在某种意义上也就是资本主义社会的形成史。因此,我们必须将对《资本论》的研究与马克思所写的《剩余价值学说史》结合起来进行研究,通过对《剩余价值学说史》的研究,揭示资本主义社会形成发展的过程,既可以批判政治经济学将资本主义经济运行规律普遍化、永恒化的错误,同时也可以揭示政治经济学批判的基本性质,即是对资本主义社会的批判。如果说《剩余价值学说史》是马克思遵循理论发展的历史逻辑展开的对资本主义政治经济学的批判性研究,揭示了资本主义社会形成的历史过程,那么《资本论》则是马克思根据资本主义社会的结构而建构的对整个资本主义社会的批判性分析。这二者是互为前提的,只有把二者统一起来,才能真正在历史与逻辑相统一的基础上理解马克思对资本主义政治经济学的批判、对资本主义社会的批判,以及由二者的统一所标示的政治经济学批判的社会历史批判性质。

第六章　政治经济学批判的世界历史视野

如果说对政治经济学的批判是一种社会历史批判,那么对于马克思来说他是将这种对资本主义的批判置于自 19 世纪以来逐渐形成的世界历史的总体框架之中进行的。正是由于对资本主义开创的世界历史及其发展趋势的理解和把握,使马克思对资本主义的批判超越西欧的历史、地理界限,从人类文明整体发展的视角对资本主义社会的发展给予了双重的评价。具体而言,一方面马克思对资本主义的发展对于人类文明发展的推动作用给予了高度的评价,并明确了资本主义所承担的世界历史使命;另一方面,马克思同样关注了资本主义自身的内在矛盾必然造成的人的生存危机及其世界性的扩张必然造成的人类性后果,因而在激烈地批判资本主义的同时为人类文明的未来发展指明了道路。

一、马克思的世界历史思想

对于马克思的世界历史思想,相当长的时期以来学界普遍关注的是《德意志意识形态》和《共产党宣言》这两部文献中的思想,特别是其中有关资本主义开创世界历史、世界历史与共产主义的关系等内容。但是,如果从马克思思想发展的总体进程来看,马克思对世界历史思想的阐述绝不仅限于这两部文献,而是包含着一个庞大的文本群。概括地说,主要有《1844 年经济学哲学手稿》《评弗里德里希·李斯特〈政治经济学原理〉》《德意志意识形态》《共产党宣言》《资本论》及其系列手稿以及在《资本论》写作的过程中为《纽约每日论坛报》等一系列报纸撰写的时事评论等政论性论文、晚年有关东方社会的读书笔记、著作和通信等。虽然上述所列文献的主要内容并不是专门阐述其世界历史思想的著述，但在这些著述中确实都内在地包含着马克思的世界历史思想。概括地讲，从《1844 年经济学哲学手稿》到《共产党宣言》这一时期，可以视为马克思的世界历史思想的形成时期。正是这一时期，马克思从人的对象性实践活动出发，阐明了人与世界的关系，并通过对人的生产、交往和分工之间相互关系的分析，揭示了在人的对象性实践活动中人类社会变革的内在机制和动力，从而明确地认识到随着人类活动在世界范围内展开，历史必然会超越民族国家的界限而成为世界历史。而在这一过程中，作为世界历史形成的最根本的动力就是资本主义及其开创的大工业。因此，对于世界历史的论述始终是与对资本主义批判和资本主义大工业的分析结合在一起的，或者反过来说，马克思对资本主义的批判始终是内在地蕴含着世界历史思想的。正是由于这一时期世界历史思想的形成，使马克思对资本主义的批判已经不再局限于西欧社会的历史，而是获得了一个世界性的视角，因而在 1848 年之后无论是对资本主义政治经济学的批判，还是对西欧革命进程的分析，乃至对资本主义的世界性扩张造成的人类性后果的分析，世界历史始终是马克思思想的题中应有之义。

从马克思世界历史思想的形成来看，黑格尔的历史哲学是其重要的思想来源之一。众所周知，黑格尔在《历史哲学》这部著作中，以绝对精神的自我运动为基础将世界历史阐释为绝对精神从东方到西方的自我运动过程。只是对于黑格尔来说，推动世界历史发展的并不是人，而是绝对精神的自我运动。对于黑格尔的思辨的精神哲学体系，马克思在《1844 年经济学哲学手稿》中给予了激烈的批判，并通过这种批判揭示了现实的人及其历史的秘密。

马克思在《1844 年经济学哲学手稿》中通过批判资产阶级政治经济学，明确地意识到现实的人及其与历史的关系。用马克思的话来说，就是整个所谓世界历史不过是人通过自身的劳动而现实地生成的过程,而且这一过程对于人的能思维的意识来说,也是它被理解、被认识到的生成的运动。也就是说,人是自己创造自己的历史的,正是在创造历史的过程中人才成为人,成为能思想、能认识的现实的存在物,并形成对自身历史的理解和把握。因此,人本身就是历史性的存在,或者说历史就是人的存在方式。以此为基础,马克思批判了黑格尔对于"劳动"的纯精神性的理解,而将其阐释为人的对象性实践活动,具体来说就表现为生产、交往及其相互关系,以及这种关系在自然分工的基础上逐步发展的同时推动社会分工的发展,从而阐明了人类历史演进的内在机制。也就是说,必须从现实的人出发,通过具体地分析生产、交往和分工的关系,才能真正阐明人类历史的演进过程。①

正是通过对生产、交往和分工相互关系的分析,马克思在《德意志意识形态》中明确地从两个方面论述了世界历史思想:其一,是共产主义与世界历史的关系。马克思认为,随着生产、交往的发展,人类社会的分工已经不再限于传统的基于自然差别——既包括男女性别的自然差别,也包括由于自然地理环境的差别——的分工,而是越来越社会化、越来越细化,其必然结果就是人的片面化,即人的活动被限定在某一特定的领域。这种情况虽然可以使人的某一方面的才能得到充分的发展,但在资本主义条件下,由于人与人的相互分离,就使这种充分发展不再成为对人有益的状况,而仅仅是对资本的增殖有益的状况,从而造成了人的彻底的异化。而消除这种异化的前提就是生产和交往的普遍发展。在马克思看来,只有通过生产的普遍发展带来物质财富的巨大增长,才能使人摆脱物质的匮乏,以避免重新出现争夺必需品的斗争而带来的全部陈腐的东西的死灰复燃;只有随着生产的普遍发展,才能形成世界性的普遍交往,才能使人们认识到世界上普遍存在着没有财产的人,才能推动无产阶级的世界性的联合,从而使无产阶级的联合成为真正解放的力量。因此,随

---

① 参见隽鸿飞、郭艳君:《劳动、交往、分工:马克思对历史演进的分析》,载《合肥联合大学学报》2002 年第 1 期。

着生产的普遍发展及其推动的世界性的普遍交往,人们的世界历史性的存在已经成为经验的事实了。而随着世界历史的发展,即伴随着生产和交往的普遍发展,不同民族、国家和地域之间的分工也就越来越彻底,个人的活动越来越打破国家、民族和地域的界限而具有世界历史的性质,个人也就越来越受到对他们来说是异己的世界市场力量的支配。在马克思看来,这种异化的消除,只有借助于无产阶级的革命推翻现存的社会制度、消灭私有制才是可能的。正是在这种意义上马克思说,"无产阶级只有在世界历史意义上才能存在,就像共产主义——它的事业——只有作为'世界历史性的'存在才有可能实现一样。而各个人的世界历史性的存在,也就是与世界历史直接相联系的各个人的存在。"①

在马克思看来,消除人的异化存在状态,恢复人的全部丰富的现实关系,只有使单个人摆脱其民族和地域的局限并同整个世界历史发生实际联系才是可能的。因为只有在世界历史的条件下,个人才能获得利用全球的这种全面的生产的能力,才能实现对那些由于人们自身的活动而产生的、迄今为止对他们来说是完全异己的力量的自觉驾驭。在这个意义上可以说,世界历史是理解马克思共产主义思想的基本前提。

其二,马克思结合西欧社会发展过程中生产、交往和分工的发展,分析了西欧社会走向世界历史的进程。在马克思看来:"物质劳动和精神劳动的最大的一次分工,就是城市和乡村的分离。城乡之间的对立是随着野蛮向文明的过渡、部落制度向国家的过渡、地域局限性向民族的过渡而开始的,它贯穿着文明的全部历史直至现在。"②正是由城乡的分离开始,逐渐出现了基于分工和劳动工具为基础的资本的积聚,从而形成了资本的最初形式——等级资本。"它是由住房、手工劳动工具和自然形成的世代相袭的主顾组成的,并且由于交往不发达和流通不充分而没有实现的可能,只好父传子,子传孙。这种

---

① 《马克思恩格斯文集》第1卷,人民出版社2009年版,第539页。
② 《马克思恩格斯文集》第1卷,人民出版社2009年版,第556页。

资本和现代资本不同，它不是以货币计算的资本——用货币计算，资本体现为哪一种物品都一样——，而是直接同占有者的特定的劳动联系在一起、同它完全不可分割的资本"。① 这种等级资本是资本的原始形式，正是随着分工的发展、发达的和世界性的交往，等级资本逐渐摆脱了其原始形式而获得了现代形态。

而分工发展的直接后果就是生产和交往的分离——产生了商人，而城市间的分工则推动了手工工厂的形成。这种生产和交往的分离，进一步促进了生产资本在工场手工业中集聚的同时，也逐步改变了传统行会内部的生产关系。换言之，传统行会内部帮工和师傅之间的宗法关系，被工场手工业工人和资本家之间的金钱关系所代替。另外，由于交往开始集中在一个特殊的阶层——商人阶层——手中，从而促进了城市同近郊以外地区的联系——不同的城市之间、不同的地域之间逐步由贸易联系发展成为生产之间的联系，即开始出现了不同的城市之间的分工，不同的城市由于其自然地理因素及文化因素，逐步发展出了占优势的不同的工业部门，而贸易的发达则使所有的城市构成了一个社会物质生产的整体。伴随着商业的发展，最初地域的局限性开始逐渐消失，为相互联系、相互依存的社会总体性的生产所代替。

当然，这种社会生产的总体性是需要前提的，这个前提就是生产的普遍发展、世界性的交往和日益深入的世界性的分工。而这一切已经由社会的发展做好了充分的准备。从生产的方面来说，随着工场手工业的发展，那种一开始还以粗陋的形式的机器为前提的劳动就很快显示出发展的潜力。一方面，由于资本的集中为进一步使用机器劳动提供了更大的可能性，机器的使用则会加快生产内部的分工，而分工的深入细致则为加速机械的使用提供了前提。这是一个相互促进的历史进程。在此时，已经发展起来的科学和技术则为机械的大规模运用做好了充分的准备。从近代以来的机械化进程来看，这不过

---

① 《马克思恩格斯文集》第 1 卷，人民出版社 2009 年版，第 558 页。

是通过对人的操作行为进行分析合理化,并用机械代替人的操作行为的过程。正是生产过程内部分工与技术的发展使之成为可能。从交往的方面来说,"随着美洲和通往东印度的航线的发现,交往扩大了,工场手工业和整个生产运动有了巨大的发展。从那里输入的新产品,特别是进入流通的大量金银完全改变了阶级之间的相互关系,并且沉重地打击了封建土地所有制和劳动者;冒险者的远征,殖民地的开拓,首先是当时市场已经可能扩大为而且日益扩大为世界市场,——所有这一切产生了历史发展的一个新阶段"。① 在这一过程中,特别是美洲的金银在欧洲市场上的出现,为商业和工业的发展提供了大量的流动资本从而进一步推动了工商业的发展。而随着世界性的生产和交往的发展,分工也日益具有世界范围的意义,即分工已经不再局限于某一国家、某一地区的内部,而是真正具有世界性的存在了,即分工已经成为不同的民族、国家和地域之间的分工了。

当这一切条件的准备都充分之后,一个新的时期开始了。马克思说,"第二个时期开始于 17 世纪中叶,它几乎一直延续到 18 世纪末。"②在这一时期,伴随着工场手工业的发展,商业和航运得到了更快的发展,已经开辟的殖民地开始成为巨大的消费市场,这进一步推进了生产的发展。在各国日益激烈的冲突和斗争中,开始出现了商业和工业逐步集中于一个国家的现象。这种集中一方面给这个国家创造了广阔的世界市场,另一方面也增加了对这个国家的工业产品的需求。而传统的手工工厂的生产方式已经无法满足这种世界性的需求了。"这种超过了生产力的需求正是引起中世纪以来私有制发展的第三个时期的动力,它产生了大工业——把自然力用于工业目的,采用机器生产以及实行最广泛的分工。这一新阶段的其他条件——国内的自由竞争,理论力学的发展等等——在英国都已具备了。"③因此,一个新的历史时代到来了。

---

① 《马克思恩格斯文集》第 1 卷,人民出版社 2009 年版,第 562 页。
② 《马克思恩格斯文集》第 1 卷,人民出版社 2009 年版,第 563 页。
③ 《马克思恩格斯文集》第 1 卷,人民出版社 2009 年版,第 565 页。

正如马克思所说,由于开拓了世界市场,资产阶级使一切民族、国家与地域的生产和消费都具有了世界的性质。各个民族、国家过去那种自给自足的封闭状态已经被各民族之间的相互往来和相互依赖所代替。"资产阶级,由于一切生产工具的迅速改进,由于交通的极其便利,把一切民族甚至最野蛮的民族都卷到文明中来了。它的商品的低廉价格,是它用来摧毁一切万里长城、征服野蛮人最顽强的仇外心理的重炮。它迫使一切民族——如果它们不想灭亡的话——采用资产阶级的生产方式;它迫使它们在自己那里推行所谓的文明,即变成资产者。一句话,它按照自己的面貌为自己创造出一个世界。"①这是一个全新的世界——世界历史的世界。这是一个全新的时代,一个由资本所主导的全球世界历史时代。

二、对资本主义双重评价

对于资本主义的评价问题,无论是马克思,还是其后的继承者,都对资本主义给予了激烈的批判,并且这种批判时刻伴随着资本主义的发展而发展、变化。对于这一点,无论是马克思主义者,还是非马克思主义者都没有疑义。但是,在相当长的一段时间以来,国内外的学术界关注的都是马克思对资本主义的否定性评价,而忽视了马克思对资本主义的肯定性的评价。其结果就是无法真正理解资本主义承担的世界历史使命和积极意义,一方面就无法正确评价资本主义,另一方面也会使对资本主义的批判丧失其现实的根基,从而无法为共产主义确立理论的和实践的基础。那么,马克思是在哪些方面肯定了资本主义呢?

首先,马克思对资本主义的评价是立足于整个人类世界历史的发展的基础之上来认识、理解资本主义的。在马克思看来,所谓的世界历史不过是人通

---

① 《马克思恩格斯选集》第1卷,人民出版社2012年版,第404页。

过自身的对象性的实践活动现实地生成的过程。在这一人的自我生成过程中,人类历史的发展呈现出三个阶段,即人与人相互依赖、物的依赖状态下人的独立性和人的自由自觉的存在三个阶段。与资本主义相对应的就是物的依赖状态下人的独立性这一阶段。也就是说,资本主义的存在是有其历史合理性的,正是由于资本主义的发展才消解了传统的共同体,使个体的人从传统的血缘、宗法关系中解放出,成为独立、自由的个体主体。也正是在这个意义上马克思说:"政治解放当然是一大进步;尽管它不是普遍的人的解放的最后形式,但在迄今为止的世界制度内,它是人的解放的最后形式。"①正是由于资产阶级的政治解放——尽管这种解放还存在着内在的矛盾,还不是没有矛盾的人类解放的形式——焕发出个体的人的主动性和创造性,推动了人类社会的根本性的变革。也只有在个体的人得到充分的发展的前提下,作为人的最终解放的共产主义——自由人的联合体才是可能的。

其次,马克思深刻地肯定了私有财产的积极的意义。在《1844年经济学哲学手稿》中,马克思通过批判资产阶级政治经济学揭示了私有财产的主体本质,即与其说私有财产是异化劳动的产生的原因,不如说私有财产是异化劳动的结果,后来这种关系就变成了相互作用的关系了。也就是说,私有财产是根源于人的劳动活动的,是人的劳动活动的结果。或者换句话说,私有财产是在人的对象性实践活动——无论这种对象性实践活动是在什么样的条件下进行的——中创造出来的,因而在私有财产中内在地蕴含着人的自我创造、自我实现、自我确证的力量。只是在资本主义条件下,私有财产才成为统治的力量,成为奴役人的力量。而其所以能够奴役人,并不是因为它是物,而是因为它就是人的活动本身。在这个意义上,私有财产的关系也就是人的关系,私有财产的运动不过是人的活动的物质的表现形式而已。只是由于人的活动方式的不同,也就形成了人的不同的生存方式、生存状况。正如马克思所说的,人

---

① 《马克思恩格斯文集》第1卷,人民出版社2009年版,第32页。

是什么样的是和他们的生产是一致的,即和他们生产什么一致,也和他们怎样
生产是一致的。因此,通过分析私有财产的运动,也就能够真正把握现实的人
及其基本的存在方式。对私有财产本质的揭示的重要理论意义就在于此。
"我们把私有财产的起源问题变为外化劳动对人类发展进程的关系问题,就
已经为解决这一任务得到了许多东西。因为人们谈到私有财产时,总以为是
涉及人之外的东西。而人们谈到劳动时,则认为是直接关系到人本身。问题
的这种新的提法本身就已包含问题的解决。"①

因此,通过批判资产阶级政治经济学,揭示私有财产的积极本质,才能真
正使其成为人自身的力量,成为人的解放的因素。马克思在《1857—1858 年
经济学手稿》中曾明确地指出:"事实上,如果抛掉狭隘的资产阶级形式,那
么,财富不就是在普遍交换中产生的个人的需要、才能、享用、生产力等等的普
遍性吗? 财富不就是人对自然力——既是通常所谓的'自然'力,又是人本身
的自然力——的统治的充分发展吗? 财富不就是人的创造天赋的绝对发挥
吗? 这种发挥,除了先前的历史发展之外没有任何其他前提,而先前的历史发
展使这种全面的发展,即不以旧有的尺度来衡量的人类全部力量的全面发展
成为目的本身。"②因此我们可以预期,在对私有财产积极地扬弃的前提下,物
质财富生产的真正的人的性质就会显现出来。在这种生产中,每一个人都在
生产的过程中双重地创造着自己和他人的生活,每一个人个性的特点在生产
中的体现都既是自身存在的独特的明证,同时也是确证了他人本质的存在。
由于这种生产是历史性的、在历史的进程中进行的,因此无论是作为活动主体
的人还是劳动的材料,都是这个历史性运动的结果,同时也是其出发点。而私
有财产作为积累起来的人类劳动,正是这一历史性活动的结果,当然也就是人
类历史性活动的出发点。私有财产的历史必然性就在于此。只是在不同的历
史时代,这种积累起来的人类劳动获得的表现形式不同、在历史进程中发挥的

---

① 《马克思恩格斯文集》第 1 卷,人民出版社 2009 年版,第 168 页。
② 《马克思恩格斯文集》第 8 卷,人民出版社 2009 年版,第 137 页。

作用不同。

再次,对于资本主义社会来说,其负有为新世界创造物质条件的使命,而资本主义所开创的大工业则使其能够承担起这样的历史使命。前文谈到共产主义存在的世界历史性时已经指出,共产主义必须建立在生产力的普遍发展的基础之上。因为如果没有生产力的普遍发展、物质财富的充分供应,就必然会发生重新争夺必需品的斗争,那么一切陈腐的东西就会死灰复燃。而资本主义开创的大工业,则为这种物质财富的创造提供了现实的手段。正如马克思所说:"资产阶级在它的不到一百年的阶级统治中所创造的生产力,比过去一切世代创造的全部生产力还要多,还要大。自然力的征服,机器的采用,化学在工业和农业中的应用,轮船的行驶,铁路的通行,电报的使用,整个整个大陆的开垦,河川的通航,仿佛用法术从地下呼唤出来的大量人口——过去哪一个世纪料想到在社会劳动里蕴藏有这样的生产力呢?"①正是资本主义创造出来的巨大的生产力,彻底地改变了人的生活状况、世界的存在状况,为人的解放奠定了物质基础。尽管这一切是通过异化的方式、是以人的普遍被奴役为前提。

如果说物质财富的丰富是实现人的解放的前提,那么人自身的发展则成为人的解放的根本目的。在资本主义开创的世界历史时代,日益深入、细致且广泛的社会分工,一方面使个体的人得到了充分的发展,虽然只是某一个方面的充分发展——与这种发展相对应的则是其他方面的绝对的蜕化,从而使之更加依赖于整个资本主义体系;另一方面,就世界的各民族国家来说,这种充分的发展同样是存在的,但同样是取决于其在整个资本主义体系中所处的位置,或者说,在整个资本主义体系中所处的位置不同,也就决定了其发展的方式的不同。因此我们看到,在资本主义开创的世界历史时代,资本主义体系控制着整个世界的发展。在这一体系发展的初期,各个个人、民族、国家或地区

---

① 《马克思恩格斯选集》第1卷,人民出版社2012年版,第405页。

的发展得益于资本主义体系,可是现在所有的人又都苦于这一体系。因此,一旦打破这一体系的束缚,建构起真正意义上的人的关系,那么在资本主义开创的世界历史时代所取得的一切成果就会成为实现真正人的解放的前提。

最后,对于广大的殖民地国家来说,资本主义的入侵确实成为一切苦难的根源,但正是这种苦难的根源促进了传统社会的解体,使广大的落后国家和地区出现了进行社会主义革命的可能性。在评论英国在印度的统治及其未来结果时,马克思在深入分析了东方社会独特的社会结构及其运行机制、英国在印度的统治造成的恶劣的后果之后明确地指出:"的确,英国在印度斯坦造成社会革命完全是受极卑鄙的利益所驱使,而且谋取这些利益的方式也很愚蠢。但是问题不在这里。问题在于,如果亚洲的社会状态没有一个根本的革命,人类能不能实现自己的使命? 如果不能,那么,英国不管犯下多少罪行,它造成这个革命毕竟是充当了历史的不自觉的工具。"①当然我们可以说马克思可能是受到了黑格尔对东方社会历史研究的影响,认同了黑格尔所说的东方社会没有历史的思想,而夸大了资本主义对于推进东方社会变革的作用,但这同样说明了一个问题,那就是资本主义的殖民征服活动加速了东方传统社会的解体。这同样给东方社会的发展提供了新的机遇。因为资本主义的世界性的殖民不仅改变了东方社会的结构,同样也使东方社会资本主义化了——资本主义自身的内在矛盾同样成为东方社会必须面临的问题。纵观近代以来东方社会的历史发展就可以发现,几乎所有东方社会的革命都与西方资本主义社会的革命不同。在东方社会无产阶级反抗资产阶级的斗争是与东方社会的资产阶级民主革命、东方社会的民族解放运动等密切地结合在一起的。因而,东方社会无产阶级革命在现实地消解资本主义世界殖民体系的同时,同样促进了发达资本主义国家内部矛盾的解决。也正是在评论英国在印度的统治时马克思明确了资产阶级的历史使命。"资产阶级历史时期负有为新世界创造物质

---

① 《马克思恩格斯选集》第 1 卷,人民出版社 2012 年版,第 854 页。

基础的使命:一方面要造成以全人类互相依赖为基础的普遍交往,以及进行这种交往的工具;另一方面要发展人的生产力,把物质生产变成对自然力的科学支配。资产阶级的工业和商业正为新世界创造这些物质条件,正像地质变革创造了地球表层一样。只有在伟大的社会革命支配了资产阶级时代的成果,支配了世界市场和现代生产力,并且使这一切都服从于最先进的民族的共同监督的时候,人类的进步才会不再像可怕的异教神怪那样,只有用被杀害者的头颅做酒杯才能喝下甜美的酒浆。"①

正是由于明确认识到资产阶级的世界历史使命,明确认识到只有借助于伟大的社会主义革命才能克服资本主义的历史局限性,才能使资本主义的肯定性成果成为人的解放的力量,马克思从其理论的最初时起就对资本主义展开了彻底的批判。因而马克思对资本主义的批判与那些空想社会主义的思想家基于对资本主义的道德批判完全不同,马克思对资本主义的批判是建立在精确地分析资本主义的历史事实基础之上的。

首先,马克思通过批判资产阶级政治经济学,揭示了私有财产的本质及运动规律,从而阐明了资本主义必然的历史命运。在马克思看来,作为私有财产的私有财产只有在发达的资本主义条件下才暴露出其自身的秘密,即私有财产是异化劳动的结果。因而,私有财产与劳动的矛盾不过是人自身存在的矛盾。这种矛盾自私有财产产生时就已经存在了,只不过在前资本主义时代,在小手工业和整个农业中私有制与劳动还是完全一致,所有制是现存生产工具的必然的结果。只有到了资本主义时代,生产资料私人占有制与生产工具(大工业)之间的矛盾才真正发展起来,即机械化大生产与生产资料私人占有之间的矛盾。而资本主义发展的基本规律则是全部生产资料的资本化以及伴随着这种资本化进程的资本在少数资本家手中的集中。这种状况一方面消除了传统的农业和手工业与资本主义大工业之间的界限,将社会越来越分裂为

---

① 《马克思恩格斯选集》第 1 卷,人民出版社 2012 年版,第 862—863 页。

两大对立的阶级;另一方面资本的集中推进社会生产的机械化进程,同时进一步强化资本的集中,直到与生产工具的矛盾不可调和为止。因此马克思说:"私有财产在自己的国民经济运动中自己使自己走向瓦解,但是私有财产只有通过不以它为转移的、不自觉的、同它的意志相违背的、为事物的本性所决定的发展,只有当私有财产造成作为无产阶级的无产阶级,造成意识到自己在精神上和肉体上贫困的那种贫困,造成意识到自己的非人化从而自己消灭自己的那种非人化时,才能做到这一点。无产阶级执行着雇佣劳动由于为别人生产财富、为自己生产贫困而给自己做出的判决,同样,它也执行着私有财产由于产生无产阶级而给自己做出的判决。"①正是由于资本主义私有制造成的无产阶级的生存状况,或者说正是由于无产阶级在整个资本主义社会结构中的位置,决定了无产阶级是资产阶级的掘墓人。

其次,马克思结合对政治经济学的批判性分析,揭示了资本主义社会状况下无产阶级的非人的生存状况,成为其批判资本主义的理论前提。在马克思看来,无产阶级之所以会成为资产阶级的掘墓人,就在于其在整个资本主义社会结构中的位置,即绝对的、无可改变的被压迫、被奴役的生存状况。在资本主义社会形成的过程中,无产阶级虽然像资产阶级所说的那样获得了个体的独立、自由,但是这种独立和自由是以失去赖以生存的一切条件为前提的。对于无产阶级来说,他们的自由就是选择进入资本家的工厂接受奴役和剥削,或者是选择饿死的自由。换言之,所谓的资产阶级与无产阶级之间自由的雇佣关系,实际上是无产阶级无可奈何的"选择"。更为重要的是,在资本主义生产过程中无产阶级所能获得的并不是其劳动创造的价值,而是劳动力的价值——工资。而"最低的和唯一必要的工资额就是工人在劳动期间的生活费用,再加上使工人能够养家糊口并使工人种族不致死绝的费用。按照斯密的意见,通常的工资就是同'普通人'即牲畜般的存在状态相适应的最低工

---

① 《马克思恩格斯文集》第1卷,人民出版社2009年版,第261页。

资。"①而且这种"牲畜般的存在状态"也是不稳定的。因为在整个资本主义的生产中,工人并不是作为人被生产出来的,而是作为"商品人"被生产出来的,工人的生产同样遵循商品生产的规律。当生产对于劳动力的需求大于供给时,工资会上涨,这似乎是对工人最有利的状况,在这种状况下工人则会由于过度的劳累而早死。当生产对于劳动力的需求小于供给时,那么一部分工人就要沦为乞丐或者饿死。因此,对于无产阶级来说,在资本主义制度范围内他们是不可能拥有改变自身生存状况的机会的。特别是在世界历史的前提下,资本的全球性流动能力相对于无法流动的无产阶级来说具有绝对的优势,使无产阶级不得不屈从资本的统治。

因此我们可以说,资本主义社会不仅剥夺了无产阶级身上属于人的东西的外观,而且剥夺了其一切属于人的实质。无产阶级的生活条件的变化集中表现了资本主义社会的一切生活条件所达到的非人性的顶点。"由于在无产阶级身上人失去了自己,而同时不仅在理论上意识到了这种损失,而且还直接被无法再回避的、无法再掩饰的、绝对不可抗拒的贫困——必然性的这种实际表现——所逼迫而产生了对这种非人性的愤慨,所以无产阶级能够而且必须自己解放自己。但是,如果无产阶级不消灭它本身的生活条件,它就不能解放自己。如果它不消灭集中表现在它本身处境中的现代社会的一切非人性的生活条件,它就不能消灭它本身的生活条件。"②因此,无产阶级只有彻底地改变现实的社会结构,才能获得自身的解放。它的目标和它的历史使命已经由它在现代资产阶级社会整个组织中的位置及其自身的生活状况明显地、无可更改地预示出来了。

最后,从资本主义自身的发展来说,资本主义的世界性扩张形成的世界历史也必然会带来无产阶级革命的变化。这种变化表现在两个方面:其一,对于

①　《马克思恩格斯文集》第 1 卷,人民出版社 2009 年版,第 115 页。
②　《马克思恩格斯文集》第 1 卷,人民出版社 2009 年版,第 262 页。

发达的资本主义国家来说,由于殖民扩张而形成的世界性市场在加速本国资本主义发展同时,也加强了资产阶级对本国无产阶级的剥削压迫,同样也强化了无产阶级的反抗。特别是自马克思主义诞生以来在马克思主义指导下不断强化的无产阶级革命运动使资产阶级不得不主动改善无产阶级的生存状况。而这种改善同时也是基于资本主义自身的变化。由于日益强化的机械化、工业化,使资本主义剥削的方式发生了变化,即在越来越多的生产领域用机器代替人的劳动的同时,也对工人自身的素质提出了更高的要求。也就是说,工人的生产已经不可能再像原来那样仅仅维持基本的生存就可以了。因为日益强化的机器化、自动化要求工人必须经过一定的教育才能承担工人的工作。这就要求工资的份额中必须增加这部分教育的费用。此时,资本主义的全球扩张,特别是第二次世界大战之后资本的全球化使发达资本主义国家可以从全球的生产中攫取高额的垄断利润以改善自身的社会状况,从而也使发达国家改善无产阶级的生存状况成为可能。特别是第二次世界大战之后东西方冷战对立的格局,同样对资本主义国家形成了巨大的外部压力,使发达的资本主义国家主动地改善自己内部无产阶级的生存状况,以缓和内部的矛盾,从而使发达资本主义国家福利国家政策成为现实。这在一定程度上消解了发达资本主义国家无产阶级革命的可能性。其二,伴随着发达国家无产阶级革命可能性的消解的是广大的发展中国家无产阶级革命的风起云涌。只是与发达资本主义国家无产阶级革命不同,广大发展中国家的无产阶级革命从来都不是纯粹的无产阶级革命,而始终是与资产阶级的民主革命、广大殖民地国家的民族解放运动联系在一起的。因此,马克思在从世界历史的视角分析广大殖民地国家的无产阶级革命及其可能性时,始终是与对资本主义的全球殖民扩张的批判联系在一起的。

特别是在马克思的晚年,针对西方发达资本主义国家无产阶级革命的可能性的日益降低的情况,马克思开始将关注的目光转向东方,对俄国无产阶级革命的可能进行了深入的分析。马克思一方面对资本主义的殖民扩张造成的殖民地国家的苦难给予了激烈的批判；另一方面则看到了资本主义的世界性的殖民带来的殖民地国家社会主义革命的可能性，并对这种可能性进行了深入细致的分析和阐述。马克思指出："一切历史冲突都根源于生产力和交往形式之间的矛盾。此外，不一定非要等到这种矛盾在某一国家发展到极端尖锐的地步，才导致这个国家内发生冲突。由广泛的国际交往所引起的同工业比较发达的国家的竞争，就足以使工业比较不发达的国家内产生类似的矛盾（例如，英国工业的竞争使德国潜在的无产阶级显露出来了）。"①正是由于这种世界历史的影响，在俄国出现了无产阶级革命的可能性。在给俄国革命者维·约·查苏利奇的信及复信的三个草稿中，马克思对东方社会进行社会主义革命的可能性进行了深入的探讨。马克思指出，东方社会与西欧资本主义社会不同，其典型的特点是农村公社、专制国家和土地公有三位一体的社会结构。正是这种结构使土地公有制保留下来，从而使之可能成为新社会的起点。在此基础上，马克思提出了那个著名的"跨越卡夫丁峡谷"的设想，即东方社会可以在传统的土地公有制的基础之上，借助无产阶级革命不经历资本主义的发展阶段，直接进入到社会主义社会。但马克思同时指出了这种跨越的前提：其一，必须有无产阶级革命。马克思通过对印度和俄国的研究已经明确地意识到了，资本主义的殖民及其带来的殖民地国家资本主义的发展在破坏东方传统的社会结构的同时，也正在消解传统的土地公有制。因此，只有借助于无产阶级革命才能消除资本主义从各个方面对东方社会土地公有制的侵蚀，才能使土地公有制保留下来，从而使之成为跨越资本主义卡夫丁峡谷的前提。对此，马克思在《共产党宣言》的《1882 年俄文版序言》中明确指出，尽管东方国家的资本主义已经得到了一定程度的发展，但大半的土地仍然归农民公共占有。正是由于看到了俄国原始的土地公共占有形式与高级的共产主义的公共占有形式之间的一致性，以及这种原始的土地公共占有形式的解体给俄国

---

① 《马克思恩格斯选集》第 1 卷，人民出版社 2012 年版，第 196 页。

人民带来的苦难,以查苏利奇为代表的俄国民粹派思想家才提出俄国能不能不经历资本主义的发展阶段,以避免原始的土地公共占有制的解体,并使之成为新的共产主义社会的起点问题。对此马克思明确指出:"对于这个问题,目前唯一可能的答复是:假如俄国革命将成为西方无产阶级革命的信号而双方互相补充的话,那么现今的俄国土地公有制便能成为共产主义发展的起点。"①因为在世界历史时代,无产阶级的革命也已经不再局限于一国,而必然是具有世界历史性的活动了。其二,取得革命胜利的无产阶级必须吸收发达资本主义国家的肯定性成果,才能真正实现对资本主义发展阶段的跨越。即取得革命胜利后的无产阶级政权必须主动参与到世界历史进程之中,尽管这个世界历史进程是由资本主义开辟和主导的。只有融入世界历史进程,才能吸收发达资本主义国家的肯定性成果,使资产阶级所担负的为新世界创造物质条件的使命得以成为现实。

综上所述,马克思对资本主义的批判与世界社会主义革命始终是密切地相互联系的。马克思通过对资本主义所承担的世界历史使命的批判性分析,既肯定了资本主义对于人类社会历史发展所做的贡献,同时也通过批判资本主义为人类社会历史的未来发展指明了道路,即资本主义必然灭亡,共产主义必然胜利。而且这种胜利并不是自然而然地发生的,必须通过无产阶级的自我觉醒,并诉诸对资本主义的武器的批判才是可能的。

三、人类文明的未来指向

从本质的意义上来说,共产主义既是马克思唯物史观的逻辑终点,也是马克思批判资本主义的最终现实目的。但与其他思想家对资本主义的批判不同,马克思对资本主义的批判并没有停留于资本主义社会的某一个领域,而是

---

① 《马克思恩格斯选集》第 1 卷,人民出版社 2012 年版,第 379 页。

展开了对资本主义的全面的、总体性的批判;另外,马克思并不是基于道德立场批判资本主义造成的非人化,而是从资本主义形成和发展的历史进程入手展开对资本主义的社会的、历史的批判。也正因如此,共产主义才能够既成为马克思全部理论逻辑的终点,同时也是其通过批判资产阶级政治经济学而展开的对资本主义社会批判的现实终点。不但如此,通过批判资产阶级政治经济学还揭示了无产阶级的生存状况及其必然要承担起的世界历史使命。对此,我们必须结合马克思对共产主义的论述进行深入的分析。

首先,马克思批判地分析了资产阶级政治革命之后人的生存状况,揭示了资产阶级政治革命造成的个体与社会的分裂和对立,其实质是人的自我分裂和对立。从而马克思将实现"人的解放"确定为自己全部思想的总问题,并贯穿于其思想发展的始终。正是在探寻人的解放的可能性的过程中,马克思将关注的目光转向无产阶级。因为在马克思看来,虽然资本主义造成了人的普遍的异化,但在这种异化中资产阶级获得了更有利的位置,而无产阶级则陷入绝对的、非人的生存状态。以至于无产阶级要实现自身的解放就必须消灭资本主义,无产阶级不消灭自身也就不可能解放全人类。因为无产阶级本身是属于这个资本主义社会的,是行将被消灭的资本主义社会的现实的构成部分。或者换个方式说,无产阶级之所以是无产阶级正是由于他们在现实的资本主义社会结构中所处的位置。因此,无产阶级既不可能通过资本主义社会的改革获得解放,也不可能通过推翻资产阶级的统治之后"简单地掌握现成的国家机器,并运用它来达到自己的目的。"而是必须以暴力打碎旧的国家机器,彻底地变革资本主义的社会结构,才能使资产阶级不再是资产阶级,无产阶级不再是无产阶级,从而在解放自身的同时,实现全人类的解放。

对此,马克思明确地指出:"批判的武器当然不能代替武器的批判,物质力量只能用物质力量来摧毁;但是理论一经掌握群众,也会变成物质力量。"[1]

---

① 《马克思恩格斯文集》第1卷,人民出版社2009年版,第11页。

即无产阶级必须通过现实的革命运动消灭资本主义制度才能实现真正的社会
变革。因此,哲学必须把无产阶级作为自己的物质武器,同样无产阶级也必须
把哲学作为自己的精神武器,真正实现哲学与无产阶级的结合,社会革命才是
真正可能的。正是在这个意义上马克思同时强调,仅仅是理论趋向现实是不
够的,现实本身也应趋向理论。也就是说,无产阶级必须具有明确的阶级意
识,既包括对自身所处的社会生存状况的意识,同时也包括对自身在资本主义
社会所应承担的社会历史使命的意识,这就需要无产阶级对资本主义社会有
深刻的理解和把握。但是,无产阶级自身并不可能自发地形成无产阶级的阶
级意识,无产阶级只能自发地形成工联的意识。因此就需要资产阶级的先进
分子将批判资本主义社会过程中形成的共产主义思想传授给工人阶级。如果
说政治经济学家是资产阶级的学术代表,那么共产主义者则是无产阶级的理
论家。但是,作为无产阶级的理论家,共产主义者的任务并不是将自己的思想
灌输到无产阶级的头脑中,而是要注意眼前发生的事情,并且有意识地在无产
阶级中把这些事情明确地表达出来就行了。因为随着资本主义的发展以及由
此而形成的无产阶级的斗争的日益明显,无产阶级就会不仅仅看到,并且直接
体验到自身的生存状况——绝对的贫困——所具有的革命的一面。"一旦看
到这一面,这个由历史运动产生并且充分自觉地参与历史运动的科学就不再
是空论,而是革命的科学了。"①共产主义者的任务就是要让无产阶级形成对
自身存在状况的明确意识,才能真正形成无产阶级的理论自觉。

　　无产阶级的自我意识——阶级意识的形成绝对必要,这也是基于共产主
义的本质要求。与所有过去的运动不同的地方在于,共产主义不但要求推翻
一切旧的生产关系和交往关系,而且要求人们自觉地把一切自发形成的前提
看作是前人的创造的结果,是历史的结果,并通过消除这些前提的自发性、给
定性(也就是历史性),使之成为人的自主活动的条件,受联合起来的个人的

———————————

　　① 《马克思恩格斯选集》第 1 卷,人民出版社 2012 年版,第 236 页。

支配。因此,共产主义的建立实际上是具有经济的性质的,也就是要通过建立共产主义,通过个人的自觉的联合,使一切历史地形成的人类生活的前提成为联合的基础。因此,共产主义实际上造成的存在状况是使一切不依赖于个人而存在的状况成为不可能。因为这种存在状况——无论是前共产主义社会人们自发创造的,还是在共产主义社会自觉创造的——都是各个人之间迄今为止的交往的产物。

其次,共产主义作为人的解放,表现为一个现实的历史过程。一方面,从人自身的发展来说,由于人的对象性实践活动的本质,使人的自我创造、自我确证不可能是通过一次性的活动完成的。因为人在以自身的活动面对对象的过程中,并不是消灭对象,也不是使对象与自身融为一体,而是使人的本质的外化、对象化,在对象之中表现出来。"劳动的实现就是劳动的对象化"。也就是说,对象性实践活动的结果始终是作为对象而存在的,是作为对象性的人而存在的。因此,人始终要面对自己的对象。更为重要的是,作为个体的人的对象性实践活动的结果并不会随个体的死亡而消失,依然是人的活动的对象。在马克思看来,正是由于人的特殊性,即作为特殊的个体的独特性,才使人成为现实的、单个的社会的存在物,成为独立的个体。但同时,人也是总体,作为社会存在物的人是在其全部社会关系中得以存在的。因而,个体同时也是被思考和被感知的社会的自为的主体存在,个体的人既作为人的生命表现的总体而存在,又作为对社会存在的直观和现实享受而存在。因此,人的本质的自我确证并不会由于个体的死亡而终结,而是表现为一个人类有限生命相续的一个无限的过程。也就是说,人自身的发展始终是一个过程,一个人通过自身的对象性实践活动不断地自我确证、自我发展的不断生成的运动。"共产主义对我们来说不是应当确立的状况,不是现实应当与之相适应的理想。我们所称为共产主义的是那种消灭现存状况的现实的运动。"①

————————————

① 《马克思恩格斯文集》第1卷,人民出版社2009年版,第539页。

　　另一方面,从人类历史的发展来说,共产主义是人类社会历史发展的必然结果,是有其存在的现实的、社会历史基础的。也就是说,共产主义是人类社会历史发展一定阶段的产物,只有当人类社会发展进入到资本主义阶段,只有当资本主义社会内部矛盾真正暴露出来,只有当资本主义制度所蕴含的全部生产力发挥出来、无产阶级具备了真正的阶级意识之时,社会主义革命的时代才会到来。正如马克思在《政治经济学批判》序言中所说的:"无论哪一个社会形态,在它所能容纳的全部生产力发挥出来以前,是决不会灭亡的;而新的更高的生产关系,在它的物质存在条件在旧社会的胎胞里成熟以前,是决不会出现的。所以人类始终只提出自己能够解决的任务,因为只要仔细考察就可以发现,任务本身,只有在解决它的物质条件已经存在或者至少是在生成过程中的时候,才会产生。"①这就是马克思的"两个决不会"的表述。

　　对于马克思的这一表述,学术界更多关注的是从社会基本矛盾运动与社会形态演变的关系去理解,在一定程度上走向了历史决定论的道路。我们认为,对马克思的这一表述的理解并不能仅仅从理论本身去理解,而且要结合马克思对无产阶级革命的论述、对资本主义的批判去理解。在马克思看来,人类历史的发展并不是断裂性的,而是连续性的,社会形态的更替同样有其"自然的历史过程",而推动这一社会历史进程的恰恰就是社会运动之中的内在的矛盾。因此,一种社会的形态向另一种社会形态转变必须是原有的社会形态内部矛盾已经发展到了其自身无法解决的程度才是可能的。按社会基本矛盾运动规律,原有的社会形态只有得到充分的发展之后,其所蕴含的全部生产力发挥出来之后,其内部的矛盾才能达到不可解决的程度;另外,只有原有的社会形态得到了充分的发展,才能为新的社会形态的形成奠定坚实的物质基础。就资本主义自身的发展来说,只有等资本主义自身得到了充分的发展,其内在的本质矛盾——生产资料私有制与社会化的大生产之间的矛盾及其本质——

---

　　① 《马克思恩格斯文集》第2卷,人民出版社2009年版,第592页。

才能真正暴露出来;只有资本主义得到了充分的发展,才能造成无产阶级的世界性的联合;只有资本主义得到了充分的发展,才能完成其承担的世界历史使命——即为新社会创造物质条件。从推翻资本主义社会的根本力量——无产阶级自身来说,"革命因素之组成为阶级,是以旧社会的怀抱中所能产生的全部生产力的存在为前提的。"①只有借助资本主义的充分发展,无产阶级才能真正认清自身在资本主义社会结构中的位置,才能真正形成无产阶级的阶级意识,社会革命才不会在社会的变革中成为统治阶级改朝换代的工具,真正建立一个新的社会。只有资本主义得到了充分的发展,作为新社会的、独立的、社会的主体的个人才能真正发展起来,代替那个旧社会的自由人的联合体才能够真正形成,才能在变革旧的社会形态过程中形成全新的社会结构,未来的共产主义才能具有现实的可能性。

再次,关于共产主义革命的道路问题,学界似乎形成了一个共识,那就是马克思早期认为无产阶级的共产主义革命必须是由世界各国的无产阶级同时进行革命才是可能的。但是,自 1848 年革命之后,马克思越来越看不到西方无产阶级革命的可能性,反而在世界的东方,特别是俄国,看到了无产阶级革命的可能性,从而将关注的目光转向世界的东方,提出了"跨越卡夫丁峡谷"的理论设想,即社会主义革命在一国获得胜利的可能性。从具体的历史发展进程来说,这一设想获得了证实。但并不能因此而否定马克思早期思想的价值。从马克思的世界历史思想及对资本主义的批判来看,这一思想在今天仍然具有重要的理论意义和现实价值。

因为马克思所说的世界各国无产阶级同时进行革命并不意味着要求在世界各国同时取得无产阶级革命的胜利,而是强调世界各国无产阶级之间的相互支持。而且根据世界历史的发展,也并不要求每个国家完全经历相同的历史过程。马克思指出,那种认为每个民族都要经历相同的发展过程的观点,

---

① 《马克思恩格斯选集》第 1 卷,人民出版社 2012 年版,第 274 页。

"正象主张每个民族都必须经历法国的政治发展或德国的哲学发展一样,是荒谬的观点。凡是民族作为民族所做的事情,都是他们为人类社会而做的事情,他们的全部价值仅仅在于:每个民族都为其他民族完成了人类从中经历了自己发展的一个主要的使命(主要的方面)。"①因此,在世界历史时代,每一个国家为自己所做的事情,也就是它们为全世界所做的,因此也就不需要其他国家再经历相同的历史过程了,特别是那些充满痛苦的历史过程。

在世界历史时代,由于资本主义的世界性扩张而使资本的统治世界化了,从而使世界各国的人民不仅苦于资本主义的不发展,而且更苦于资本主义的充分发展。因为在世界历史时代,资本的统治已经超越了民族国家的界限,而成为世界历史性的统治了。特别是在全球化得到充分发展的时代,资本的全球性流动使之彻底摆脱了传统的民族国家的限制、消解了民族国家的权力——尽管这种权力曾经是推动资本全球化的重要的力量。也就是说资本的统治具有了全球的性质。资本在成为全球性的统治力量的同时,也就造成了全球性的反抗资本的力量,无产阶级的社会主义革命也就越出了传统的民族国家的界限而真正具有了世界历史性质。就发达资本主义国家的无产阶级而言,他们曾经在资本全球化的初期,通过自身的反抗而提高了自身的福利待遇,改善了自身的生存状况。但是,这种改善是以资本的全球扩张过程中对广大的发展中国家的剥削为前提的。即通过资本的全球扩张形成对发展中国家的掠夺从而获取超额利润,以维持其在本国的福利国家政策。但是,随着全球化进程的深入,资本越出了国家的界限使传统的民族国家无法再控制资本的流动,从而失去了资本全球掠夺了超额利润之后,资产阶级原来的福利国家政策无以为继,发达资本主义国家工人的生存状况逐步恶化。另外,伴随资本的全球流动的是全球人口的流动,广大发展中国家的工人大量流向发达的资本主义国家,在资本大量流出、实体产业空心化的状况下,进一步加剧了发达国

① 《马克思恩格斯全集》第42卷,人民出版社1979年版,第257页。

家无产阶级生存状况的恶化。因此,进入 21 世纪后发达国家普遍出现了反抗资本主义的新的工人运动形式。只是这种反抗同时伴随着发达资本主义的内部的保守主义、民粹主义的兴起,在反抗资本主义的同时成为对抗世界历史的力量。

就发展中国家的无产阶级来说,虽然伴随着资本的全球化进程的是发展中国家迅速地工业化,为无产阶级提供了大量工作岗位,但发展中国家的无产阶级并没有因为获得了工作机会而真正改变自身的生存状况。因为在资本全球化的世界生产中,发展中国家及其工人阶级所能获得的仅仅是全部利润中最微薄的部分,大量的利润被跨国公司掠夺走。发展中国家同时还要承担由于资本的掠夺而造成的严重的社会和生态后果。从而使无产阶级的革命出现了新的可能的形势。

而资本全球化的过程本身也不断地为这种世界性的无产阶级的联合创造了现实的基础,无论是快速的交通运输手段、还是全球性的通讯能力等,这些由资本的全球化创造出来的物质基础,现在将成为世界无产阶级联合起来的手段。世界各国的无产阶级必然会以新的方式组织起来,形成新的革命的力量,为未来社会主义革命开辟新的道路。

下　编

政治经济学批判的问题

第七章　商品何以成为政治经济学
批判的逻辑起点

　　商品作为马克思政治经济学批判的逻辑起点,在马克思政治经济学批判体系之中占据着至关重要的地位。正是通过对商品价值的分析,马克思揭示了价格围绕价值波动这一资本主义经济运行的基本规律;也正是从商品价值的分析入手,通过对资本主义商品生产过程中价值分配关系的揭示,阐明了剩余价值学说,从而揭示了资本主义剥削的秘密。但是,传统上对商品价值——使用价值和交换价值——的分析主要停留在经济学的领域,将其作为商品——物——的两个属性进行分析,这种分析难以揭示出商品生产过程中包含的人的活动与人的关系,从而不可能真正深入到马克思的商品价值理论对资本主义的批判这一维度;虽然有学者力图从商品价值的分析入手去批判资本主义,但更多的是从商品拜物教入手,着重考察的是对物的崇拜中表现出人的存在的异化形式,进而批判资本主义。这样的研究实际上是将资本主义的现实作为前提展开的。因此,就必须回到马克思对商品价值研究的出发点——商品是劳动产品,通过揭示生产商品的活动的二重性与作为活动结果的商品价值的二重性之间的关系,以及这一生产活动结果的特殊形式所包含的人的关系,阐明商品何以成为商品及其内在地包含着的人的关系,才能真正理解马克思以商品为逻辑起点而展开的政治经济学批判的深刻意义。

一、作为政治经济学批判逻辑起点的商品

商品作为马克思政治经济学批判的逻辑起点,是根源于马克思研究政治经济学的方法以及商品在资本主义社会生产中的地位。我们可以从两个不同的层面去分析商品何以成为马克思政治经济学批判的逻辑起点。

首先,从政治经济学批判的方法来看,马克思在《资本论》第二版跋中明确地指出,"叙述方法必须与研究方法不同。研究必须充分地占有材料,分析它的各种发展形式,探寻这些形式的内在联系。只有这项工作完成以后,现实的运动才能适当地叙述出来。这点一旦做到,材料的生命一旦在观念上反映出来,呈现在我们面前的就好像是一个先验的结构了。"①也就是说,马克思研究政治经济学、开展政治经济学批判是遵循着两个不同的线索:其一,是政治经济学自身发展的历史线索,这是与资本主义生产方式历史发展过程是一致的。马克思通过分析政治经济学发展的历史线索,逐步明确政治经济学的思想体系形成和发展的历史——这一历史同时也就是资本主义发展史的理论形式,并通过这种分析揭示了政治经济学的概念体系。其二,是概念发展的逻辑线索。政治经济学的概念体系之间的相互关系,使之与其自身历史发展的线索并不完全一致,甚至有很大的差异。这是因为不同的事物在其自身发展的不同的历史时期表现出来的内容是不同的,是随着历史的发展而发展的,人们对这一事物的认识同样需要一个过程。而且由于事物自身发展的程度不同,其内容表现的程度亦有所不同。只有在事物自身得到充分发展之后其所包含的内容才会充分地展现出来。只有到这个时候,概念才能表现出事物所具有的全面、深刻的本质。"资产阶级社会是最发达的和最多样性的历史的生产组织。因此,那些表现它的各种关系的范畴以及对于它的结构的理解,同时也

---

① 《马克思恩格斯文集》第5卷,人民出版社2009年版,第21—22页。

能使我们透视一切已经覆灭的社会形式的结构和生产关系。资产阶级社会借这些社会形式的残片和因素建立起来,其中一部分是还未克服的遗物,继续在这里存留着,一部分原来只是征兆的东西,发展到具有充分意义,等等。"①因此,就有必要根据对概念的重新理解和把握而确定其在政治经济学体系中的位置。也就是说概念的逻辑与历史发展的逻辑并不是完全一致的。所以,"把经济范畴按它们在历史上起决定作用的先后次序来排列是不行的,错误的。它们的次序倒是由它们在现代资产阶级社会中的相互关系决定的,这种关系同表现出来的它们的自然次序或者符合历史发展的次序恰好相反。问题不在于各种经济关系在不同社会形式的相继更替的序列中在历史上占有什么地位。更不在于它们在'观念上'(蒲鲁东)(在关于历史运动的一个模糊的表象中)的顺序。而在于它们在现代资产阶级社会内部的结构。"②

也就是说,从马克思政治经济学批判的方法来说,他坚守的是一种历史和逻辑相统一的原则。正如恩格斯所说:"对经济学的批判,即使按照已经得到的方法,也可以采用两种方式:按照历史或者按照逻辑。既然在历史上也像在它的文献的反映上一样,大体说来,发展也是从最简单的关系进到比较复杂的关系,那么,政治经济学文献的历史发展就提供了批判所能遵循的自然线索,而且,大体说来,经济范畴出现的顺序同它们在逻辑发展中的顺序也是一样的。这种形式表面上看来有好处,就是比较明确,因为这正是跟随着现实的发展,但是实际上这种形式至多只是比较通俗而已。历史常常是跳跃式地和曲折地前进的,如果必须处处跟随着它,那就势必不仅会注意许多无关紧要的材料,而且也会常常打断思想进程;并且,写经济学史又不能撇开资产阶级社会的历史,这就会使工作漫无止境,因为一切准备工作都还没有做。因此,逻辑的方式是唯一适用的方式。但是,实际上这种方式无非是历史的方式,不过摆脱了历史的形式以及起扰乱作用的偶然性而已。历史从哪里开始,思想进程

---

① 《马克思恩格斯文集》第8卷,人民出版社2009年版,第29页。
② 《马克思恩格斯文集》第8卷,人民出版社2009年版,第32页。

也应当从哪里开始,而思想进程的进一步发展不过是历史过程在抽象的、理论上前后一贯的形式上的反映;这种反映是经过修正的,然而是按照现实的历史过程本身的规律修正的,这时,每一个要素可以在它完全成熟而具有典型性的发展点上加以考察。"①

其次,从商品在资本主义社会生产中的地位来看,商品是资本主义生产方式占统治地位的社会财富的基本构成元素。因为对资产阶级社会说来,商品的价值形式,或者劳动产品的商品形式,就是经济的细胞形式。一方面商品本身的内在结构和基本属性,体现着资本主义社会生产方式的一切内在矛盾。另一方面,资本主义生产方式的开端也是从商品的生产和交换开始的。资本主义生产方式正是随着商品生产的进一步发展,才逐步从传统社会中产生出来、发展起来。因此,揭示资产阶级政治经济学的全部矛盾就可以通过对商品的属性及结构的分析逐步展开。

无论是从历史的发展来说,还是从经济体系的结构——资产阶级社会内部的结构——来说,商品都处于这样一种开端的地位。正因如此,对政治经济学的批判必然要从商品属性的分析入手,从商品开始。通过揭示商品与劳动之间的关系也就可以阐明资本主义生产方式的实质。从而在完成对政治经济学批判的同时,也就完成了对资本主义社会的批判。

二、商品的价值、使用价值和交换价值

传统上对马克思商品价值的研究,更多是在经济学的语境中进行的。对于价值、使用价值和交换价值的研究,更多是将其与物联系起来进行研究,而很少注意商品的价值关系中内蕴着的人的活动的关系。因此若想真正揭示马克思的商品价值理论的深刻含义,就必须将其与人联系起来,从人及其活动出

---

① 《马克思恩格斯选集》第2卷,人民出版社2012年版,第13—14页。

发去重新阐释商品的价值、使用价值和交换价值及其相互关系。而且也只有从人及其活动出发才能真正阐明马克思政治经济学批判具有的深刻的历史意义。正如恩格斯所说，"政治经济学从商品开始，即从产品由个别人或原始公社相互交换的时刻开始。进入交换的产品是商品。但是它成为商品，只是因为在这个物中、在这个产品中结合着两个人或两个公社之间的关系，即生产者和消费者之间的关系，在这里，两者已经不再结合在同一个人身上了。在这里我们立即得到一个贯穿着整个经济学并在资产阶级经济学家头脑中引起过可怕混乱的特殊事实的例子，这个事实就是：经济学研究的不是物，而是人和人之间的关系，归根到底是阶级和阶级之间的关系；可是这些关系总是同物结合着，并且作为物出现。"①正是通过对商品价值的分析，马克思揭示了商品关系掩盖之下的人的关系，从而使问题变得如此简单明了，甚至资产阶级经济学家现在也能理解了。

马克思在《资本论》的开篇就指出："商品首先是一个外界的对象，一个靠自己的属性来满足人的某种需要的物。"②马克思的这一定义，我们可以从两个不同的角度去理解：从经济学的角度来说，商品是物；而从人及其活动的角度来说，商品是人的对象性实践活动的结果，同时也是满足人的需要的对象。因此，从经济学角度和从人及其活动的角度看待商品是不同的。经济学从物的角度入手，关注的是在经济运行过程中物的交换价值的实现问题，即一定的物所具有的价值量的大小及其实现的方式；而哲学则从人及其活动的角度将商品视为人的对象性实践活动的结果、满足人的需要的对象，关注的是使用价值的实现问题。这两种不同的理解的本质差别就在于，把商品看作物是以交换价值的实现为根本，在其中人只具有手段的意义；把商品看作满足人的需要的对象是以使用价值的实现为基础，在其中人既是手段同时也是最终的目的。对此，我们可以详细地加以分析：

---

① 《马克思恩格斯文集》第 2 卷，人民出版社 2009 年版，第 604 页。
② 《马克思恩格斯文集》第 5 卷，人民出版社 2009 年版，第 47 页。

首先,从商品的本质属性来说,它是人的对象性实践活动的结果。其之所以具有价值,一方面是因为商品是人在对象性实践活动之中把自己的内在本质对象化于其中的劳动产品,从而使其具有了人的属性,使人能够在其所创造的对象之中直观到自身,从而确证了人的对象性的本质。因而,商品在被消费时,由于商品满足了人的需要,从而证明其具有的社会性质,即商品是人作为人而为了另一个人生产的物品。对于商品的生产者来说,则证明了他的活动是能够满足人的需要的、社会性的活动。另一方面,正是因为人的活动的产品具有了属人的特征,所以其可以满足人的需要,无论这种需要的性质及其得到满足的方式如何。因此,商品作为劳动产品的价值是双重的:从生产者方面来说,它是使用价值的生产,是生产者自身存在的确证,是其自身价值的实现;从商品的消费者方面来说,正是通过消费他人的产品而满足了他自己人的需要,同样是确证了他的人的本质,是使用价值的实现。"我们已经看到,在被积极扬弃的私有财产的前提下,人如何生产人——他自己和别人;直接体现他的个性的对象如何是他自己为别人的存在,同时是这个别人的存在,而且也是这个别人为他的存在。但是,同样,无论是劳动的材料还是作为主体的人,都既是运动的结果,又是运动的出发点。"①因此,商品作为劳动产品,其实质是人与人之间相互确证的活动和相互确证关系的体现。

但是,由于经济学只是将这种劳动产品视为物,只能单方面地看到商品作为物的使用价值,并将其视为交换价值得以实现的工具,因而看不到在商品生产过程中人的自我确证。因此商品的属人的特征就被遮蔽了。在这里,人只成为商品使用价值得以实现的手段,而不是目的。用经济学的话语来说,商品只有被卖出去并最终被人消费掉,其交换价值才得以实现,人成为商品的价值得以实现的手段。更何况在这一过程中,经济学看重的实质是交换价值的实现。

---

① 《马克思恩格斯全集》第3卷,人民出版社2002年版,第298—301页。

其次,正是因为商品是人的对象性实践活动的结果,其中本身就内在地包含着人与人之间的相互关系。人的对象性实践活动并不是孤独个体的活动,而始终是社会的活动,是在社会中的活动。商品的生产和消费过程本身就内在地包含着对人的本质的双重的确证。"我们每个人在自己的生产过程中就双重地肯定了自己和另一个人:(1)我在我的生产中物化了我的个性和我的个性的特点,因此我既在活动时享受了个人的生命表现,又在对产品的直观中由于认识到我的个性是物质的、可以直观地感知的因而是毫无疑问的权力而感受到个人的乐趣。(2)在你享受或使用我的产品时,我直接享受到的是:既意识到我的劳动满足了人的需要,从而物化了人的本质,又创造了与另一个人的本质的需要相符合的物品。(3)对你来说,我是你与类之间的中介人,你自己意识到和感觉到我是你自己本质的补充,是你自己不可分割的一部分,从而我认识到我自己被你的思想和你的爱所证实。(4)在我个人的生命表现中,我直接创造了你的生命表现,因而在我个人的活动中,我直接证实和实现了我的真正的本质,即我的人的本质,我的社会的本质。"①因此,不论是生产本身中人的活动的交换,还是人的产品的交换,其意义都相当于类活动和类精神——它们的真实的、有意识的、真正的存在,是社会的活动和社会的享受。因此,作为劳动产品无论是生产还是消费,都是人的本质的自我确证的过程。在其中人既是手段,但更是目的。

政治经济学面对的是一个以私有制为基础的社会,在这样的社会中人与人之间的关系已经完全沦为物的关系。也就是说,在生产的过程中,每一个人的生产目的并不是为了人而进行的生产,进行交换活动的是人的中介运动,不是社会的、人的运动,不是人的关系,它是私有财产对私有财产的抽象的关系,而这种抽象的关系就是价值——交换价值。因为进行交换活动的人不是作为人来互相对待,所以物本身就失去人的、个人的财产的意义。在这种交换中,

① 《马克思恩格斯全集》第42卷,人民出版社1979年版,第37页。

人的双重确证表现为双重的丧失：作为满足人的需要的对象性实践活动的结果——使用价值——仅仅成为交换价值的载体，失去了人的自我确证的意义；而人与人之间真正的人的关系则变成了抽象的交换价值——即抽象掉一切人的特征的、物的关系。而这种关系的最直接的表现形式就是货币——交换的媒介。也就是说，在资本主义的条件下，人的关系彻底地丧失了，最终表现为资本的绝对统治。

再次，人们相互之间的劳动活动或劳动产品的交换，其意义就相当于分工。分工最初根源于人的自然差别，是在生产和交往发展的过程逐步发展起来的。马克思认为，分工起初只是性行为方面的分工，后来由于天赋（例如体力差别）、需要、偶然性等而自发地或"自然地产生的"分工。正是分工使人具有的天然差别成为对人有益的方面，并赋予劳动以无限的生产能力。因为人与动物不同，对人而言，各种各样的才能和活动方式可以相互利用，因为人能够把各种不同的产品汇集成一个共同的资源，每个人都可以从中购买所需要的产品。正是在这种交换中，每一个人都在自己的产品中、在他人对其产品的使用中确证了自己人的存在，自己对他人的存在和他人对自己的人的——社会的——存在。因而分工是人的活动本质的相互补充。

但是，在私有制的条件下，人的活动本质的相互补充变成了人的相互奴役，并共同受资本的奴役。因为在私有制的条件下，"我是为自己而不是为你生产，就象你是为自己而不是为我生产一样。我的生产的结果本身同你没有什么关系，就象你的生产的结果同我没有直接的关系一样。换句话说，我们的生产并不是人为了作为人的人而从事的生产，即不是社会的生产。也就是说，我们中间没有一个人作为人同另一个人的产品有消费关系。我们作为人并不是为了彼此为对方生产而存在。因此，我们的交换也就不可能是那种证明我的产品是为你而生产的产品的中介运动，因为我的产品是你自己的本质即你的需要的物化。问题在于，不是人的本质构成我们彼此为对方进行生产的纽带。交换只能导致运动，只能证明我们每一个人对自己的产品从而对另一个人的产品的关系的性质。我们每个人都把自己的产品只看作是自己的、物化的私利,从而把另一个人的产品看作是另一个人的、不以他为转移的、异己的、物化的私利。"①在这种情况下,"当然,你作为人同我的产品有一种人的关系;你需要我的产品;因此,我的产品对你来说是作为你的愿望和你的意志的对象而存在的。但是,你的需要、你的愿望、你的意志对我的产品来说却是软弱无力的需要、愿望和意志。换句话说,你的人的本质,因而也就是同我的人的产品必然有内在联系的本质,并不是你支配这种产品的权力,并不是你对这种产品的所有权,因为我的产品所承认的不是人的本质的特性,也不是人的本质的权力。相反,你的需要、你的愿望、你的意志是使你依赖于我的纽带,因为它们使你依赖于我的产品。它们根本不是一种赋予你支配我的产品的权力的手段,倒是一种赋予我支配你的权力的手段"②。

因此,所谓价值是指劳动产品中凝结的人的对象性的本质,也正是因此它才能够满足人的需要,实现人的本质的双重的确证。但是,随着劳动产品转化为商品,在人的对象性实践活动之中内在统一的人的活动及其与劳动产品的关系就发生了分裂,即商品的价值被分为使用价值和交换价值。从人及其对象性实践活动的意义来看,如果说商品的使用价值要表达的是商品生产者与其生产的产品关系,或者商品的消费者与其消费的产品的关系的话,那么商品的交换价值则直接表达出来的是两个不同商品之间的关系,但其实质是两个商品的生产者及其需要之间的关系。只是在资本主义条件下,这种相互的需要变得如此间接,以至于需要的满足已经失去最直接的意义(最初的人的意义)。因此,马克思通过对政治经济学的批判揭示出来的商品的价值理论,即商品的价值、使用价值和交换价值之间的相互关系,实质是在资本主义生产方式之下人的活动的异化状态。而通过对商品价值理论的批判性分析,就可以揭示出现实的资本主义社会中人的异化的生存状态及其发展趋势。

---

① 《马克思恩格斯全集》第 42 卷,人民出版社 1979 年版,第 34 页。
② 《马克思恩格斯全集》第 42 卷,人民出版社 1979 年版,第 34—35 页。

三、马克思对商品价值理论的批判分析

在马克思看来,政治经济学的错误并不在于分析了商品的两个因素,即使用价值和价值(价值实体,价值量),而在于没有看到价值分裂为使用价值和交换价值是一个历史的结果,是通过近代以来资本主义生产方式的发展确立下来的。同时,政治经济学通过抽象掉使用价值的质,而将价值等同于交换价值,并最后将交换价值抽象为单纯的量,从而彻底地排除了作为生产者和消费者的人在整个经济运行中的地位。因此,政治经济学只能从社会生产中看到物的关系而不是人的关系。

首先,劳动产品成为商品、劳动产品的价值分裂为使用价值和交换价值,是近代以来资本主义社会形成和发展的结果。在前资本主义社会,社会的生产与人自身的存在是同一的,"因此,人本身——在未开化的野蛮状态下——以他自己直接需要的量为他生产的尺度,这种需要的内容直接是他所生产的物品本身。因此,人在这种状态下生产的东西不多于他直接的需要。他需要的界限也就是他生产的界限。因此需求和供给就正好相抵。他的生产是以他的需要来衡量的。"①也就是说,在前资本主义社会,生产的目的是生产使用价值,是通过生产满足人的需要的同时再生产出人的全面的社会关系。在这种生产中,人既是目的同时也是手段。另外,生产者对其产品的占有,依赖于他作为共同体成员的身份。正是因为其是共同体的成员,才能成为共同体财富的所有者。也正是在这个意义上马克思称前资本主义社会是人与人相互依赖的存在状态。在这种情况下就没有交换,或者说,交换只能归结为生产者的劳动同他劳动的产品相交换,这种交换是真正的交换的潜在形式(萌芽)。

随着近代资本主义形成和发展、传统的共同体解体,人与人的关系被普遍

---

① 《马克思恩格斯全集》第 42 卷,人民出版社 1979 年版,第 33 页。

割裂、人与人的全面分裂和对立的形成,特别是生产的社会化,使每一个人都丧失总体性存在的可能性,而成为资本主义经济运行体系的一部分,从而使其自身需要的实现不再取决于自身,而是取决于整个的市场体系。在这种情况下,生产的目的已经由传统社会的生产使用价值转变为生产交换价值。正是由于生产目的的这种转变,使人的劳动产品变成用以交换的商品。在这种情况下,人在对象性的实践活动中及其对劳动产品的使用过程中的自我确证就发生了分裂,即生产者从事生产的目的并不在于消费,生产的目的就是占有。生产不仅有这样一种功利的目的,而且有一种自私自利的目的;人进行生产只是为了自己占有;他生产的物品是他直接的、自私自利的需要的物化。但是这种剩余产品并没有超出自私自利的需要。相反,它只是用以满足这样的需要的中介手段,这种需要不是直接物化在本人的产品中,而是物化在另一个人的产品中。因而只有通过交换,才能满足自身的需要。也就是说,只有将生产出来的产品拿到市场上进行交换,换取他人的产品,劳动产品才能够成为现实:一方面,对于生产者来说,只能换得一般等价物,并通过一般等价物使其自身的存在和需要才能得到满足,从而确保自身的现实存在;另一方面,只有通过交换,将其产品变成一般等价物,才能使其产品成为真正的产品,即满足人的需要。尽管这可能需要通过更多次的交换过程才能完成。因此,交换价值的实质表达的是一种人与人之间相互需要、相互满足的关系。所以马克思说:"穆勒把货币称为交换的媒介,这就非常成功地用一个概念表达了事情的本质。货币的本质,首先不在于财产通过它转让,而在于人的产品赖以互相补充的中介活动或中介运动"。① 但是,在私有制的条件下,货币这种人的产品赖以互相补充的中介物获得了一般等价物的意义,成为衡量一切劳动产品价值的标准。只有在这种情况下,商品的价值才分裂为使用价值和交换价值。

其次,商品的使用价值与交换价值的分裂导致的最直接的结果就是人类

---

① 《马克思恩格斯全集》第42卷,人民出版社1979年版,第18页。

的劳动及其产品的抽象化。所谓使用价值，简单来说就是商品的有用性，能够用来满足人的某种需要。物的有用性使物成为使用价值。因此使用价值是商品得以成为商品的根本，离开了使用价值商品也就不存在了。"使用价值只是在使用或消费中得到实现。不论财富的社会的形式如何，使用价值总是构成财富的物质的内容。"①但是，在资本主义生产方式下，商品的使用价值与其生产者是分离的，即生产者并不使用其所生产的产品。因此，使用价值的实现只有通过交换、通过商品进入流通领域才得以实现。而交换价值就是一种使用价值同另一种使用价值相交换的量的关系或比例。而商品交换关系的最显著的特点就是抽去了商品的使用价值。在商品交换的关系中，只要比例适当，一种使用价值就与另一种使用价值完全相等。这就形成了使用价值与交换价值的矛盾，即一方面交换价值以使用价值为基础，使用价值是交换价值的物质承担者，因为只有具有使用价值的产品可以用来交换；另一方面在交换的过程中交换价值又完全否定了使用价值的一切质的差异，而抽去了一切质的差别的价值就是单纯的量。因此马克思说，"作为使用价值，商品首先有质的差别；作为交换价值，商品只能有量的差别，因而不包含任何一个使用价值的原子。如果把商品体的使用价值撇开，商品体就只剩下一个属性，即劳动产品这个属性。可是劳动产品在我们手里也已经起了变化。如果我们把劳动产品的使用价值抽去，那么也就是把那些使劳动产品成为使用价值的物体的组成部分和形式抽去。它们不再是桌子、房屋、纱或别的什么有用物。它们的一切可以感觉到的属性都消失了。它们也不再是木匠劳动、瓦匠劳动、纺纱劳动或其他某种一定的生产劳动的产品了。随着劳动产品的有用性质的消失，体现在劳动产品中的各种劳动的有用性质也消失了，因而这些劳动的各种具体形式也消失了。各种劳动不再有什么差别，全都化为相同的人类劳动，抽象人类劳动。"②也就是说，通过对商品使用价值与交换价值及其相互关系的分析，得出

① 《马克思恩格斯全集》第44卷，人民出版社2001年版，第49页。
② 《马克思恩格斯全集》第44卷，人民出版社2001年版，第50—51页。

的最基本的结论就是,在商品生产的条件下,无论是人的对象性的实践活动还是其结果,都失去了感性的对象性的形式,而沦为抽象的量的规定。商品价值的二重性表现在生产商品的劳动中就是劳动的二重性。

再次,商品生产中的劳动的二重性及其自我异化的实质。在《资本论》第一卷中马克思明确地指出,"起初我们看到,商品是一种二重的东西,即使用价值和交换价值。后来表明,劳动就它表现为价值而论,也不再具有它作为使用价值的创造者所具有的那些特征。……这一点是理解政治经济学的枢纽。"①也就是说,通过对商品的二重性的分析,马克思看到了资本主义条件下劳动的基本表现形式及其实质,即在资本主义社会生产中,人类的对象性的实践活动同样发生了分裂、并被抽象化了,劳动分裂为生产使用价值的具体劳动和生产交换价值的抽象劳动。

就生产使用价值的劳动来说,这种劳动是具体的、包含着生产者特殊的质的差别,因而其生产出来的是满足特殊需要的使用价值。也就是说,要满足一种特殊的需要,就需要进行特定种类的劳动。"这种生产活动是由它的目的、操作方式、对象、手段和结果决定的。由自己产品的使用价值或者由自己产品是使用价值来表示自己的有用性的劳动,我们简称为有用劳动。从这个观点来看,劳动总是联系到它的有用效果来考察的。"②也正是这种劳动的特殊性、丰富性,使人自身的自我确证具有了同样的丰富性。因为任何一种由人工创造的物质财富——只要不是天然存在的物质财富——总是由人的特殊的生产活动创造出来的。在这种生产过程中,由于为了满足特殊的人类需要,其所要加工的自然物及用以加工这种自然物的工具都必然具有其自身的独特性。"因此,劳动作为使用价值的创造者,作为有用劳动,是不以一切社会形式为转移的人类生存条件,是人和自然之间的物质变换即人类生活得以实现的永

---

① 《马克思恩格斯全集》第44卷,人民出版社2001年版,第54—55页。
② 《马克思恩格斯全集》第44卷,人民出版社2001年版,第55页。

恒的自然必然性。"①因而,有用劳动,或者说生产使用价值的劳动才是真正的人的活动,才是人之为人的根本。但正如商品的使用价值与交换价值的关系一样,在劳动的二重性中有用劳动同样构成了抽象劳动的基础,也同样在交换中被抽象掉了,失去现实的意义,或者说在交换中劳动只表现为抽象的人类劳动,劳动一般,作为单纯量的劳动。"因此,就使用价值说,有意义的只是商品中包含的劳动的质,就价值量说,有意义的只是商品中包含的劳动的量,不过这种劳动已经化为没有进一步的质的人类劳动。在前一种情况下,是怎样劳动,什么劳动的问题;在后一种情况下,是劳动多少,劳动时间多长的问题。既然商品的价值量只是表示商品中包含的劳动量,那么,在一定的比例上,各种商品应该总是等量的价值。"②

因此,在资本主义条件下,在市场交换的过程中,各种相互交换的人类的劳动差别也就被抽象掉了,这样劳动就成为一般的人类劳动。这个一般的人类劳动只具有量的差别,而无质的不同。"对象化在商品价值中的劳动,不仅消极地表现为被抽去了实在劳动的一切具体形式和有用属性的劳动。它自身的积极的性质也清楚地表现出来了。这就是把一切实在劳动化为它们共有的人类劳动的性质,化为人类劳动力的耗费。把劳动产品表现为只是无差别人类劳动的凝结物的一般价值形式,通过自身的结构表明,它是商品世界的社会表现。因此,它清楚地告诉我们,在这个世界中,劳动的一般的人类的性质形成劳动的独特的社会的性质。"③这个只具有量的规定性而无质的特征的劳动的量,就是政治经济学所说的价值。所有商品共同的价值形式就是货币形式。这样,马克思就通过对商品价值形式的分析,揭示了货币形式的起源,从而为阐明资本的本质及其运行规律奠定了基础。而对资本本质及其运行规律的阐明,也就为我们提供了理解资本主义社会的钥匙。

---

① 《马克思恩格斯全集》第 44 卷,人民出版社 2001 年版,第 56 页。
② 《马克思恩格斯全集》第 44 卷,人民出版社 2001 年版,第 59 页。
③ 《马克思恩格斯全集》第 44 卷,人民出版社 2001 年版,第 83—84 页。

　　综上所述,通过对商品价值的哲学分析,我们看到资本主义方式下人的对象性活动的本质性的异化。"起初服务于个人直接需要的劳动,成为一种抽象普遍的劳动,也就是说,没有人再加工他自己需要的东西,相反,每一个人都不是忙于实现他自己的一定需要的满足,而是忙于满足自身普遍可能性。每一个人都只能在抽象掉他自己的需要的情况下、以成为满足所有其他人的需要的总体的合作者的方式来满足他自己的需要。他不是为自己的具体需要而工作,而是为一种需要的抽象而工作。劳动的价值不再直接在于它的生产,而是在于它间接的通过所有劳动彼此之间普遍的依赖性而也容许满足自己的需要,劳动这样普遍化为劳动体系,其辨正的另一面就是其专门化、就像劳动简单化为每一特殊的劳动导致其多样化一样。"①而建立在这样的生产活动基础之上的资本主义经济关系,不过是人的存在的异化的表现形式。因此,建立在这种生产活动基础之上的"经济的社会形态",也就必然是人类社会的自我异化的存在形式。

---

　　①　卡尔·洛维特:《从黑格尔到尼采》,生活·读书·新知三联书店2006年版,第361页。

第八章　生产总体性的再阐释

生产是马克思思想体系中的一个核心概念。但是,在对这一概念的诸多理解中其本质性内涵很少得以体现。一般认为在马克思思想发展中,存在着一个从实践到生产(生产力)、交往(交往关系),再到生产力、生产关系的发展过程。因而认为实践、生产、交往(交往关系)等概念是生产力、生产关系概念的不成熟的表达,从而将生产仅仅归结为物质财富的生产。这种理解存在的最大问题就是使生产力与生产关系对立起来,将人的总体性的能动活动割裂为不同的存在。如果仅仅停留于此,只不过是描述了资本主义社会条件下生产的具体状况,从而陷入资产阶级政治经济学的窠臼。马克思的生产概念始终是总体性的,是在最广泛的意义上理解的生产概念,绝不仅仅限于物质资料的生产。生产在人类历史发展进程中的意义是将现实的人及人类社会再生产出来,从而实现人类历史的延续和发展。因此,有必要回到马克思政治经济学批判的起点,通过对马克思实践概念的总体性分析阐明生产的总体性,为重新理解和阐释政治经济学批判的历史性奠定基础。

一、实践的总体性与总体性的生产

在马克思看来,人类的历史不过是人通过自身的对象性实践活动现实地生成的过程。在这一过程中,无论是人自身的生产还是物质资料的生产,以及社会基本矛盾的各个方面都是统一的,统一于人类现实的实践活动之中。实践作为人的本质的存在方式,是一种现实的人类活动。正是在实践活动之中,人创造并展示了自己本质的全面性和丰富性,确证了人之存在的总体性和历史性。根据实践活动的对象和满足人的需要的不同,人的实践活动基本上可以分为两种类型,即劳动和交往。

所谓劳动,是指解决人与自然关系的活动。作为解决人与自然关系的活动,劳动的功能主要有以下几个方面:其一,通过劳动从外界获取必需的生存资料,从而满足人的基本的生活需求。人作为自然的存在物,同其他自然生命有机体一样依赖于自然界生活,必须从自然界获取基本的生活资料。由于动物与自然界是直接同一的,是自然必然性链条上的一个环节,因而动物可以直接从自然界获取自身生存所需要的食物,而人则不同,自然界不会主动地满足人的生存需要,人必须通过自身的现实的活动,改变自在的自然,使之与人的生存需要相适应,才能在自然界中生存。因此,人的这种生命活动与动物对自然界的单纯的适应不同,它是一种创造性的活动。"动物只生产它自己或它的幼仔所直接需要的东西;动物的生产是片面的,而人的生产是全面的;动物只是在直接的肉体需要的支配下生产,而人甚至不受肉体需要的支配也进行生产,并且只有不受这种需要的支配时才进行真正的生产;动物只生产自身,而人再生产整个自然界;动物的产品直接同它的肉体相联系,而人则自由地对待自己的产品。动物只是按照它所属的那个种的尺度和需要来建造,而人却懂得按照任何一个种的尺度来进行生产,并且懂得怎样处处都把内在的尺度运用到对象上去"①。因此,其二,劳动也是确证人的本质的活动。正是在改造自然界获取自身生存所必需的物质生活资料的过程中,人使自己的本质对象化于外部世界,在对象世界中展现自己本质的丰富性。"在改造对象世界中,人才真正地证明自己是类存在物。这种生产是人的能动的类生活。通过这种生产,自然界才表现为他的作品和他的现实。因此,劳动的对象是人的类生活

---

① 《马克思恩格斯全集》第42卷,人民出版社1979年版,第96—97页。

的对象化:人不仅象在意识中那样理智地复现自己,而且能动地、现实地复现自己,从而在他所创造的世界中直观自身。"①所以说,劳动具有双重的功能,它不仅是满足人生存的物质生活需要的活动,同时也是人的自我创造、自我确证的活动。其三,人的这种劳动不仅仅是物质性的生产活动,同时也是一种精神性的活动。因为"从理论领域来说,植物、动物、石头、空气、光等等,一方面作为自然科学的对象,一方面作为艺术的对象,都是人的意识的一部分,是人的精神的无机界,是人必须事先进行加工以便享用和消化的精神食粮。"②也就是说,在人与自然界的关系中,人的意识才能得以生成。自然界不仅仅是人的生命活动的对象,同时也是人的意识活动的对象。因为人的意识本身就是一种对象性的意识,是对其活动对象的意识。没有了意识的对象,人的意识也就不能够存在。也就是说"我对我的环境的关系是我的意识"。因此,劳动是确证人的全面本质的活动,只有在劳动的过程中,人才能创造出自己全面的、丰富的本性。但这种劳动并不是孤立个体的活动,而是在人与人的关系中进行的活动,也只有在人与人的关系之中劳动才能成为真正的劳动。

所谓交往,既是指人与人之间的关系,同时也是指人的一种现实的活动。作为一种关系,这是人所特有的。马克思指出,"凡是有某种关系存在的地方,这种关系都是为我而存在的;动物不对什么东西发生'关系',而且根本没有'关系';对于动物来说,它对他物的关系不是作为关系存在的。"③因此,在人类最初开始进行生产活动的时候,这种交往关系就已存在,并随着人类生产活动的发展而发展。但是,人的这种关系并不是凭空创造出来的,而是在人类的自然本性的基础上、在人的实践活动中形成的,即人作为活动主体的自我设定表现为一个现实的过程。在马克思看来,男女关系是人和人之间的直接的、自然的、必然的关系。在这种自然的、类的关系中,人和人之间的关系直接就

---

① 《马克思恩格斯全集》第 42 卷,人民出版社 1979 年版,第 97 页。
② 《马克思恩格斯选集》第 1 卷,人民出版社 2012 年版,第 55 页。
③ 《马克思恩格斯文集》第 1 卷,人民出版社 2009 年版,第 533 页。

是人和自然界的关系,而人同自然界的关系直接就是人和人之间的关系,这就是人自己的自然的规定。"因此,从这种关系就可以判断人的整个文化教养程度。从这种关系的性质就可以看出,人在何种程度上对自己来说成为并把自身理解为类存在物、人。"①亦即人与人之间的男女关系不但是最基本的人与人之间的交往关系,而且是人自身发展程度的标志,即是人在何种程度上摆脱了自然而获得独立的标志。因为人如何对待人与人之间的两性关系,表明了人在什么程度上把他人视为人的同时,亦表明两性之间的性关系——原本是纯粹的动物的关系——在什么程度上成为人的关系。

作为一种现实的活动,交往是人的对象性本质得以实现的前提,是人作为活动主体的自我设置、自我确证。因为在分工的条件下,由于人的活动领域的特定化,人的对象性本质的确证只能在有限的范围内进行。只有通过交往活动,才能克服人的本质的这种片面化,从而实现人之存在的总体性。正如马克思所说,如果我们每一个都是作为人进行生产,那么在这种生产中每一个人都通过自身的生产活动而双重地肯定了自己和另一个人的本质。对于生产者来说,在生产的过程中通过将自己的个性和个性的特点物化,从而明确地意识到这是表现他自己生命的活动而享受到个人的乐趣,而在生产完成后,在面对其劳动的产品时则认识到这个产品是包含着他的个性的产品,因而是可以直观地感知的、毫无疑问的权力而感受到个人的乐趣。正是由于其产品的人的性质、社会性质,别人在使用、消费其产品时,生产者看到他创造了与另一个人的本质的需要相符合的物品,从而意识到自己的生产活动物化了人的本质,意识到他的劳动是能够满足人的需要的活动,是社会性的活动,从而在双重的意义上实现了自我的确证。从消费者的方面来说,通过消费他人的劳动产品而满足了其自身的需求,从而证明他人是其不可分割的一部分,是其本质的补充。正是通过这种消费的活动,证实了人的生产与消费活动的中介作用,即是个体

①　《马克思恩格斯全集》第3卷,人民出版社2002年版,第296页。

与类之间的中介,从而在这种活动中实现了人的生命的双重确证。因此,在真正地为了人而进行的生产中,每一个人都在自己的生命表现中,直接创造了他人的生命表现;每一个人都在自己的个人活动中,直接证实和实现了他的真正的人的本质,即社会的人的本质。也就是说,人的活动的对象性的存在,即人的活动的产品,之所以能够确证人的本质,就在于它是一种社会性的存在。一方面,生产者通过交换,从他人那里获得自身生存所需的产品,从而确证自己人的本质;另一方面,生产者也在他人消费、享受自己的产品的过程中,看到了自己活动的人的性质。因此,这是一种双重的确证过程,是对自己和他人人的本质的确证。在这种交往活动中,每一个参与者都是活动的主体,也是活动的目的,每一个人都在其中确证自己和他人人的本质。

劳动和交往作为人的活动的两个方面,是不可分割的,它们蕴含于同一个人类活动之中。正是由劳动和交往活动,创造了人之存在的总体性,从而确证人的全面的本质。因此,实践作为人的本质性的活动,始终是总体性的。也正是实践活动的总体性为从总体上理解马克思的生产概念奠定了基础。

马克思以实践的总体性为基础展开的对生产活动的总体性的理解,在其对历史前提的分析中得到了进一步的发展。在《德意志意识形态》中马克思谈到人类历史的前提时就曾明确地指出,物质资料的生产(通过劳动)、人自身的生产(通过家庭、性关系)和由此而形成的人与人之间的关系,这三个方面并不是人类历史性活动中的三个不同的阶段,而是同一个历史性活动中的"三个因素"。"从历史的最初时期起,从第一批人出现以来,这三个方面就同时存在着,而且现在也还在历史上起着作用"。① 也就是说,人自身的生产和物质资料的生产是同一个人类历史性活动的不可分割的两个方面,它们作为人类历史存在和发展的基础,共同在人类历史进程中发挥着作用。

首先,就物质资料的生产而言,它主要包含两个方面的内容:其一,是满足

---

① 《马克思恩格斯选集》第1卷,人民出版社2012年版,第160页。

最基本生活需要的物质资料的生产,这是人作为一个自然的存在物为了维持生命活动所必需的;其二,是在由最基本的生存需要的满足、满足最基本生存需要的活动及其使用的工具而引起的新的需要基础上进行的生产。正是这种生产,才使人与动物区别开来,人才能确证自己全面的、人的本质。一方面,是因为推动这种生产的"新的需要"已经不再是基于人的自然的生物本能,而是人在获取最基本的生活资料的过程中创造性生成的,这就使人超越了自然的必然性链条而成为历史性的存在。也正是在这个意义上马克思才称之为"第一个历史性的活动"。另一方面,人在以自然界为对象的活动中,"从实践领域来说,这些东西也是人的生活和人的活动的一部分。人在肉体上只有靠这些自然产品才能生活,不管这些产品是以食物、燃料、衣着的形式还是以住房等等的形式表现出来。在实践上,人的普遍性正是表现为这样的普遍性,它把整个自然界——首先作为人的直接的生活资料,其次作为人的生命活动的对象(材料)和工具——变成人的无机的身体。"①也就是说,这种物质资料的生产本身也就是人自身的生产,它不但再生产人的自然生命,而且现实地创造着人的精神世界,使人作为一个总体的、全面的人而存在。更为重要的是,"在再生产的行为本身中,不但客观条件改变着,……而且生产者也改变着,他炼出新的品质,通过生产而发展和改造着自身,造成新的力量和新的观念,造成新的交往方式,新的需要和新的语言。"②因此,物质资料的生产本身就是人的再生产,是人自身创造性的发展。

其次,就人自身的生产而言,它的含义也是双重的:一方面是自己生命的生产,通过消费,即通过对物质产品的消费,使人的体力和智力得以恢复,从而维持人的生命的存在;通过精神产品的消费,使人的精神需要得到满足。另一方面是指他人生命的生产。"每日都在重新生产自己生命的人们开始生产另

---

① 《马克思恩格斯选集》第1卷,人民出版社2012年版,第55页。
② 《马克思恩格斯文集》第8卷,人民出版社2009年版,第145页。

外一些人,即繁殖。"①人自己生命的生产内在地包含着物质资料的生产,是物质资料生产的最终的完成。因为物质资料生产过程中所创造出来的产品,只有在满足人的生存需要、在人的消费活动中被消费掉,才能成为现实的产品,物质资料的生产目的才能最终实现。对于这一方面,在这里我们不多谈,我们更关注的是他人生命的生产。因为传统上对马克思生产理论的理解,几乎都是把这种生产视为单纯的人类种的繁衍,并没有揭示出他人生命的生产所具有的丰富内涵。实质上,他人生命的生产不仅仅是生产人类的生命个体,更重要的是将人作为一个现实的、在一定社会关系中的人再生产出来,也就是说再生产出人的全面的社会关系,从而使人类社会得以延续。因此,这种生产只能是在现实的人类社会之中才能完成。对人自身的再生产的传统理解恰恰是由于不懂得这一点,才把人的再生产单纯地理解为人类种的繁衍。

因此,在马克思那里,生产始终是总体性的,生产既是物质资料的生产,同时也是人的精神世界的生产;既是人自身的再生产,同时也是整个社会的再生产。正是这种生产的总体性,才使人类社会作为一个有机整体而存在的。政治经济学家看到的人的生产的分裂状态,是近代资本主义发展的结果。

二、政治经济学对生产总体性的割裂

既然人自身的生产与物质资料的生产是统一的,二者共同构成了人自身的存在方式,那么这种生产就不仅仅是物质财富的生产,更为重要的是在生产的过程中重建现实的人类社会关系,即把现实的人类社会再生产出来。这正是由生产的总体性所决定的。政治经济学恰恰是不理解人类实践活动的总体性特征及其在资本主义社会形成过程中的分裂,因而不可能把握生产活动的总体性。究其原因,可以从以下几个方面进行分析:

---

① 《马克思恩格斯选集》第 1 卷,人民出版社 2012 年版,第 159 页。

第一,政治经济学作为资本主义社会形成和发展历史过程的理论表达,其目标并不是要批判现实的资本主义社会,而是要论证其合理性。换言之,政治经济学作为资产阶级的意识形态是要"解释世界",以说明资本运行的规律和进程。因此马克思说,"亚当·斯密和李嘉图这样的经济学家是这一时代的历史学家,他们的使命只是表明在资产阶级生产关系下如何获得财富,只是将这些关系表述为范畴、规律并证明这些规律、范畴比封建社会的规律和范畴更有利于财富的生产。"①而不是要"改变世界",以推动现实的社会结构的变化。因此,政治经济学是从资本主义社会的现实存在出发的。

而现实的资本主义社会本身就是建立在人类社会分裂的基础之上的,对此马克思在《论犹太人问题》中有过明确的表述。在批判地分析政治解放的过程中马克思指出,政治解放在使国家从宗教的控制下解放出来的同时,也彻底地消解了传统社会的结构,从而促进了政治国家与市民社会的生成。因为政治革命在打倒封建专制权力的同时,也摧毁了一切等级、公会、行帮和特权,从而彻底地消解了封建社会的结构。因此,"政治革命消灭了市民社会的政治性质。它把市民社会分割为简单的组成部分:一方面是个体,另一方面是构成这些个体的生活内容和市民地位的物质要素和精神要素。它把似乎是被分散、分解、溶化在封建社会各个死巷里的政治精神激发出来,把政治精神从这种分散状态中汇集起来,把它从与市民生活相混合的状态中解放出来,并把它构成为共同体、人民的普遍事务的领域,在观念上不依赖于市民社会的上述特殊要素。"②这种观念的东西,就是政治国家。与此同时,政治革命也消灭了市民社会的政治性质,使市民社会从政治中解放出来。因此,"政治国家的建立和市民社会分解为独立的个人——这些个人的关系通过权利表现出来,正像等级行会制度的人的关系通过特权表现出来一样——是通过同一个行为实现

---

① 《马克思恩格斯选集》第1卷,人民出版社2012年版,第234页。
② 《马克思恩格斯全集》第3卷,人民出版社2002年版,第187页。

的。""国家的唯心主义完成同时也是市民社会的唯物主义的完成。"①

因此,政治经济学的出发点本身就是分裂的,其面对的是一个分裂的社会存在。一方面,政治共同体中人与人的关系作为独立于经济体系之外的存在是与物质的生产过程相对立的;另一方面,现实的物质生产活动中人的关系同样沦为物的关系。而政治经济学把自己的目标确定为社会物质财富本身的生产及增长,关注的是物质生产过程本身,从而就不可避免地割裂生产的总体性。

第二,由于政治经济学本身的局限性,使之无法理解现实的物质生产过程及私有财产关系的实质是人的关系。因此,将生产力与生产关系割裂开来,从而造成了生产力与生产关系的对立。如马克思所言:"我们看到,国民经济学把社会交往的异化形式作为本质的和最初的形式、作为同人的本性相适应的形式确定下来了。国民经济学——同现实的运动一样——以作为私有者同私有者的关系的人同人的关系为出发点。如果假定一个人是私有者,也就是说假定一个人是特殊的占有者,他通过这种特殊的占有证实自己的人格,并使自己同他人既相区分又相联系,——私有财产是他个人的、有其特点的、从而也是他的本质的存在"②。也就是说,政治经济学家所看到的人,实质上是生活在市民社会中的、丧失了现实的社会关系的、作为孤独个体的个人。这种个人之间的关系已经不再是作为人的关系而存在,而是必须借助于物——私有财产,表现为物的关系。同时,由于每个人都将别人视为手段和工具,同样也就把自己贬低为手段和工具。换言之,政治经济学家所看到的人,不过是在市民社会中作为私有者的个人,而私有者与私有者之间的关系,也就表现为他们所拥有的物的相互之间的关系。而且在资本主义异化的状态下,物本身成为人的主人,人已经完全沦为物的奴隶。以至于人之为人的一切需要、本质等失去

---

① 《马克思恩格斯全集》第1卷,人民出版社1956年版,第442页。
② 《马克思恩格斯全集》第42卷,人民出版社1979年版,第25页。

了人的性质,反而成为使人受奴役、受压迫的手段和工具。因此,政治经济学家看到的是:"不是人的本质构成我们彼此为对方进行生产的纽带。交换只能导致运动,只能证明我们每一个人对自己的产品从而对另一个人的产品的关系的性质。我们每个人都把自己的产品只看作是自己的、物化的私利,从而把另一个人的产品看作是另一个人的、不以他为转移的、异己的、物化的私利。当然,你作为人同我的产品有一种人的关系;你需要我的产品;因此,我的产品对你来说是作为你的愿望和你的意志的对象而存在的。但是,你的需要、你的愿望、你的意志对我的产品来说却是软弱无力的需要、愿望和意志。换句话说,你的人的本质,因而也就是同我的人的产品必然有内在联系的本质,并不是你支配这种产品的权力,并不是你对这种产品的所有权,因为我的产品所承认的不是人的本质的特性,也不是人的本质的权力。相反,你的需要、你的愿望、你的意志是使你依赖于我的纽带,因为它们使你依赖于我的产品。它们根本不是一种赋予你支配我的产品的权力的手段,倒是一种赋予我支配你的权力的手段"①。也正是在这个意义上,马克思将资本主义社会人的生存状态称为"物的依赖状态下人的独立性"。

第三,由于政治经济学的抽象本性,将现实的社会生活中一切感性的、人的存在的特征都抽象掉了,从而彻底地消解了生产过程的人的因素和特征,使生产完全局限于物质资料生产本身。通过对生产过程的抽象,使生产过程本身概念化、抽象化了。从政治经济学形成和发展的过程来看,其实质就是一个从具体到抽象的过程。例如关于生产这一概念,"货币主义把财富看成还是完全客观的东西,看成自身之外的物,存在于货币中。同这个观点相比,重工主义或重商主义把财富的源泉从对象转到主体的活动——商业劳动和工业劳动,已经是很大的进步,但是,他们仍然只是把这种活动本身理解为局限于取得货币的活动。同这个主义相对立的重农主义把劳动的一定形式——农

---

① 《马克思恩格斯全集》第 42 卷,人民出版社 1979 年版,第 34—35 页。

业——看做创造财富的劳动,不再把对象本身看做裹在货币的外衣之中,而是看做产品一般,看做劳动的一般成果了。……亚当·斯密大大地前进了一步,他抛开了创造财富的活动的一切规定性,——干脆就是劳动,既不是工业劳动,又不是商业劳动,也不是农业劳动,而既是这种劳动,又是那种劳动。有了创造财富的活动的抽象一般性,也就有了被规定为财富的对象的一般性,这就是产品一般,或者说又是劳动一般,然而是作为过去的、对象化的劳动。"①通过这种抽象,现实的、活生生的生产活动就变成了一个抽象的概念。正因为概念的抽象而包含了一切时代的特征,但构成发展的正是各个不同发展阶段的差别。政治经济学则否定了这种差别,从而无法真正说明任何一个现实的人类社会的真正存在。

正是通过政治经济学对生产总体性的割裂的深刻理解,马克思从具体的生产环节的分析入手,现实地分析了生产的总体性特征。

三、马克思对生产总体性的现实分析

马克思认为,仅仅从人的本质的活动方式——劳动、交往和分工——出发去探讨历史,依然是个抽象,必须把对人的本质的分析纳入到现实的历史进程之中。因此,马克思在《〈政治经济学批判〉导言》的开篇就指出,"摆在面前的对象,首先是物质生产。在社会中进行生产的个人,——因而,这些个人的一定社会性质的生产,当然是出发点。"②

在现实的生产活动中,人的实践本质的各个方面不但紧密地构成了生产过程的统一整体,而且分别取得了不同的表现形式。但是,在资本主义政治经济学中,整个生产过程被割裂为各不相关的阶段,在其中"生产表现为起点,消费表现为终点,分配和交换表现为中间环节,这中间环节又是二重的,分配

---

① 《马克思恩格斯选集》第2卷,人民出版社2012年版,第703—704页。
② 《马克思恩格斯选集》第2卷,人民出版社2012年版,第683页。

被规定为从社会出发的要素,交换被规定为从个人出发的要素。"①这其中当然存在着一定的联系,却是非常肤浅的。因为这种所谓的不同阶段之间不仅仅存在这样的联系,而且就是一个统一的整体,其中蕴含着现实的人的本质的活动方式。

首先,在现实的社会生产过程中,人的劳动这种对象化活动直接表现为生产和消费。马克思认为,"生产直接是消费,消费直接是生产。每一方直接是它的对方。可是同时在两者之间存在着一种中介运动。生产中介着消费,它创造出消费的材料,没有生产,消费就没有对象。但是消费也中介着生产,因为正是消费替产品创造了主体,产品对这个主体才是产品。产品在消费中才得到最后完成。"②也就是说,生产是双重意义上的消费:一方面,在现实的生产中,个人发展了自己的能力,也在生产行为中支出、消耗了这种能力,消费了人的生命力;另一方面,是在生产的过程中生产资料的消费、消耗,生产行为本身就它的一切要素来说也是消费行为。消费直接也是生产,消费从两方面生产着生产:一方面,产品只有在消费中才能成为现实的产品。因为产品作为人的活动对象化的产物,只有通过满足人的需要、确证人的本质才能最终得到实现;另一方面,"消费创造出新的生产的需要,也就是创造出生产的观念上的内在动机,后者是生产的前提。消费创造出生产的动力;它也创造出在生产中作为决定目的的东西而发生作用的对象。如果说,生产在外部提供消费的对象是显而易见的,那么,同样显而易见的是,消费在观念上提出生产的对象,把它作为内心的图像、作为需要、作为动力和目的提出来。消费创造出还是在主观形式上的生产对象。没有需要,就没有生产。而消费则把需要再生产出来。"③与此相应,从生产方面来说,生产不但为消费提供材料、提供消费的对象,而且赋予消费以规定性,使消费最终得以完成。正如马克思所说的,"饥

---

① 《马克思恩格斯选集》第 2 卷,人民出版社 2012 年版,第 689 页。
② 《马克思恩格斯选集》第 2 卷,人民出版社 2012 年版,第 691 页。
③ 《马克思恩格斯选集》第 2 卷,人民出版社 2012 年版,第 691 页。

饿总是饥饿,但是用刀叉吃熟肉来解除的饥饿不同于用手、指甲和牙齿啃生肉来解除的饥饿。因此,不仅消费的对象,而且消费的方式,不仅在客体方面,而且在主体方面,都是生产所生产的。"①

其次,在现实的生产过程中,分工是借助于分配表现出来的。因为在现实的社会生产中,生产者对产品的关系就是一种外在的关系,产品回到主体,取决于主体对其他人的关系。在生产者和产品之间出现了分配。分配实质上就是现实意义上的分工。因为"在分配是产品的分配之前,它是(1)生产工具的分配,(2)社会成员在各类生产之间的分配(个人从属于一定的生产关系)——这是同一关系的进一步规定。这种分配包含在生产过程本身中并且决定生产的结构,产品的分配显然只是这种分配的结果。"②也就是说,社会分工作为生产的前提和条件,决定了生产资料及产品的分配。但是分工并不是一成不变,它也是随着生产的发展而发展的。所以"生产实际上有它的条件和前提,这些条件和前提构成生产的要素。这些要素最初可能表现为自然发生的东西。通过生产过程本身,它们就从自然发生的东西变成历史的东西,并且对于这一个时期表现为生产的自然前提,对于前一个时期就是生产的历史结果。它们在生产本身内部被不断地改变。"③

再次,在现实的社会生产中,人与人之间的交往关系表现为交换和流通。在马克思看来,"动物不能把自己同类的不同属性汇集起来;它们丝毫无助于自己同类的共同优势和方便。人则不同,各种极不相同的才能和活动方式可以相互为用,因为人能够把各自的不同产品汇集成共同的资源,每个人都可以从中购买东西。"④正是在这种交换中,每一个人都在自己的产品中、在他人对其产品的使用中确证了自己人的存在,自己对他人的存在和他人对自己的存在。

---

① 《马克思恩格斯选集》第2卷,人民出版社2012年版,第692页。
② 《马克思恩格斯选集》第2卷,人民出版社2012年版,第696页。
③ 《马克思恩格斯选集》第2卷,人民出版社2012年版,第697页。
④ 《马克思恩格斯文集》第1卷,人民出版社2009年版,第240页。

在现实的生产中,这种交换表现为三个方面:其一,是生产过程中的各种活动和各种能力的交换;其二,是产品的交换;其三,是不同的社会组织之间的交换。这三个方面并不是独立存在的,而是受分工和生产所制约的。一方面,如果没有分工,不论这种分工是自然发生的或者本身已经是历史发展结果的分工,那么也就不可能有交换;另一方面,交换的广度和深度,以及交换的方式都是由生产的发展和生产的结构所决定的。只是在资本主义社会中,由于异化和私有制,这种交换的性质已经不再是为了满足人的需要,而是为了谋取物化的私利。

因此马克思说:"我们得到的结论并不是说,生产、分配、交换、消费是同一的东西,而是说,它们构成一个总体的各个环节,一个统一体内部的差别。生产既支配着与其他要素相对而言的生产自身,也支配着其他要素。过程总是从生产重新开始。交换和消费不能是起支配作用的东西,这是不言而喻的。分配,作为产品的分配,也是这样。而作为生产要素的分配,它本身就是生产的一个要素。因此,一定的生产决定一定的消费、分配、交换和这些不同要素相互间的一定关系。当然,生产就其单方面形式来说也决定于其他要素。……不同要素之间存在着相互作用。每一个有机整体都是这样。"①也就是说,在马克思看来生产是总体性的,它既包含物质资料的生产,同样包含物质资料生产的主体及其自身能力的生产。

通过对现代资本主义生产过程的上述分析,马克思就把对人的实践——劳动、交往——的分析与对现实社会历史活动的分析结合起来,从而阐明了生产基于人的对象性实践活动的总体性特征。这也就为我们重新阐释马克思唯物史观的"经典表述"中社会基本矛盾运动规律提供了新的可能性。也就是说,马克思在《〈政治经济学批判〉序言》中对社会基本矛盾分析,同样是以他的实践理论为基础的。从马克思对生产的总体性的理解出发去重新阐释社会

---

① 《马克思恩格斯选集》第2卷,人民出版社2012年版,第699页。

基本矛盾运动规律,将其作为一个总体的生成过程去理解。

四、基于生产总体性对社会基本矛盾的分析

从生成论的视角来看,生产力与生产关系作为现实社会生产的两个方面,是同一个社会生产过程中的两个方面或两个因素,而不是两个独立的社会存在,只有在社会生产的统一历史进程之中才能真正阐明二者的关系。

首先,生产力与生产关系的二元对立是近代资本主义社会发展的结果。在前资本主义社会并不存在生产力与生产关系的分离。奴隶社会和封建社会仍然是以共同体为基础的,是以共同体之下的劳动为基础的那种所有制的必然和当然的结果。在这两种所有制中,并没有出现劳动者与其生存的无机条件的分离,而是社会的一部分被社会的另一部分简单地当作自身再生产的无机的自然条件来对待的,所以奴隶制和农奴制只是这种以部落体为基础的财产的继续发展,是原始共同体的不同派生形式。只是由于人类自身发展的内在机制,这种原始的共同体必然走向解体,为资本主义社会(物的依赖状态下人的独立性)所代替。只有在资本主义社会,个人才摆脱了原始的共同体取得了自身的独立。也正是在资本主义社会,人与人之间的关系——社会关系——才取得对于人的独立形式,使人从属于物的统治。因此,"我们越往前追溯历史,个人,从而也是进行生产的个人,就越表现为不独立,从属于一个较大的整体:最初还是十分自然地在家庭和扩大成为氏族的家庭中;后来是在由氏族间的冲突和融合而产生的各种形式的公社中。只有到18世纪,在'市民社会'中,社会联系的各种形式,对个人说来,才表现为只是达到他私人目的的手段,才表现为外在的必然性。"①也就是说,生产力与生产关系的二元分立是一个历史的结果,是资本主义发展的结果。

---

① 《马克思恩格斯选集》第2卷,人民出版社2012年版,第684页。

其次,从人的生产活动来看,人们之间的社会关系并不是独立于人之外的存在,而是人们在生产的过程之中建构起来的,同时也只有在这种社会关系中人的生产活动才能真正得以完成——无论这种社会关系采取什么样的形式发挥着作用。因此"不论是生产本身中人的活动的交换,还是人的产品的交换,其意义都相当于类活动和类精神——它们的真实的、有意识的、真正的存在是社会的活动和社会的享受。因为人的本质是人的真正的社会联系,所以人在积极实现自己本质的过程中创造、生产人的社会联系、社会本质,而社会本质不是一种同单个人相对立的抽象的一般的力量,而是每一个单个人的本质,是他自己的活动,他自己的生活,他自己的享受,他自己的财富。因此,上面提到的真正的社会联系并不是由反思产生的,它是由于有了个人的需要和利己主义才出现的,也就是个人在积极实现其存在时的直接产物。有没有这种社会联系,是不以人为转移的"。① 马克思这里所说的"有没有这种社会联系,是不以人为转移的"与在《〈政治经济学批判〉序言》中所说的"人们在自己生活的社会生产中发生一定的、必然的、不以他们的意志为转移的关系,即同他们的物质生产力的一定发展阶段相适合的生产关系"②是一致的。只是对其可以做出两种完全相反的解释:其一,从近代西方形而上学的理解框架来看,其含义是社会关系是独立于人之外的存在,是客观的,不以人的意志为转移的。其二,从生成论的视角来看,"有没有这种社会联系,是不以人为转移的"所要表达的是人与社会联系的同一性,即人本身就是这种社会联系,这种社会联系就是人自身的存在。在这个意义上,确实存在着社会联系对于人的客观性,但这种客观性是建立在人的历史性实践活动基础之上的,是历史的客观性。政治经济学正是因为否定了人的存在,把人的社会活动非历史地理解为单纯的物质生产活动,从而把人的关系从生产之中排除出去,从而才形成了生产力与生产关系的对立。"因而不按照人的样子来组织世界,这种社会联系就以异化

① 《马克思恩格斯全集》第42卷,人民出版社1979年版,第24页。
② 《马克思恩格斯选集》第2卷,人民出版社2012年版,第2页。

的形式出现。因为这种社会联系的主体,即人,是自身异化的存在物。人们——不是抽象概念,而是作为现实的、活生生的、特殊的个人——就是这种存在物。这些个人是怎样的,这种社会联系本身就是怎样的。"①所以在政治经济学中生产关系才表现为相对于生产力的独立性,这实质是资本主义社会异化的存在形式。

再次,所谓社会意识形式决于社会存在,同样可以做出两种完全不同的解释。如果按照近代西方形而上学的思维逻辑、非历史地解释,那么社会意识形式作为现实的社会存在的反映,确实不可能超越现实的社会存在。但是,从生成论的视角来看,意识从来不是独立于社会现实之外的存在,而是现实的社会生活本身。一方面,人的意识并不是基于人的先天的生物本能,而是在现实的人的社会实践活动中生成的。意识同人的存在一样,都是根源于人的现实的、对象性的实践活动。另一方面,人的意识并不是指向在人之外的存在,而就是现实的人的生活过程。"动物和自己的生命活动是直接同一的。动物不把自己同自己的生命活动区别开来。它就是自己的生命活动。人则使自己的生命活动本身变成自己意志的和自己意识的对象。他具有有意识的生命活动。这不是人与之直接融为一体的那种规定性。有意识的生命活动把人同动物的生命活动直接区别开来。正是由于这一点,人才是类存在物。或者说,正因为人是类存在物,他才是有意识的存在物,就是说,他自己的生活对他来说是对象。仅仅由于这一点,他的活动才是自由的活动。"②也就是说,人是将自身的全部社会生活作为自己意志和意识的对象,而不是使人的意识指向外在的、与人无关的自然界。正是在这个意义上我们说意识是内在于人的实践活动本身之中,是对自身活动的意识。但这只是问题的一个方面。另一方面,由于人的实践活动所具有的双重尺度,即物的尺度与人的内在尺度的统一,在对象性的实践活动之中人现实地创造着自身的生活世界。因此,这种对自身活动的意识

---

① 《马克思恩格斯全集》第42卷,人民出版社1979年版,第24—25页。

② 《马克思恩格斯选集》第1卷,人民出版社2012年版,第56页。

本身就具有双重的性质:它既是对自身活动的意识,同时也透过其活动的结果而形成对活动者——人——自身存在的意识。"正是在改造对象世界的过程中,人才真正地证明自己是类存在物。这种生产是人的能动的类生活。通过这种生产,自然界才表现为他的作品和他的现实。因此,劳动的对象是人的类生活的对象化:人不仅像在意识中那样在精神上使自己二重化,而且能动地、现实地使自己二重化,从而在他所创造的世界中直观自身。"①也就是说,意识的存在与人的创造性的实践活动是同一的,正是在人的对象性的实践活动之中现实地生成着人的意识,意识本身也就是人的实践活动的现实的构成部分。人们的实践活动在创造着现实的社会生活的同时,也现实地生成着人的意识。因此,意识与现实的社会存在是同一的。正是在这个意义上马克思说:"意识在任何时候都只能是被意识到了的存在,而人们的存在就是他们的实际生活过程。"②

最后,关于生产力与生产关系的矛盾运动,即"社会的物质生产力发展到一定阶段,便同它们一直在其中运动的现存生产关系或财产关系(这只是生产关系的法律用语)发生矛盾。于是这些关系便由生产力的发展形式变成生产力的桎梏。那时社会革命的时代就到来了。随着经济基础的变更,全部庞大的上层建筑也或慢或快地发生变革。"③也必须从生成论的视角给予重新的解释。传统上将这句话理解为生产力的决定作用和生产关系的能动的反作用的辩证关系,认为这正是唯物辩证法在历史观领域的集中体现。但是,这种解释忘记了一个根本的问题,那就是在二元对立的思维框架内,辩证法是没有容身之地的。从生成论的视角来看,只有在人的现实的、历史性的实践活动之中,生产力与生产关系才表现为一个辩证统一的过程。因为无论是生产力还是生产关系的客观存在,都是一定的、社会历史条件下的客观存在,都是历史

---

① 《马克思恩格斯选集》第 1 卷,人民出版社 2012 年版,第 57 页。
② 《马克思恩格斯全集》第 3 卷,人民出版社 1960 年版,第 29 页。
③ 《马克思恩格斯选集》第 2 卷,人民出版社 2012 年版,第 2—3 页。

性的客观存在,即对每一代人来说都利用以前各代遗留下来的材料、资金和生产力;由于这个缘故,每一代一方面在完全改变了的条件下继续从事先辈的活动,另一方面又通过完全改变了的活动来改变旧的条件。因此,"历史的每一阶段都遇到一定的物质结果,一定的生产力总和,人对自然以及个人之间历史地形成的关系,都遇到前一代传给后一代的大量生产力、资金和环境,尽管一方面这些生产力、资金和环境为新的一代所改变,但另一方面,它们也预先规定新的一代本身的生活条件,使它得到一定的发展和具有特殊的性质。"①

综上所述,社会基本矛盾运动正是建立在马克思对生产总体性的理解基础之上的,也只有从总体上把生产力、生产关系、经济基础、上层建筑置于人类历史性实践活动的总体中去理解,才能真正理解马克思通过批判政治经济学所得出来的"总的结果"的真实内涵。本研究认为,《〈政治经济学批判〉序言》中的"经典表述"具有双重的内涵:其一,从历史事实的维度来说,社会基本矛盾运动揭示了资本主义社会异化的存在状态;其二,从理论自身的逻辑来说,则是对资本主义社会异化的存在状态的批判,力图阐明的是异化状态下掩盖着的人之存在的分裂状态,并力图通过对人的自我异化的超越而寻求人的解放——总体性的人的生成——的逻辑。

---

① 《马克思恩格斯选集》第 1 卷,人民出版社 2012 年版,第 172 页。

第九章　社会形态的人本性质

社会形态理论是马克思唯物史观的重要构成部分。对它的理解不能仅限于传统的历史唯物主义范围之内,更不能简单地根据马克思在不同时期阐述的个别结论去理解,而是必须从马克思思想的总体性出发,从社会形态存在的根基处揭示其蕴含的深层本质。

一、对马克思社会形态理论的几种理解

从马克思社会形态理论形成和发展的过程来看,由于马克思在不同时期对社会形态的表述、划分方式的不同,就形成了对马克思社会形态理论的几种不同的理解。这几种不同的理解之间既相互关联,同时也存在着较大的差别。对此,我们可以遵循马克思思想发展的时间线索进行具体分析:

首先,在《德意志意识形态》中马克思就提出了两种划分社会形态的方式:其一,马克思以社会分工为基础,把前资本主义社会的发展划分为部落所有制、古代公社所有制或国家所有制、封建的或等级的所有制。正如马克思所说:"分工的各个不同发展阶段,同时也就是所有制的各种不同形式。这就是说,分工的每一个阶段还决定个人在劳动材料、劳动工具和劳动产品方面的相互关系。"[①]在这里,作为划分标准的是"分工",对社会形态理解的切入点或

[①]　《马克思恩格斯选集》第1卷,人民出版社2012年版,第148页。

关注的核心是"所有制"。其二,是根据生产工具的不同形成对社会形态的三阶段的划分,即根据"自然产生的生产工具和由文明创造的生产工具"的差别而形成的对前资本主义社会和资本主义社会的划分。在这里,用以划分的标准是"生产工具",对社会形态划分的切入点或关注的核心是生产以及与自然的关系中人的地位问题。①

其次,在《政治经济学批判》(即《1857—1858 年经济学手稿》)中,马克思根据人与人的关系提出的人的自身发展的三阶段理论。马克思指出,"人的依赖关系(起初完全是自然发生的),是最初的社会形态,在这种形态下,人的生产能力只是在狭窄的范围内和孤立的地点上发展着。以物的依赖性为基础的人的独立性,是第二大形态,在这种形态下,才形成普遍的社会物质变换,全面的关系,多方面的需求以及全面的能力的体系。建立在个人全面发展和他们共同的社会生产能力成为他们的社会财富这一基础上的自由个性,是第三个阶段。第二个阶段为第三个阶段创造条件。"②在这种理解之中,人自身的发展成为划分社会形态的核心和标准。同时,在《政治经济学批判》中,马克思在"资本主义产生以前的各种形式"一节中,在"个人占有劳动客观条件的自然的和经济的前提。公社的各种形式"中提出了原始的所有制、亚细亚的所有制、古代的所有制、日耳曼的所有制,并明确指出这几种不同的所有制形式尽管有所区别,但都是建立在共同体的基础之上的。"在所有这些形式中,土地财产和农业构成经济制度的基础,因而经济的目的是生产使用价值,是在个人对公社(个人构成公社的基础)的一定关系中把个人再生产出来"③。其共同的特点在于:对劳动的自然条件的占有并不是以劳动为基础的,而是劳动的前提。因为在这里并不存在独立个人对土地财产的占有,把劳动的自然条

---

① 参见隽鸿飞:《〈德意志意识形态〉中的社会形态理论》,载《学习与探索》2011 年第4 期。

② 《马克思恩格斯全集》第 46 卷上册,人民出版社 1979 年版,第 104 页。

③ 《马克思恩格斯文集》第 8 卷,人民出版社 2009 年版,第 134 页。

件作为财产是以自然形成的或历史地发展起来的共同体为前提的。这样,古代的各种所有制、资本主义所有制与共产主义所有制形态的划分就与人自身发展三阶段的划分相一致了。从而揭示了思考马克思社会形态理论的新的方式,即必须把社会形态理论与人自身发展结合起来。

最后,在《〈政治经济学批判〉序言》中,马克思根据生产力与生产关系、经济基础与上层建筑之间的辩证关系,明确提出了社会形态依次演进理论。即"大体说来,亚细亚的、古希腊罗马的、封建的和现代资产阶级的生产方式可以看做是经济的社会形态演进的几个时代。"①这种表述最后被视为马克思社会形态理论的"经典表述"。

在对马克思社会形态理论的传统理解中,存在着明显的客观化、制度化、实体化的情况,而构成这一基本理解内涵的则是所有制形式、物质生产方式以及作为前两种内涵集中体现的社会制度。这种理解模式实际上是对马克思唯物史观的一个退行性的理解,是重新回到马克思已经批判的政治经济学对社会形态的实体性把握,因而是属于知识论的路向。这种理解一方面将马克思的社会形态理论理解为对人类历史进程的认识,是对这一历史进程的不同把握;从另一方面来看,这种理解由于将马克思的社会形态理论视为一种关于历史实体的知识,并提升到普遍性高度,使马克思的社会形态理论成为先于人类历史发展的一般规律的学说,从而回到了以黑格尔为代表的抽象的、思辨的历史哲学。也正因如此,现代西方历史哲学始终将马克思的唯物史观划入历史形而上学的范围。再者,这种理解在消解了马克思社会形态理论的历史性的同时,也消除了它所本应具有的未来指向。由于对马克思社会形态理论的客观化、抽象化和实体化、普遍化(规律化)的理解,消除了社会形态得以存在的根基——现实的人及其活动,从而马克思社会形态理论中的共产主义也就失去了革命性和存在的基础,表现为将共产主义理解为一种人类不可避免的宿

---

① 《马克思恩格斯文集》第2卷,人民出版社2009年版,第592页。

命(第二国际理论家)。

对于上述阐释中存在的问题,马克思在《给〈祖国纪事〉杂志编辑部的信》中批评米海洛夫斯基时明确指出,如果"他一定要把我关于西欧资本主义起源的历史概述彻底变成一般发展道路的历史哲学理论,一切民族,不管它们所处的历史环境如何,都注定要走这条道路,——以便最后都达到在保证社会劳动生产力极高度发展的同时又保证每个生产者个人最全面的发展的这样一种经济形态。但是我要请他原谅。(他这样做,会给我过多的荣誉,同时也会给我过多的侮辱。)"①因为"极为相似的事变发生在不同的历史环境中就引起了完全不同的结果。如果把这些演变中的每一个都分别加以研究,然后再把它们加以比较,我们就会很容易地找到理解这种现象的钥匙;但是,使用一般历史哲学理论这一把万能钥匙,那是永远达不到这种目的的"②。也就是说,对社会形态的理解不能仅仅停留于制度的层面,而是要通过对不同的社会形态得以存在的现实基础的分析,揭示在不同的社会形态之中人的生产、生活的基本形式和类型,展示的实际上是人的存在方式或生活方式。

二、基于生产总体性对社会形态的分析

虽然马克思在《〈政治经济学批判〉序言》中将社会历史发展的各个阶段称为"社会经济形态"或"经济的社会形态",但如果考虑到马克思在《〈政治经济学批判〉导言》中通过对生产、消费、交换和分配之间关系的论述所建构起来的对人类生产的总体性的理解和把握,那么对"社会经济形态"的理解就不能仅仅将其限制在物质生产领域,而应定位为不同历史时代人的活动的总体,因而应将其视为一种人的活动方式、生活方式。

在马克思看来,尽管政治经济学所说的生产、消费、交换和分配并不是同

---

① 《马克思恩格斯文集》第 3 卷,人民出版社 2009 年版,第 466 页。
② 《马克思恩格斯文集》第 3 卷,人民出版社 2009 年版,第 466—467 页。

一的东西,但是"它们构成一个总体的各个环节,一个统一体内部的差别。生产既支配着与其他要素相对而言的生产自身,也支配着其他要素。过程总是从生产重新开始。交换和消费不能是起支配作用的东西,这是不言而喻的。分配,作为产品的分配,也是这样。而作为生产要素的分配,它本身就是生产的一个要素。因此,一定的生产决定一定的消费、分配、交换和这些不同要素相互间的一定关系。当然,生产就其单方面形式来说也决定于其他要素。"①也就是说,由生产、消费、交换和分配构成了一个统一的有机整体。在这个有机的整体之中,社会的生产和再生产已经不再限于物质生产领域,同样包括精神生活的生产,是整个社会的再生产,或者说是通过生产不仅生产出人类社会得以存在的物质生活资料,更为重要的是将现实的个人再生产出来,即再生产出人的全面的社会关系。因而,建立在这种总体性的生产基础之上的社会形态包含了人的社会生活的总体性,无论这种生活是以什么样的形式表现出来——自在自发的、异化受动的还是自由自觉的。正是在这个意义上马克思说:"个人怎样表现自己的生命,他们自己就是怎样。因此,他们是什么样的,这同他们的生产是一致的——既和他们生产什么一致,又和他们怎样生产一致。"②

　　正是基于对人类生产活动的总体性理解,马克思在对现实的人类历史进程的分析中,始终是结合着对现实的生产活动的分析以及在这种生产中所表现出来的人的关系而展开的。这种分析实际上有一个理论的前提性基础,即马克思在《1844 年经济学哲学手稿》《德意志意识形态》中对人的实践活动总体性的理解和历史存在的前提——生产的总体性的理解。因为上述的研究从根基处为历史的理解奠定了基础:一方面,马克思通过对实践总体性的理解,不但阐明了人的生产的历史性,而且阐明了人的历史性活动的社会性,从而为唯物史观的形成提供了前提和基础,或者说是将唯物史观建立在人的对

---

① 《马克思恩格斯选集》第 2 卷,人民出版社 2012 年版,第 699 页。
② 《马克思恩格斯选集》第 1 卷,人民出版社 2012 年版,第 147 页。

象性实践活动基础之上;另一方面,马克思在《德意志意识形态》中对人类历史存在前提的理解,为从生产的视角分析人类的历史提供了一种理解模式,即对任何一种人类社会形态的理解,都必须通过对那个时代人们具体的社会生产活动以及这种社会生活在人们的实践活动中的变化的研究入手。这样不但能说明每一个具体的历史时代,而且阐明各个不同历史时代之间的内在关联,从而从整体上阐明人类社会形态演进的历史进程。"这种历史观就在于:从直接生活的物质生产出发阐述现实的生产过程,把同这种生产方式相联系的、它所产生的交往形式即各个不同阶段上的市民社会理解为整个历史的基础,从市民社会作为国家的活动描述市民社会,同时从市民社会出发阐明意识的所有各种不同的理论产物和形式,如宗教、哲学、道德等等,而且追溯它们产生的过程。这样做当然就能够完整地描述事物了(因而也能够描述事物的这些不同方面之间的相互作用)。"①只要描述出这个能动的生活过程,也就说明了人类历史。

马克思在思想形成和发展的过程中,正是遵循着这个原则展开其唯物史观研究的。只是在不同时期、分析不同的问题时,马克思关注的是不同的方面。在《政治经济学批判》中分析传统的共同体解体、资本主义形成的过程中,马克思就是紧紧抓住了生产的自然条件、生产者及其相互关系展开的过程,并通过这种关系的变化阐明了以公社为基础的所有制的解体及资本主义生产方式产生的过程。尽管这一分析是以生产方式及所有制的变化为中心,但需要注意的是这里变化绝不仅仅停留于生产领域,而是着眼于整个人类社会生活的根本性的变化。因而不能将其仅仅局限于单纯的物质生产领域来理解,而是要将其视为人的生存方式的根本性的变革。而资本主义生产方式的确立也确实创造了全新的人的生活方式。在《路易·波拿巴的雾月十八日》中,马克思超越了生产结构分析的范围,从法国革命的历史、社会的构成结构、

---

① 《马克思恩格斯选集》第1卷,人民出版社2012年版,第171—172页。

各个不同的阶层的生存状况及其在革命过程中可能的表现和心理状况等诸多方面进行了深入细致的研究,从而阐明了路易·波拿巴政变的"历史合法性",揭示了革命进程中法国的社会历史进程,从而使《路易·波拿巴的雾月十八日》成为马克思主义历史学的经典著作。

马克思对社会形态与现实的人及其社会活动关系的分析表明,所谓的社会形态不过是现实的人及其活动的表现形式。因此,对社会形态的理解,就必须将其与历史上的人的社会生活活动联系起来,从现实的人及其存在方式出发去阐明社会形态的性质及其历史演变的内在依据。

三、对社会形态的生存论阐释

作为人的生活方式的社会形态的存在论基础是现实的人及其活动。一方面,现实的人及其活动创造了现实的社会形态;另一方面,现实的社会形态又是现实的人及其活动得以进行和展开的前提和基础。这样讲,并不是说人的生活方式与社会形态是两个不同的东西,而是说它们是同一个人类历史性活动的两个方面,只是为了表述清楚,才从不同的角度分别给予不同的指称。也就是说,社会形态与人的存在是同一的,或者说社会形态本身就是人的存在方式。

首先,社会形态是人与自然的统一。从马克思对人与自然关系的理解来看,社会经济形态的发展是一个在以自然为对象的实践活动中展开的过程,这个过程本身就是历史性的。"工业是自然界对人,因而也是自然科学对人的现实的历史关系。因此,如果把工业看成人的本质力量的公开的展示,那么自然界的人的本质,或者人的自然的本质,也就可以理解了;因此,自然科学将抛弃它的抽象物质的方向,或者更确切地说,是抛弃唯心主义方向,从而成为人的科学的基础,正像它现在已经——尽管以异化的形式——成了真正人的生活的基础一样;说生活还有别的什么基础,科学还有别的什么基础——这根本就是谎言。在人类历史中即在人类社会的形成过程中生成的自然界,是人的现实的自然界;因此,通过工业——尽管以异化的形式——形成的自然界,是真正的、人本学的自然界。"①

这个自然界在某种意义上是与人同时诞生的。因此马克思说并不存在人或自然的创造问题,而是二者在人的对象性实践活动中现实地生成的问题。在马克思看来,"作为自然界的自然界,这是说,就它还在感性上不同于它自身所隐藏的神秘的意义而言,与这些抽象概念分隔开来并与这些抽象概念不同的自然界,就是无,是证明自己为无的无,是无意义的,或者只具有应被扬弃的外在性的意义。"②对这种外在自然界的扬弃的过程,也就是人与自然相互生成的过程。在这一生成过程中通过人的活动建立起来的人与自然、人与人之间的关系的表现形式就是社会形态。因为只有在社会中,通过人与人的关系才能实现创造着人与自然的统一。

其次,社会形态是人与人的统一。人作为对象性的存在,其活动并不是抽象的、孤独个体的活动,而是处于一定的社会关系中的现实的人的活动,是在社会中的活动。而且只有在社会中,通过真正的人的关系,人的自然本质才表现为其社会本质,才表现为人与人相互的确证。因为在对象性的活动中,每一个人都双重地肯定了自己和另一个人的存在。一方面,在生产活动中每一个人都使自己的个性和特点对象化了,并在其中享受到自己个人的生命的表现,从而认识到自己的个性是对象性的、可以感性地直观的;另一方面,在他人享受其产品时,生产者意识到的是自己的劳动满足了人的需要,从而使人的本质对象化了,并创造了与另一个人的本质相符合的物品。也就是说,每一个人都是他人与类之间的中介人,是对他人的人的本质的补充和不可分割的一部分。因此马克思说:"社会性质是整个运动的普遍性质;正像社会本身生产作为人的人一样,社会也是由人生产的。活动和享受,无论就其内容或就其存在方式

---

① 《马克思恩格斯文集》第1卷,人民出版社2009年版,第193页。
② 《马克思恩格斯文集》第1卷,人民出版社2009年版,第221—222页。

来说,都是社会的活动和社会的享受。自然界的人的本质只有对社会的人来说才是存在的;因为只有在社会中,自然界对人来说才是人与人联系的纽带,才是他为别人的存在和别人为他的存在,只有在社会中,自然界才是人自己的合乎人性的存在的基础,才是人的现实的生活要素。只有在社会中,人的自然的存在对他来说才是人的合乎人性的存在,并且自然界对他来说才成为人。因此,社会是人同自然界的完成了的本质的统一,是自然界的真正复活,是人的实现了的自然主义和自然界的实现了的人道主义。"①因而,社会形态同样表现为人与人的统一。也正是这种统一,构成了现实的人类社会。所以马克思说:"新唯物主义的立脚点则是人类社会或社会的人类。"②

　　最后,社会形态并不是确定不变的,而是历史性的存在,是随着人类历史性活动的发展而处于不断变化和生成的过程之中的。在人类历史发展的不同时期,由于人类与自然的关系不同、人与人的关系不同,从而形成不同的社会形态。一方面,由于社会形态是人与自然关系的统一,因而不同的自然地理环境下人们对象性实践活动方式就会不同,在对象性的实践活动中的组织方式也就不同,从而形成多种不同的社会形态。正如马克思所说:"不管怎样,公社或部落成员对部落土地(即对于部落所定居的土地)的关系的这种种不同的形式,部分地取决于部落的天然性质,部分地取决于部落在怎样的经济条件下实际上以所有者的资格对待土地,就是说,用劳动来获取土地的果实;而这一点本身又取决于气候,土壤的物理性质,受物理条件决定的土壤开发方式,同敌对部落或四邻部落的关系,以及引起迁移、引起历史事件等等的变动。"③另一方面,这种人与自然的关系同样体现在人与人的关系中,也就是说社会形态的不同不仅仅在于人与自然的关系,同样也在于构成社会形态的人与人的关系。因为人是以共同体、社会的形式与自然发生关系的。在这个过程中,人

① 《马克思恩格斯文集》第1卷,人民出版社2009年版,第187页。
② 《马克思恩格斯选集》第1卷,人民出版社2012年版,第136页。
③ 《马克思恩格斯全集》第46卷上册,人民出版社1979年版,第484页。

与人的关系及其构成的社会结构同样影响,甚至决定着人与自然的关系。因为人类是从自身的社会关系出发去认识、理解和把握外部世界的。人对世界的认识与人对自身的认识毫无差别地统一在一起。"如果说事物全体被构想为一个单一的体系,这是因为社会本身看上去就是那个样子的。社会是一个整体,进一步说,社会就是那个与之相关的所有事物所组成的独一无二的整体。因而,逻辑等级也就是社会等级的另一个侧面,而知识的统一性也不过就是扩展到宇宙的集体的统一性而已。"①也就是说,由于人与人的关系不同,就会形成人类应对自然的不同的方式,也就是不同的社会形态。而对于同一个国家或民族来说,也就形成了不同的社会形态发展的序列。因此,必须具体地去分析每一个国家、民族自身形成和发展的历史,把握其生活方式的变化过程,才能真正理解和把握不同的社会形态及其相互关系,从而确立其在世界历史进程中的位置。

---

① 爱弥尔·涂尔干、马塞尔·莫斯:《原始分类》,汲喆译,上海人民出版社 2000 年版,第 90 页。

第十章　社会基本矛盾转换的内在机制

推动人类社会发展及社会形态转变的根本动力是社会基本矛盾运动。通过分析社会基本矛盾转换的内在机制，对理解历史、时代及未来具有重要的理论意义和现实价值。党的十九大报告明确指出，新时代中国社会的主要矛盾"已经转化为人民日益增长的美好生活需要和不平衡不充分的发展之间的矛盾"。① 这是关系到中国社会发展全局的历史性变化，指明了中国社会未来发展的方向。深入分析和阐释这一基本矛盾转换的内在机制，对于理解中国特色社会主义本质、其所处的新的世界历史时代及其未来发展都具有重要的指导意义。

一、社会基本矛盾转换的内在机制

社会基本矛盾运动作为马克思唯物史观的一个重要的原理，揭示了人类社会历史演进的基本规律。在《〈政治经济学批判〉序言》中马克思对这一原理做出了经典的表述，即人们在自己的社会生活的生产中必然会形成与他的物质生产力的一定发展阶段相适应的生产关系，这种生产关系的存在是一定的、必然的，是不以他们的意志为转移的。因为他们与这种生产关系是同在的，人们正是在积极实现自己本质的过程中创造、生产出人的社会关系。因此

---

① 《习近平著作选读》第二卷，人民出版社 2023 年版，第 328 页。

这种生产关系就是他们的存在方式,人的本质就是人自己创造的真正的社会联系。"有没有这种社会联系,不以人为转移的"。正是这种生产关系总和构成了社会的经济结构,这种经济结构是上层建筑和社会意识的现实基础,而法律的、政治的上层建筑就竖立其上,并以社会意识的形式表现出来。因此,是人们的社会存在决定人们的社会意识,而不是人们的社会意识决定人们的社会存在。因为意识不过是意识到了的存在,不过是人们现实的社会生活的理论表现。对于这一原理,一般会简单地概括为生产力与生产关系、经济基础与上层建筑的矛盾运动,并且认为正是这两对矛盾的运动推动了人类社会由低级向高级发展。但如果仔细分析生产力与生产关系、经济基础与上层建筑这两对矛盾概念的内涵及相互关系就会发现,作为矛盾对立的双方实际上是内在地统一的,共同构成了人类社会结构的整体。

首先,从生产力与生产关系的关系来看,生产力并不是独立于人之外的力量,而是人的力量,是人在社会性的活动中展现出来的力量,只有在人的对象性实践活动之中生产力才能成为现实的力量。而生产关系作为人与人之间的关系,既根源于人的现实的生产活动,同时也是人的社会性的生产活动得以展开的前提。生产力并不是独立于社会关系(生产关系)之外的存在,而是社会关系中的存在,只有在人的社会关系之中,借助于人类的共同活动,生产力才能成为真正的、现实的社会力量。作为人类征服自然、改造自然、获取物质生产资料的能力,生产力是在人的对象性实践活动之中成为现实的,其中人(劳动者)和自然(劳动对象)是核心要素,而劳动工具不过是人的手臂的延伸,或者以人的方式呈现出来的自然。自然(劳动对象)也不仅仅具有被动的意义,作为劳动的对象,自然既为人提供了基本的生活资料的来源,同时作为人类生产性实践活动的材料,也是生产力得以存在的前提。只有作为人类实践活动的结果的自然界,才能成为人类社会生产的前提。在这里,无论是作为生产活动主体的人,还是作为对象的劳动材料(包括劳动工具),都是人类生产性活动的结果,也是生产性活动的出发点。而且二者只有作为人类历史性生产活动的结果,才能成为出发点。因此只有在社会中,即在人与人的关系中生产力才能成为现实的社会力量。正如马克思指出的,人的生命的生产,无论是生产自己的生命——通过劳动,还是生产他人生命——通过生育,都必然表现为双重关系,即自然关系和社会关系。所谓自然关系,是指人作为自然的生命个体必须从自然界获取必需的生活资料,以保障个体生命的生存和种的繁衍;而社会关系的含义则是指许多个人的合作,即活动的共同性。也就是说,人的生产性活动并不是孤独个体的活动,而是许多个人的共同活动,无论这种活动的目的是什么、采取什么样的方式,以及在什么条件下进行的。共同性,是人的活动的本质属性。"由此可见,一定的生产方式或一定的工业阶段始终是与一定的共同活动方式或一定的社会阶段联系着的,而这种共同活动方式本身就是'生产力'"①。因此,马克思所说的"人们所达到的生产力的总和"绝不仅仅包含物质生产这一层面,同样包含着生活过程中人们社会性的生产活动的组织方式这一层面,二者共同构成了现实的社会生活的基础。因此,必须把社会历史的研究与现实的社会生产活动与社会关系结合起来,才能阐明人类社会历史的变迁。

其次,从经济基础与上层建筑的关系来看,上层建筑与经济基础之间同样是一体化的,而不是彼此对立的存在,上层建筑的各种形式不过是经济基础的不同表现形态。经济基础作为"社会关系的总和",不能只从客体的方面去理解,即将经济基础理解为在人之外、与人无关的存在,而必须从主体的方面去理解,将其视为人自身的存在形式、存在方式,标志着人的真正的本质。因为这种社会关系并不是一种同单个人相对立的、一般的抽象的力量,而是每一个单个人的本质、他的活动、他的生活、他的财富和享受。因此,尽管每一代人都遇到确定的资金、环境和生产力,以及确定的社会关系,但这一切对于现实的人来说并不是外在的,而是其历史性的生产活动的结果,并不是由反思产生

① 《马克思恩格斯文集》第1卷,人民出版社2009年版,第532—533页。

的,而是现实的个人在积极实现其存在时的直接产物。因而,必须从主体出发,在人的历史性的生产活动中去理解。而法律的和政治的上层建筑及各种社会意识形式正是建立在这种现实的社会生产关系基础之上的,或者说是这种现实的社会生产关系的不同的理论表现形式。国家作为政治上层建筑的集合体,不过是为了保障资产者的财产和利益的一种组织形式,不过是以政治的、法律规章的方式确定下来的社会经济关系和个人的权利,或者说是社会经济关系和个人权利政治的、法律的表现方式。因为"宗教、家庭、国家、法、道德、科学、艺术等等,都不过是生产的一些特殊的方式,并且受生产的普遍规律的支配。"①因而,各种社会意识形式不过是物质关系在观念上的表现,是以思想的形式表现出来的现实的社会关系。

因此,可以说构成社会基本矛盾运动的生产力与生产关系、经济基础与上层建筑始终是密切地联系在一起的,从而使现代社会构成为一个有机的整体。在这个有机的整体中,各个方面之间的作用总是相互的,每一方面的变化都需要其他的方面做出相应的改变,从而使社会的发展保持协调。但是,由于在不同的社会历史条件下,社会基本矛盾的各个方面之间的发展是不平衡的,并不总是保持内在的一致性,必然会发生内在的矛盾和冲突,从而带来社会基本矛盾的转换,进而推动社会历史的变革。虽然生产力是最终的决定性的力量,但在有机的社会整体中,生产力并不是独立的社会力量,只有借助社会基本矛盾的其他因素生产力才能发挥作用。因而社会基本矛盾的转换不仅取决于生产力自身的发展,而且取决于社会基本矛盾各个因素之间的相互关系和力量的对比。特别是在现代社会,由于科学技术的飞速发展不断地带来生产力的质的变革,并不断地变革着人们的社会关系和生活方式,这就必然要求社会组织方式的根本性的变革,从而才能实现社会的各个方面、各个层次的协调、充分的发展。新时代中国特色社会主义基本矛盾的转换,正是由于社会基本矛盾

---

① 《马克思恩格斯文集》第 1 卷,人民出版社 2009 年版,第 186 页。

的各个因素之间力量发展的不平衡造成的。

二、对新时代社会基本矛盾转换的分析

社会基本矛盾运动推动人类社会不断向前发展,是马克思揭示的人类社会发展的基本规律。因此,社会基本矛盾的转换,意味着社会发展形式向新的、更高层次的跃升。而推动这种跃升的,正是矛盾双方的相互作用。人民日益增长的对美好生活的向往和不平衡不充分发展作为新时代中国特色社会主义主要矛盾的两个方面不仅是对立的,而且也是相互依存、相互促进的。一方面,是社会生产的发展创造出了人们新的需要,而新的需要则对生产提出了新的、更高的要求;另一方面,正是在生产和人的需要的相互推动的过程中,促进了总体性的、全面的人的生成,意味着一个新的人类文明类型开启的可能性。

首先,需要是生产发展的结果,是在人类历史性生产活动中产生出来的。马克思指出,人为了能够创造历史,就必须生产满足自身生存所必需的生活资料,这是一切历史的基本前提。而"已经得到满足的第一个需要本身、满足需要的活动和已经获得的为满足需要而用的工具又引起新的需要,而这种新的需要的产生是第一个历史活动。"①之所说这种新的——不是基于人的生物本能的——需要的生产是第一个历史性的活动,就在于这种新的需要是在人类历史性的生产活动之中创造出来的。正是这种新的需要的产生,才使人超越了自然的必然性链条而成为人。因此,人的社会性质的生产不仅生产出物质产品,同样生产出作为主体的人及其多方面的需求。因为这种生产活动不仅是满足人的肉体需求的方式,"更确切地说,它是这些个人的一定的活动方式,是他们表现自己生命的一定方式、他们的一定的生活方式。个人怎样表现自己的生命,他们自己就是怎样。因此,他们是什么样的,这同他们的生产是

---

① 《马克思恩格斯文集》第 1 卷,人民出版社 2009 年版,第 531—532 页。

一致的——既和他们生产什么一致,又和他们怎样生产一致。"①因而,没有生产,也就没有作为社会活动主体的人,也就没有新的需要的产生。但新的需要的产生,同样对生产提出了新的要求,为生产的发展提供了动力、指明了方向。

在《〈政治经济学批判〉导言》中马克思指出,消费(也就是需要的满足)创造出新的生产需要,即将生产作为观念再生产出来。"因为消费创造出新的生产的需要,也就是创造出生产的观念上的内在动机,后者是生产的前提。消费创造出生产的动力;它也创造出在生产中作为决定目的的东西而发生作用的对象。"②如果说,人们社会性的生产为人的需要的满足提供了外在的消费对象是不言自明的,那么,同样不言自明的是,人的需要的满足过程中形成的新的需要,则在观念上提出生产的对象,即把新的生产的对象作为内心的图像、需要、动力和目的创造出来。也就是说,人的需要的满足创造出还是在主观形式上的生产对象。因此我们可以说,没有需要,就没有生产。而消费则把需要再生产出来。也就是说,需要和生产之间总是相互推动、共同发展的。一方面通过消费,使作为社会主体的人得以再生产出来,使生产得以继续;另一方面,正是由生产的发展、创造出新的、作为社会主体的人的需求,从而对生产提出了更高的要求、提供了生产内在动力。生产和需要之间总是处在动态的相互促进过程中的。

其次,人民日益增长的美好生活的需要,是改革开放四十多年来中国社会快速发展的结果。相对于改革开放之前的三十年来说,改革开放四十多年带来的变化不仅使新中国完成了从站起来到富起来的转变,更为重要的是带来了社会生活总体性的变迁,实现了从传统的农业社会向现代工业社会的转型。不仅解决了人民的温饱问题,而且总体上达到了小康的水平。更为重要的是,随着社会生产、生活的变化,现代的、具有总体性需要的、作为社会主体的人被

---

① 《马克思恩格斯文集》第1卷,人民出版社2009年版,第520页。
② 《马克思恩格斯文集》第8卷,人民出版社2009年版,第15页。

生产出来,从而带来人的社会需要的根本性的变化。正如马斯洛的需求层次理论所指出的,当人们的基本生存需求得到满足之后,就会产生安全的需要、情感认同的需要、归属的需要,进而发展出尊重、自我实现的需要。因此,随着新时代的到来,"人民美好生活需要日益广泛,不仅对物质文化生活提出了更高要求,而且在民主、法治、公平、正义、安全、环境等方面的要求日益增长。"[1]从而对社会生产提出了更高的要求,成为提升生产能力和水平的动力,进而带来社会生产目的根本性变革。

因为"现在的社会不是坚实的结晶体,而是一个能够变化并且经常处于变化过程中的有机体"[2]。社会生活中每一方面的变化都需要其他的方面同步发生变化,才能实现社会的协调发展。但是,由于四十多年来中国社会的快速发展,特别是经济领域的快速发展,使社会生活的整体变迁与经济的发展不同步,还存在着发展不平衡、不充分的状况,具体表现在城乡发展不平衡、区域发展不平衡、经济发展存在着结构性问题,社会治理的整体水平还有待提升,群众在就业、教育、医疗、居住、养老等方面还面临着不少难题,等等。但这些问题都是在发展进程中出现的问题,是由于社会基本矛盾的各个构成要素之间发展的不平衡造成的。由此也就带来的新时代社会基本矛盾的转换。因此,不能简单地认为目前中国的生产关系不适应生产力的发展,而是要明确正是由于生产力发展造成的社会关系的变革带来的现实的人及其生活方式的变化,现实地创造着总体性的人的生成。因而,社会基本矛盾的转换则意味着现实社会发展方式的转换,意味着一种全新的社会形态建构的开始。

三、新的社会形态的开启

社会基本矛盾的转换,意味着中国社会的发展进入一个新的时代,一种新

---

① 《习近平谈治国理政》第三卷,外文出版社 2020 年版,第 9 页。
② 《马克思恩格斯文集》第 5 卷,人民出版社 2009 年版,第 10、13 页。

的社会形态建构的开启。也就是说,随着人民对美好生活的向往与不平衡不充分发展之间的矛盾转换为社会基本矛盾,中国社会发展的中心实现了一个根本的转换,即从资本主义开创的以物为中心的现代社会发展转向以人为中心的发展,人成为社会发展的根本目的。

第一,在资本主义开创的现代社会发展模式中,推动社会发展的根本动力是对物质欲望的追求,是根源于资本自我增殖的强制逻辑。因此,在这种社会发展模式中,人虽然获得了个体的独立,但这种独立却是建立在对资本、对物的依赖的基础之上的,这是物的依赖状态下人的独立性。因为在这种情况下,只有借助于物,才能建立起人与人之间的社会联系。因而,对于物的拥有则成为人的一切社会活动的前提。在整个社会的生产中,人并不是作为主体被生产出来,而是作为商品、作为商品人被生产出来。人的生产是按照商品生产的规律进行的。也就是说,在社会发展的进程中人同各种技术手段一样,不过是资本借以自我增殖的工具。而且随着资本主义工业、社会体系的完善,人越来越碎片化,被逐步整合到整个资本主义体系之中。而对于社会主义来说,其根本任务就是要消除资本对人的统治,消解人与自然、人与社会、人与人的分裂和对立,恢复人的总体性存在,以实现人的解放。因此,在社会主义社会人必须成为社会发展的中心和最终的价值目标。

第二,总体性的人的需要及其满足,是社会主义的本质要求。与资本主义不同,社会主义从最初创立起就将人的解放作为其根本目标,即消解资产阶级政治革命造成的人的自我分裂和对立的二元生存结构,重建个体与社会的统一,从而促进总体性的人的生成。所谓总体性的人,就是"需要有人的生命表现的完整性的人,在这样的人的身上,他自己的实现作为内在的必然性、作为需要而存在。"①因而只有当现实的个人使抽象的公民复归于自身,并在自己的经验生活、自己的个体活动和社会关系中成为类存在物的时候,只有当人

---

① 《马克思恩格斯文集》第 1 卷,人民出版社 2009 年版,第 194 页。

意识到自身固有的社会力量,并把这种社会力量组织起来同自身相统一的时候,人的总体性才能实现,人的解放才是可能的。

因此,作为对资本主义积极的扬弃,社会主义就是要实现人的一切感觉和特性的彻底解放,使人真正作为社会的人而存在,重建个体与社会的统一。这是与人的本质——社会关系的总和——相一致的。也就是说,这种总体性的需要及其满足,是内在于人的自我实现的进程中的。因此,人的解放程度,取决于人的总体性需要的满足程度,而社会主义作为人的解放的实现,则将满足人的总体性的需要作为根本目的。

第三,通过解决不平衡不充分发展的问题,满足人民对美好生活的向往正是社会主义的本质要求,是以人民为中心的发展理念的根本体现。对于新时代的中国来说,由于改革开放带来的生产高速发展、物质财富的巨大增长,使人民群众的基本生活需要的满足总体上已经不再成为问题。在这种情况下,社会发展的中心就不再是追求物质财富的生产,而是在此基础之上的人的自我实现。因此,新时代社会基本矛盾的解决,就是使以人民为中心的发展理念体现在经济社会发展的各个环节。因为人民是历史的创造者,人民的选择和行动是决定党和国家前途命运的根本力量。在社会主义建设的过程中,必须始终坚持人民的社会主体地位,坚持一切从群众中来,再到群众中去的基本路线,践行全心全意为人民服务的根本宗旨,从而把人民对美好生活的向往作为党和国家全部社会治理活动的根本目标,真正切实提高人民的主体地位,依靠人民创造历史伟业。从而使人不仅仅作为社会发展的手段,同时也成为社会发展的目的。

因此,新时代中国社会基本矛盾的转换意味着中国特色社会主义的发展进入了一个新的阶段,已经逐步摆脱了物质匮乏的束缚,开始向更高阶段的跃升。从社会基本矛盾的转换意味着社会发展方式的跃升的角度来看,现阶段社会基本矛盾的解决就不仅仅是推动经济社会发展问题,更为重要的是在发展的过程中如何确立新的社会结构,促进新的社会形态的生成问题。为此,一方面需要通过创新驱动全面提升社会生产力发展水平和结构的调整,确立各个不同地区、不同行业和不同领域在整体经济结构中的合理位置,从而实现社会经济结构总体的优化升级,以解决不平衡不充分发展的问题;同时,也要通过进一步全面深化改革,不断推进国家治理能力、治理体系现代化,从而消解满足人民美好生活的制约因素,以促进社会整体结构的现代化、合理化,以使社会发展保持高水平的均衡。不仅实现各个不同领域的充分发展,同时也要实现社会生活各个不同领域之间的协调一致,从而才能在解决原有矛盾的过程中尽可能避免新的矛盾的出现。另一方面,必须看到需要是在人的社会生产活动中产生的,并受其形成过程中特定的社会历史文化传统的影响,因而在实现人民对美好生活向往的过程中如何影响和塑造人的需要,进而促进总体性的人的生成,就不仅对推动社会基本矛盾的解决,而且对于新的社会形态的形成具有重要的现实意义。

第十一章 政治经济学批判的方法

列宁在《什么是"人民之友"以及他们如何攻击社会民主主义者?》一文中对马克思的政治经济学批判的方法做过非常明确的阐述。列宁指出,"我们首先要指出两个情况。马克思说的只是一个'社会经济形态',即资本主义社会经济形态,也就是他说的,他研究的只是这个形态而不是别的形态的发展规律,这是第一。第二,我们还得指出马克思得出他的结论的方法,这些方法,……,就是'对有关事实的细心研究'。"①那么如何才能算是"对有关事实的细心研究"呢?对此,列宁指出,"每个历史时期都有它自己的规律。经济生活呈现出的现象和生物学的其他领域的发展史颇相类似。旧经济学家不懂得经济规律的性质,他们把经济规律同物理学定律和化学定律相比拟。更深刻的分析证明,各种社会有机体像动植物有机体一样,彼此根本不同。马克思认为自己的任务是根据这种观点来研究资本主义的经济组织,因而极其科学地表述了对经济生活的任何准确的研究所应抱的目的。这种研究的科学价值在于阐明支配着一定社会有机体的产生、生存、发展和死亡以及为另一更高的有机体所代替的特殊规律。"②在列宁看来,既然运用唯物史观去分析和说明一种社会形态已取得如此辉煌的成果,那么,十分自然,马克思唯物史观已不再是什么假设而是经过科学检验的理论了。那么,列宁所说的方法都是什么呢?

---

① 《列宁选集》第 1 卷,人民出版社 2012 年版,第 5 页。
② 《列宁选集》第 1 卷,人民出版社 2012 年版,第 34 页。

一、抽象与具体相统一

抽象与具体相统一的方法,是黑格尔首先提出来的,是他用以建构自己哲学体系的基本方法之一。黑格尔《逻辑学》中的全部范畴,都是依据着这个方法排列起来的。黑格尔认为,认识运动要从最简单的现象开始,然后一步一步进行复杂的、关于认识对象的整体的认识。也就是说,这是一个在思维中把认识对象作为一个具体的整体完整地再现出来的方法。在政治经济学批判中,马克思批判地吸取了黑格尔的合理思想并提出了抽象与具体相统一的方法论原则。

马克思指出,科学认识的对象,首先总是表现为某种发展过程的结果,因而也总是由各方面、各部分结合而成的整体。在客观的具体事物面前,人们首先是通过感性直观认识事物的现象,或者用马克思的话来说,还只是认识这个具体事物的表现。这时所达到的认识还是空洞的、肤浅的。为了深入认识这个事物,必须对感觉、直观中所得到的关于整体的混沌表象加以分析,把它分解为个别的、简单的部分或方面,逐一地、单独地加以考察。随着认识活动的深入,我们就会达到越来越简单、越来越抽象的规定和概念。但是认识还不能仅仅停留在这个阶段,因为任何一个具体事物都不是一些简单规定的机械堆砌,而是作为多样性的统一整体而存在的。如果停留在这个阶段上,那就会使概念的各种规定和方面脱离该事物的整体,使它们成为孤立的、静止的东西。古典政治经济学所犯的错误之一,正在于他们采用了这种形而上学的方法。

为了能够把握事物的整体,在把认识对象分解为一些抽象的、简单的规定之后,认识的行程就要倒转过来,通过综合,把抽象的、简单的规定结合起来,统一起来,把具体事物的整体在头脑中再现出来。这时认识所达到的整体的认识,已经不再是混沌的表象,而是一个复杂的整体,是一个具有许多规定和关系的丰富的整体了。在马克思看来,"具体之所以具体,因为它是许多规定的综合,因而是多样性的统一。因此它在思维中表现为综合的过程,表现为结果,而不是表现为起点,虽然它是现实的起点,因而也是直观和表象的起点。在第一条道路上,完整的表象蒸发为抽象的规定;在第二条道路上,抽象的规定在思维行程中导致具体的再现。"①由此可见,整个认识过程是由两条相反的路线组成的。第一条道路的主要特点是分析,即把完整的表象蒸发为抽象的规定;第二条道路的主要特点是综合,即抽象的规定在思维行程中导致具体的再现。作为从抽象到具体的方法,指的是第二条道路,但它以第一条道路为前提。因此,从抽象到具体的方法实际是从具体到抽象、再从抽象到具体这样一个辩证否定的过程,体现的是抽象与具体的辩证统一关系。

任何一门科学,都是通过特定概念和范畴来把握其认识对象的,因而也都是按一定的逻辑顺序来展开的概念、范畴体系。在马克思看来,科学对象本身是一个运动着的有机联系的整体,因此,作为反映对象的科学理论体系,在其概念、范畴的排列上也不应当是任意的、无联系的,而应当是按照对象本身所固有的内在联系和运动规律,从简单到复杂、从抽象到具体,一步步地展现出概念、范畴的发展层次,再现对象本身的客观逻辑。在《资本论》中,反映资本主义运行的经济范畴及其辩证运动的经济关系,正是按照这种顺序来安排的。从商品到货币到资本,高一级的范畴立于低一级范畴的基础之上,同时又是更高一级范畴的基础。从内容上说,只有考察了前一种范畴,才能说明后一种范畴,如只有考察了商品,才能说明货币,只有考察了货币,才能说明资本,等等。各种范畴之间的逻辑顺序不能跳跃,更不能颠倒,从整个范畴体系中抽掉任何一个中间环节,后面的范畴就是难以理解的。

这种范畴之间的逻辑顺序,看起来似乎是先验的。其实,它是以对大量经验材料的研究为基础的,是对资本主义生产方式的内部结构及其发展的客观逻辑的反映。马克思说:"当然,在形式上,叙述方法必须与研究方法不同。

---

① 《马克思恩格斯文集》第8卷,人民出版社2009年版,第25页。

研究必须充分地占有材料,分析它的各种发展形式,探寻这些形式的内在联系。只有这项工作完成以后,现实的运动才能适当地叙述出来。这点一旦做到,材料的生命一旦在观念上反映出来,呈现在我们面前的就好像是一个先验的结构了。"①这种研究方法与叙述方法的差别,构成了马克思历史研究方法的另一主要原则,即历史与逻辑相统一的原则。

二、历史与逻辑相统一

在《政治经济学批判导言》的开篇马克思指出,"摆在面前的对象,首先是物质生产。在社会中进行生产的个人,——因而,这些个人的一定社会性质的生产,当然是出发点。"②

但是,从现实的人及其活动出发,可以有两条不同的道路。第一条道路就是政治经济学形成历史上走过的道路,即从实在和具体开始,从现实的前提开始,然后通过一步步的规定之后,在分析中获得越来越简单的概念,最后达到一些最简单的规定。如古典政治经济学对劳动的认识就经历了从货币主义的"存在于货币中的物",到重工主义或重商主义的工业劳动和商业劳动,直到亚当·斯密才抛开了创造财富的活动的一切规定性,获得了一般劳动的概念。第二条道路就是马克思的从抽象上升到具体的方法。实际上,这两条道路的不同正体现着历史的研究与逻辑的研究的差别问题。所谓历史的研究,是指按照经济范畴从最简单的关系发展到比较复杂的关系,也就是按照政治经济学文献的历史发展所提供的自然线索进行研究。这种历史的研究虽然比较明确,但势必会注意许多无关紧要的材料,也会常常打断思想进程。因此,逻辑的研究是唯一适用的方式。所谓逻辑的研究,就是从最一般的抽象概念出发,追寻概念自身发展的逻辑,展示出经济关系发展的整体。这是思维用来掌握

---

① 《马克思恩格斯文集》第5卷,人民出版社2009年版,第21—22页。
② 《马克思恩格斯文集》第8卷,人民出版社2009年版,第5页。

具体并把它作为一个精神上的具体再现出来的方式。这种逻辑的研究与历史的研究并不矛盾。逻辑的研究实际上也是历史的研究方式,只不过是排除了历史的形式以及历史进程中的偶然性因素而已。因为"哪怕是最抽象的范畴,虽然正是由于它们的抽象而适用于一切时代,但是就这个抽象的规定性本身来说,同样是历史条件的产物,而且只有对于这些条件并在这些条件之内才具有充分的适用性。"①而且,只有在这种历史的关系中,才能看出抽象的一般概念所具有的历史性。因为就任何一个抽象的范畴所具有的一般性而言,都是经过比较而抽象出来的共同点,这些共同点本身就是有许多的组成部分,分别有不同的规定的东西。其中有一些属于一切时代,另一些则是几个时代共有的。没有它们,任何一般性的范畴都只能是空,不具有任何的现实的意义。而且构成一般范畴发展的正是这一范畴在不同的时代所具有的差别。也就是说,任何一般的范畴的存在都是历史性的,以范畴的发展为线索的逻辑的研究,也就是历史的研究。所以恩格斯在谈到马克思政治经济学批判的方法时说,"历史从哪里开始,思想进程也应当从哪里开始,而思想进程的进一步发展不过是历史过程在抽象的、理论上前后一贯的形式上的反映;这种反映是经过修正的,然而是按照现实的历史过程本身的规律修正的,这时,每一个要素可以在它完全成熟而具有典型性的发展点上加以考察。"②这就是说,第一,理论的逻辑起点和进程都应与客观现实的历史发展进程相一致。例如在《资本论》中对于从商品到货币,再到资本的发展过程的逻辑展开,就是现实历史中先有商品交换,进而在发展中出现作为商品交换的一般等价物的货币,随后到了资本主义生产条件具备时货币又转化为资本的现实过程在理论上的反映。第二,逻辑和历史的统一,是在总的发展趋势上的统一。如两者都是从低级到高级、从简单到复杂的发展过程等。但是这种统一是包含着差别的统一。这是因为历史的发展常常包含着无数的细节和偶然的因素,甚至是通过迂回曲

---

① 《马克思恩格斯文集》第 8 卷,人民出版社 2009 年版,第 29 页。
② 《马克思恩格斯文集》第 2 卷,人民出版社 2009 年版,第 603 页。

折的道路来表现其规律性的。思维逻辑的任务就在于对历史作出理论的概括和总结，它撇开历史发展中的各种偶然因素，以纯粹的理论形态把握历史发展的规律。因此，逻辑对历史的反映是经过修正的。

由此可见，逻辑顺序和现实历史过程是既相一致，又有区别的。但是，由于历史与逻辑的研究在历史研究的整体中地位和作用不同，从而使最终的研究成果必然是以逻辑的方式展现出来，即按照概念的历史发展及其相互关系而形成的思维的具体，展现出现实历史的整体结构。因而，逻辑的研究不仅仅是历史的，同时也是结构的。历史与结构的统一同样是马克思历史研究的重要方法论原则。

三、历史与结构相统一

所谓历史与结构相统一，是建立在历史与逻辑相统一的基础之上的。由于研究的起点和叙述的起点的不同，马克思在具体地阐述每一个时代的社会历史的过程中并不是根据概念、范畴在历史上发生的顺序进行叙述的，而是根据不同的概念、范畴在其所叙述的社会结构中的相互关系来确定其在整个体系中的地位的。具体地说，就是根据其在资本主义社会结构中所处的地位进行安排的。在这种情况下，通过揭示各个不同的概念和范畴之间的相互关系，就形成了一种共时的结构，从而展现出资本主义社会的全貌。但是必须看到，构成这个共时性结构的概念和范畴的存在本身都是历史性的，只有在一个历史性的进程当中才能真正理解其所具有的深刻的内涵。因此这种共时的结构必须建立在对概念、范畴的历史性的理解基础之上，必须将共时的结构研究与历时的历史研究统一起来，才能真正把握一个历史时代。如果说结构性的研究展现的是社会历史进程的一个截面的话，那么历史的研究则是通过展示构成这个截面的各个概念、范畴历史演化过程而使这一截面得以伸展开来，形成了一个历史性的结构的整体，从而展示出社会历史的全貌。

在《〈政治经济学批判〉导言》中探讨政治经济学的批判方法时,马克思指出,尽管"在一切社会形式中都有一种一定的生产决定其他一切生产的地位和影响,因而它的关系也决定其他一切关系的地位和影响。这是一种普照的光,它掩盖了一切其他色彩,改变着它们的特点。这是一种特殊的以太,它决定着它里面显露出来的一切存在的比重"①。但是,由于任何一个比较简单的范畴只有在一个复杂的社会形式中才能得到充分深入而广泛地发展,只有在表现复杂社会的各种关系的范畴以及对宏观世界的结构的理解中,才能得到充分的认识和理解。因此,"把经济范畴按它们在历史上起决定作用的先后次序来排列是不行的,错误的。它们的次序倒是由它们在现代资产阶级社会中的相互关系决定的,这种关系同表现出来的它们的自然次序或者符合历史发展的次序恰好相反。问题不在于各种经济关系在不同社会形式的相继更替的序列中在历史上占有什么地位。更不在于它们在'观念上'(蒲鲁东)(在关于历史运动的一个模糊的表象中)的顺序。而在于它们在现代资产阶级社会内部的结构。"②但这种复杂社会的结构本身也是历史的,包含着一切其他社会形式的结构,它是借助那些已经覆灭的社会形式的碎片和因素建立起来的,其中一部分是还未克服的遗物,继续存在着,一部分原来只是征兆的东西,发展到具有充分的意义。因此,通过对复杂社会结构的研究,可以透视出一切已经覆灭的社会结构。正是在这个意义上马克思说,"人体解剖对于猴体解剖是一把钥匙。反过来说,低等动物身上表露的高等动物的征兆,只有在高等动物本身已被认识之后才能理解。因此,资产阶级经济为古代经济等等提供了钥匙。"③这里的关键在于简单的范畴在比较具体的范畴之前是否有一种独立的历史存在或自然存在,在于它与占支配地位的范畴之间的关系。因为根据历史的原则,比较简单的范畴可以表现在一个比较不发展的整体的处于支配

① 《马克思恩格斯文集》第 8 卷,人民出版社 2009 年版,第 31 页。
② 《马克思恩格斯文集》第 8 卷,人民出版社 2009 年版,第 32 页。
③ 《马克思恩格斯文集》第 8 卷,人民出版社 2009 年版,第 29 页。

地位的关系,或者可以表现一个比较发展的整体的从属关系,后面这些关系,在整体向着一个比较具体的范畴表现出来的方面发展之前,在历史上已经存在。因此,绝不能把复杂社会的结构形式等同于简单社会的结构形式。复杂社会只是在有本质区别的形式上,以发展了的、萎缩了的、漫画式的方式包含了简单的社会形式。

四、宏观与微观相统一

马克思的历史研究是在宏观与微观两个相互关联的维度上展开的。目前学界普遍认可的是社会基本矛盾运动和五大形态依次演进理论、人自身发展的三阶段理论等这一宏观维度,即对人类历史发展规律和进程的宏观把握。而市民社会史、日常生活史的研究这一微观维度一直处于被遮蔽的状态。实际上这两个维度在马克思那里是内在地统一在一起的。微观维度作为隐性的前提,对唯物史观的形成具有基础性地位。

马克思通过批判政治经济学和黑格尔思辨哲学完成的哲学革命,实现了哲学研究对象的根本变革,即哲学不再停留于纯粹的思辨领域,而是转向人的现实生活。现实的人及其实践活动始终是马克思历史理论的出发点。而"在思辨终止的地方,在现实生活面前,正是描述人们实践活动和实际发展过程的真正的实证科学开始的地方。关于意识的空话将终止,它们一定会被真正的知识所代替。对现实的描述会使独立的哲学失去生存环境,能够取而代之的充其量不过是从对人类历史发展的考察中抽象出来的最一般的结果的概括。这些抽象本身离开了现实的历史就没有任何价值。它们只能对整理历史资料提供某些方便,指出历史资料的各个层次的顺序。但是这些抽象与哲学不同,它们绝不提供可以适用于各个历史时代的药方或公式。相反,只是在人们着手考察和整理资料——不管是有关过去时代的还是有关当代的资料——的时候,在实际阐述资料的时候,困难才开始出现。这些困难的排除受到种种前提的制约,这些前提在这里是根本不可能提供出来的,而只能从对每个时代的个人的现实生活过程和活动的研究中产生。"①也就是说,纯粹思辨的抽象更多具有方法论的意义,并不能代替对人类历史进程的具体研究。对人类历史的宏观把握必须与对现实的社会生活的分析结合起来,才能真正阐明人类的历史进程。正如列宁所说的,"马克思得出他的结论的方法,……就是'对有关事实的细心的研究'"。②而所谓的"对有关事实的细心的研究"就是要具体地去分析每一个时代人们的社会生活,以揭示现实的、具体的人类历史进程,而不再停留于纯粹的思辨领域。因为,"法的关系正像国家的形式一样,既不能从它们本身来理解,也不能从所谓人类精神的一般发展来理解,相反,它们根源于物质的生活关系,这种物质的生活关系的总和,黑格尔按照18世纪的英国人和法国人的先例,概括为'市民社会',而对市民社会的解剖应该到政治经济学中去寻求。"③在早期的政治经济学批判中,马克思一方面批判政治经济学的非历史性特征,阐明了社会生产的历史性;另一方面在对劳动的分析中,阐明了生产活动对于社会生活和人类历史的基础性地位。在马克思看来,"人的本质是人的真正的社会联系,所以人在积极实现自己本质的过程中创造、生产人的社会联系、社会本质,而社会本质不是一种同单个人相对立的抽象的一般的力量,而是每一个单个人的本质,是他自己的活动,他自己的生活,他自己的享受,他自己的财富。"④也就是说,对社会或历史的研究,必须从现实的、活生生的、特殊的个人开始。从而将历史的研究转换到现实的个人生存的历史尺度,而这个个人的历史性存在是从物质生活资料的生产开始的。

马克思在《德意志意识形态》中谈到人类历史的前提(因素)时指出,"我们开始要谈的前提不是任意提出的,不是教条,而是一些只有在臆想中才能撇

---

① 《马克思恩格斯文集》第1卷,人民出版社2009年版,第526页。
② 《列宁选集》第1卷,人民出版社2012年版,第5页。
③ 《马克思恩格斯文集》第2卷,人民出版社2009年版,第591页。
④ 《马克思恩格斯全集》第42卷,人民出版社1979年版,第24页。

开的现实前提。这是一些现实的个人,是他们的活动和他们的物质生活条件,包括他们已有的和由他们自己的活动创造出来的物质生活条件。因此,这些前提可以用纯粹经验的方法来确认。"①对历史的研究应从人们现有的物质生活条件及其在这种生活条件之下展开的生产活动开始,进而揭示出现有的物质生活条件以及人类自身的活动在这一过程中的变化过程。"任何历史记载都应当从这些自然基础以及它们在历史进程中由于人们的活动而发生的变更出发。"②

正是人类的这种物质性的生产构成了人类历史的开端,人类社会历史性存在是在长期物质发展的一定阶段上通过现实的生产实现的。人类第一个历史性的活动就是生产物质生活本身。因为人们为了能够"创造历史",就必须能够生活。但是为了生活,首先就需要吃、喝、住、穿以及其他一些东西。因而生产也不是人应该具有的先验设定,而是从动物生存(肉体组织的生物内驱力所致)历史性地跨出这一步、开始生产那一刻,人才历史地、具体地、现实地获得了这种新的历史性生存的质的规定性。一当人们由其肉体组织的决定而开始生产自己的生活资料的时候,人就开始将自身与动物区别开来了。因为人们生产自己的生活资料的同时,也就间接地生产着自己的物质生活本身。人们用以生产自己的生活资料的方式,就是他们表现自己生命的一定方式,就是这些个人的一定的活动方式,也就是他们的一定的生活方式。因此,"个人怎样表现自己的生命,他们自己就是怎样。因此,他们是什么样的,这同他们的生产是一致的——既和他们生产什么一致,又和他们怎样生产一致。"③因而,对历史的研究就需要从具体地分析人们的物质生活出发,只要描述出这个能动的生活过程,也就认识、理解和把握了人类的历史。所以马克思在批判蒲鲁东"现实的历史,与时间次序相一致的历史是观念、范畴和原理在其中出现

① 《马克思恩格斯文集》第1卷,人民出版社2009年版,第516—517页。
② 《马克思恩格斯文集》第1卷,人民出版社2009年版,第519页。
③ 《马克思恩格斯文集》第1卷,人民出版社2009年版,第520页。

的那种历史顺序"的错误观点时指出,要想说明"为什么该原理出现在11世纪或者18世纪,而不出现在其他某一世纪,我们就必然要仔细研究一下:11世纪的人们是怎样的,18世纪的人们是怎样的,他们各自的需要、他们的生产力、生产方式以及生产中使用的原料是怎样的;最后,由这一切生存条件所产生的人与人之间的关系是怎样的。"①这实际上就是要求具体地研究每个时代人们的现实的、世俗的历史,社会生活史。"任何历史观的第一件事情就是必须注意上述基本事实的全部意义和全部范围,并给予应有的重视。"②而德国人之所以从来没有为历史提供世俗的基础,正是因为他们从来没有这样做过。即使那个在柏林大学极为著名的历史学家——兰克,现代历史学的开创者——也仅仅是将其目光停留于政治、军事领域,没有、也不可能真正深入到现实的社会生活。与之相反,虽然英国人和法国人因为受到政治思想的束缚,对现实的社会生活与历史之间的联系了解得非常片面,但他们还是写出了市民社会史、商业史和工业史,做出了为历史编纂学提供唯物主义基础的初步尝试。因此,我们说在马克思的唯物史观中包含着一个微观维度,即对每个时代具体的社会生活的研究。这一维度作为隐性的前提始终是内在于马克思的唯物史观之中的,是马克思唯物史观的研究起点。

马克思唯物史观研究的微观维度作为马克思历史研究方法的重要构成部分,其所以长期以来没有引起足够的重视,既有学术界对唯物史观理解的原因,也有其自身的原因。

首先,就马克思唯物史观本身而言,马克思唯物史观研究的微观维度作为马克思唯物史观的研究起点,始终是隐含在其理论之中的,并没有得到外在的显现。马克思在《〈政治经济学批判〉导言》中谈到政治经济学的研究方法时指出,对政治经济学的研究不能从抽象的概念出发,而是必须从具体的现实的分析出发,即必须遵循从具体到抽象再从抽象到具体的方法。"具体之所以

① 《马克思恩格斯文集》第1卷,人民出版社2009年版,第607—608页。
② 《马克思恩格斯文集》第1卷,人民出版社2009年版,第531页。

具体,因为它是许多规定的综合,因而是多样性的统一。因此它在思维中表现
为综合的过程,表现为结果,而不是表现为起点,虽然它是现实的起点,因而也
是直观和表象的起点。在第一条道路上,完整的表象蒸发为抽象的规定;在第
二条道路上,抽象的规定在思维行程中导致具体的再现。"①这也就是研究的
起点和叙述的起点的不同。所谓研究的起点,就是对现实的具体历史进程的
分析,在分析中达到越来越简单的概念,从表象中的具体达到越来越稀薄的抽
象,直到达到一些最简单的规定。然后再回到完整的表象使之在思维中再现
出来,从而形成一个具有许多规定和关系的丰富的思维的总体。而叙述的起
点则是指理论阐述的逻辑起点。马克思认为,理论的表述不应遵循研究对象
的历史进程,而是要遵循思维的内在逻辑,即按照概念在整体思维结构中的关
系去阐述。例如,对资本主义的研究就是从商品开始的,而不是从地产开始
的。因而,马克思唯物史观研究的微观维度尽管对于唯物史观的形成具有前
提和基础性意义,但在整个理论之中却处于隐性的存在状态。正是这种研究
的起点和叙述的起点的差异,遮蔽了马克思唯物史观研究的微观维度。

其次,传统对马克思唯物史观研究并没有真正理解马克思哲学革命带来
的根本性变革,即哲学的历史转向,还是在西方传统的历史哲学范围内去理解
和解释马克思的唯物史观,认为唯物史观揭示的是人类历史发展规律,并以一
套特有的范畴建构了全部人类历史,阐明了人类历史的进程。从而将唯物史
观简单地归入思辨历史哲学系列。如19世纪末、20世纪初兴起的分析的或
批判的历史哲学的代表人物狄尔泰、李凯尔特、文德尔班、克罗齐、柯林伍德等
人,都把唯物史观归入思辨的历史哲学范畴。即使像法国年鉴学派的第二代
代表人物费尔南多·布罗代尔这样的史学大师在谈到马克思的唯物史观时,
也仅仅是看到了它的宏观维度,尽管年鉴学派以总体的社会史为核心。布罗
代尔指出:"马克思的天才,马克思的影响经久不衰的秘密,正是他首先从历

① 《马克思恩格斯文集》第8卷,人民出版社2009年版,第25页。

史长时段出发,制造出真正的社会模式……马克思主义是 20 世纪中最有影响力的社会分析;它只能在长时段中恢复和焕发青春……。"①对马克思唯物史观的这种理解,是不能看到马克思唯物史观得以确立的现实的历史基础的。

最后,是对政治经济学批判的史学意蕴的忽视。不可否认,马克思的唯物史观确实是他对近代西方历史哲学,特别是黑格尔历史哲学批判继承的结果。但是,必须注意到马克思对黑格尔思辨哲学的批判和唯物史观的创立正是借助于政治经济学批判来完成的。一方面,正是对政治经济学的批判形成的异化劳动理论及对人之存在的历史性的基本理解,阐明了人之存在的历史性和现实性,才使马克思超越了黑格尔对历史的唯心主义解释,为唯物史观的形成奠定了坚实的基础;另一方面,正是通过对政治经济学的批判性研究,马克思完成了对资本主义社会的批判性分析,阐明了在资本主义社会人的社会生活状况。因此列宁在批判米海洛夫斯基等人对马克思的攻击时指出,"马克思说的只是一个'社会经济形态',即资本主义社会经济形态,也就是他说的,他研究的只是这个形态而不是别的形态的发展规律",②在某种意义上可能说,政治经济学批判就是马克思所著的市民社会史。但很少有人将马克思的政治经济学批判视为史学著作,尽管极其高度地重视马克思的政治经济学批判中包含的史学思想。

因此,马克思社会历史理论的微观维度始终是处于被遮蔽的状态,这一维度的揭示对于历史理论的研究具有极其重要的意义。

综上所述,抽象与具体相统一、历史与逻辑相统一、历史与结构相统一、宏观与微观相统一构成了马克思历史研究的基本的方法论原则。这四个原则构成了马克思历史方法论的梯次结构。如果说抽象与具体相统一是其基本的研究方法的话,那么历史与逻辑相统一则是这一方法在历史研究中的具体体现,

---

① 费尔南多·布罗代尔:《资本主义论丛》,顾良、张慧君译,中央编译出版社 1997 年版,第 202—203 页。

② 《列宁选集》第 1 卷,人民出版社 2012 年版,第 5 页。

而历史与结构相统一则是其方法论原则在其历史研究成果中的具体体现；宏观与微观相统一的研究方法则表明马克思已经超越了一般的历史哲学与历史学的二分，开创了一条研究和叙述人类历史的全新的研究方法。

第十二章　政治经济学批判与唯物史观

唯物史观作为马克思思想的核心,既是建立在政治经济学批判基础之上的,也是在政治经济学批判中得以进一步丰富和发展的。也正是由于唯物史观的确立,使马克思的政治经济学批判超越了传统的政治经济学,深入到现实的社会历史领域而成为一种社会历史批判。具体来说,马克思在《德意志意识形态》中确立的唯物史观的基本原则和理论结构是以《巴黎笔记》中对政治经济学和一般形而上学的双重批判为基础的,而唯物史观的进一步丰富和发展则是在《资本论》及其手稿中完成的。因此,遵循马克思思想发展的逻辑线索,阐明马克思的政治经济学批判与唯物史观的内在一致性,对于从总体上理解和把握马克思思想就具有重要的理论意义。

一、马克思哲学革命的双重指向

唯物史观具有的革命性的历史意义就在于它不但超越了德国古典哲学对历史的唯心主义解释,而且超越了整个近代西方形而上学,确立了从现实的人及其实践活动出发阐释人类历史的基本原则和理论体系。正是通过对政治经济学和黑格尔的辩证法及整个哲学体系的批判性分析,马克思完成了哲学革命,为唯物史观的创立开辟了道路。这一革命是从对宗教的批判开始的。这既根源于黑格尔体系解体之后德国的思想状况,同样是根源于德国现实的社会状况。

在《论犹太人问题》中马克思指出,鲍威尔所谓的犹太人问题,并不是一个宗教问题,而是政治解放不彻底的问题。"只有对政治解放本身的批判,才是对犹太人问题的最终批判,也才能使这个问题真正变成'当代的普遍问题'。"①因为政治解放并不是没有矛盾的人类解放的方法,只是市民社会的一部分解放自身,使国家从宗教的控制下解放出来。政治解放摧毁了一切等级、公会、行帮和特权,也就消灭了市民社会的政治性质。"它把市民社会分割为简单的组成部分:一方面是个体,另一方面是构成这些个体的生活内容和市民地位的物质要素和精神要素。它把似乎是被分散、分解、溶化在封建社会各个死巷里的政治精神激发出来,把政治精神从这种分散状态中汇集起来,把它从与市民生活相混合的状态中解放出来,并把它构成为共同体、人民的普遍事务的领域,在观念上不依赖于市民社会的上述特殊要素。特定的生活活动和特定的生活地位降低到只具有个体意义。它们已经不再构成个体对国家整体的普遍关系。公共事务本身反而成了每个个体的普遍事务,政治职能成了他的普遍职能。""国家的唯心主义的完成同时就是市民社会的唯物主义的完成。"②换言之,政治解放的直接后果就是政治国家与市民社会的分裂和对立,就其实质而言是人的自我分裂和对立。与此同时,政治革命也消灭了市民社会的政治性质,使市民社会从政治中解放出来。因此,"政治国家的建立和市民社会分解为独立的个体——这些个体的关系通过法制表现出来,正像等级制度中和行帮制度中的人的关系通过特权表现出来一样——是通过同一种行为实现的。"③

因此,在政治解放完成的国家,人过着双重的生活——"天国的生活"和"尘世的生活"。在现实的市民社会的"尘世生活"中,人是没有真实性的现象;而在"天国的生活"中,人是想象中主权的虚拟分子,失去了现实的生活,

---

① 《马克思恩格斯全集》第3卷,人民出版社2002年版,第167页。
② 《马克思恩格斯全集》第3卷,人民出版社2002年版,第187页。
③ 《马克思恩格斯全集》第3卷,人民出版社2002年版,第188页。

充满了非实在的普遍性。因此,政治解放只是使共同体的生活——国家——摆脱了宗教的控制,使国家从宗教中解放出来。政治解放并没有、也不可能消灭宗教,而是实现了宗教从国家向市民社会的转移,使之成为利己主义的市民社会的精神。也就是说,"人分为公人和私人,宗教从国家向市民社会的转移,这不是政治解放的一个阶段,这是它的完成"。① 在这种情况下,所谓的犹太人问题就不再是一个宗教问题,而是一个政治问题。因为国家和宗教的关系也无非是组成国家的人和宗教的关系,国家和宗教的矛盾不过是人的性质的矛盾。因此国家从宗教中解放出来也就是人通过国家的中介而获得了政治解放、获得了自由。"国家是人以及人的自由之间的中介者。正像基督是中介者,人把自己的全部神性、自己的全部宗教约束性都加在他身上一样,国家也是中介者,人把自己的全部非神性、自己的全部人的无约束性寄托在它身上。"②因而作为特殊宗教信徒的个人与作为公民的人之间的冲突也就归结为政治国家和市民社会之间的世俗分裂。这样,马克思就将宗教问题转化为世俗问题,转化为政治解放不彻底的问题,并最终上升到人类解放的高度,从而使其具有了普遍的意义。也就是说,正是政治解放的完成造成了现实的人的自我分裂和对立,表现为市民社会与国家的二元分离。所谓市民社会与国家的关系问题不过是政治共同体中的人与市民社会中的个人、公民与法人的关系问题。

因此马克思说,"只有当现实的个人把抽象的公民复归于自身,并且作为个人,在自己的经验生活、自己的个体劳动、自己的个体关系中间,成为类存在物的时候,只有当人认识到自身'固有的力量'是社会力量,并把这种力量组织起来因而不再把社会力量以政治力量的形式同自身分离的时候,只有到了那个时候,人的解放才能完成。"③也就是说,真正的人类解放并不仅仅在于消

---

① 《马克思恩格斯全集》第3卷,人民出版社2002年版,第175页。
② 《马克思恩格斯全集》第3卷,人民出版社2002年版,第171页。
③ 《马克思恩格斯全集》第3卷,人民出版社2002年版,第189页。

灭资产阶级,而且要消灭资产阶级通过政治革命建立的社会结构,从而改变现实的人的生存结构,重建个人与社会的统一——人的自我统一,使社会成为真正的人的社会、人成为真正的社会的人的时候,人类解放才能真正完成。也正是在这个意义上马克思说,"旧唯物主义的立脚点是'市民'社会;新唯物主义的立脚点则是人类社会或社会化的人类"。①

因此,对宗教的批判就必然转变为对国家、法和政治的批判。而"法的关系正像国家的形式一样,既不能从它们本身来理解,也不能从所谓人类精神的一般发展来理解,相反,它们根源于物质的生活关系,这种物质的生活关系的总和,黑格尔按照18世纪的英国人和法国人的先例,概括为'市民社会',而对市民社会的解剖应该到政治经济学中去寻求。"②正是对政治经济学的批判,使马克思转向对现实社会具体的、历史的分析。

但是,一方面在当时的德国对市民社会的批判是无法离开哲学的领域的,必须通过对德国哲学的批判才能完成。因为"德国的法哲学和国家哲学是唯一与正式的当代现实保持在同等水平上[al pari]的德国历史。"③另一方面,近代西方形而上学本身就具有神学的性质,"哲学与神学的联系始终存在,不过这种联系完全是潜在的。因为神学彻头彻尾无非就是哲学,哲学恰恰就是对于神学的思维。"④神学的秘密就是思辨哲学,思辨哲学是神学的最后的支柱和避难所。只有彻底地清算近代西方形而上学才能最终地完成宗教批判。换言之,对宗教的批判同样必然转向对思辨哲学的批判。

在某种意义上可以说,整个近代西方哲学的形成和发展始终是与基督教神学密切地联系在一起的。近代西方哲学面临的基本问题,即思维与存在的关系问题,本身就是根源于基督教。如黑格尔所言,"这种两个世界的各不相

① 《马克思恩格斯选集》第1卷,人民出版社2012年版,第140页。
② 《马克思恩格斯选集》第2卷,人民出版社2012年版,第2页。
③ 《马克思恩格斯选集》第1卷,人民出版社2012年版,第7页。
④ 黑格尔:《哲学史讲演录》,第4卷,商务印书馆1978年版,第6页。

涉和分离隔绝,是在中世纪搞出来的"。① 在中世纪,基督教将其绝对至上的内容放到人们的心里,作为神圣的、超感性的世界与现实的自然界,即人的心情、欲望和人性的世界相对立。自文艺复兴以来对宗教神学的批判,在赋予自然摆脱神造的独立性的同时,也挖掉了人内心深处神的根基。人获得了自信,信任自己的那种作为思维的思维,信任自己的感觉,信任自身以外的感性自然和自身以内的感性本性;人在技术中、自然中发现了从事发明的兴趣和乐趣。但是,人在确认自己的理性能力和主体地位的同时,并没有消除两个世界的对立,只不过用抽象的理性代替了神学的上帝。因此,"近代哲学的出发点,是古代哲学最后所达到的那个原则,即现实自我意识的立场;总之,它是以呈现在自己面前的精神为原则的。中世纪的观点认为思想中的东西与实存的宇宙有差异,近代哲学则把这个差异发展成为对立,并且以消除这一对立作为自己的任务。因此,主要的兴趣并不在于如实地思维各个对象,而在于思维那个对于这些对象的思维和理解,即思维这个统一本身"。② 因而,对宗教神学的批判始终是与对思辨形而上学的批判联系在一起的。特别是"在黑格尔天才地把 17 世纪的形而上学同后来的一切形而上学以及德国唯心主义结合起来并建立了一个形而上学的包罗万象的王国之后,对思辨的形而上学和一切形而上学的进攻,就像在 18 世纪那样,又同对神学的进攻再次配合起来。"③

从宗教批判到对国家、法和政治的批判,再到政治经济学的批判,就构成了青年马克思宗教批判的第一重逻辑;而从宗教批判开始的对黑格尔和整个近代西方形而上学的批判,则构成马克思批判哲学的第二重逻辑。正是在这个意义上马克思说"对宗教的批判是其他一切批判的前提"。④ 马克思的哲学革命也正是通过对政治经济学和黑格尔哲学的双重批判完成的。因为在马克

---

① 黑格尔:《哲学史讲演录》,第 4 卷,商务印书馆 1978 年版,第 3 页。
② 黑格尔:《哲学史讲演录》,第 4 卷,商务印书馆 1978 年版,第 5 页。
③ 《马克思恩格斯文集》第 1 卷,人民出版社 2009 年版,第 327 页。
④ 《马克思恩格斯文集》第 1 卷,人民出版社 2009 年版,第 3 页。

思看来,黑格尔是"站在现代国民经济学家的立场上"①,而"国民经济学把社会交往的异化形式作为本质的和最初的形式、作为同人的本性相适应的形式确定下来了",②"国民经济学只不过表述了异化劳动的规律罢了。"③也就是说,黑格尔同国民经济学家一样,在他的国家哲学和法哲学中展示出来的正是人的这种分裂状态。黑格尔的哲学与法国的政治理论、英国的政治经济学是处于同一层次的对历史的不同阐释。因此马克思说,"正像古代各民族是在想象中、在神话中经历了自己的史前时期一样,我们德国人在思想中、在哲学中经历了自己的未来的历史。我们是当代的哲学同时代人,而不是当代的历史同时代人。德国的哲学是德国历史在观念上的延续。因此,当我们不去批判我们现实历史的未完成的著作[oeuvres incomplètes],而来批判我们观念历史的遗著[oeuvres posthumes]——哲学的时候,我们的批判恰恰接触到了当代所谓的问题之所在[that is the question]的那些问题的中心"④。

也就是说,对政治经济学和黑格尔哲学的批判正切中了时代的根本问题,即政治解放完成之后市民社会与国家的分裂和对立。而所谓的市民社会与国家的关系问题,就其实质而言是人的自我分裂问题。在这个意义上,也就不存在市民社会和国家谁决定谁的问题,而是如何消除二者的分裂和对立、实现统一的问题,即人的解放何以可能的问题。也正是在这个意义上马克思说,"真理的彼岸世界消逝以后,历史的任务就是确立此岸世界的真理。人的自我异化的神圣形象被揭穿以后,揭露具有非神圣形象的自我异化,就成了为历史服务的哲学的迫切任务。于是,对天国的批判变成对尘世的批判,对宗教的批判变成对法的批判,对神学的批判变成对政治的批判。"⑤由此马克思展开了对

① 《马克思恩格斯全集》第3卷,人民出版社2002年版,第320页。
② 《马克思恩格斯全集》第42卷,人民出版社1979年版,第25页。
③ 《马克思恩格斯全集》第3卷,人民出版社2002年版,第278页。
④ 《马克思恩格斯文集》第1卷,人民出版社2009年版,第9页。
⑤ 《马克思恩格斯选集》第1卷,人民出版社2012年版,第2页。

政治经济学和一般形而上学的批判,二者的统一正是在《巴黎笔记》中实现的。

二、政治经济学批判对于唯物史观的基础性意义

无论是对政治经济学的批判还是对黑格尔哲学的批判,马克思始终是围绕着现实的人及其生存危机展开的。在《巴黎笔记》中,马克思通过对异化劳动的分析揭示了人的对象性实践活动的本质,为批判政治经济学和一般形而上学奠定了基础,同时也为唯物史观的创立奠定了现实的基础。

在《巴黎笔记》中,马克思通过对工资、资本利润、地租等政治经济学的基本范畴的分析,不但揭示了无产阶级的生存状况,同时也阐明了资本、地租之间本质的同一性以及资本竞争必然带来的资产阶级和无产阶级的对立。马克思指出,"我们是从国民经济学的各个前提出发的。我们采用了它的语言和它的规律。我们把私有财产,把劳动、资本、土地的互相分离,工资、资本利润、地租的互相分离以及分工、竞争、交换价值概念等等当作前提。我们从国民经济学本身出发,用它自己的话指出,工人降低为商品,而且降低为最贱的商品;工人的贫困同他的产品的力量和数量成反比;竞争的必然结果是资本在少数人手中积累起来,也就是垄断的更惊人的恢复;最后,资本家和地租所得者之间、农民和工人之间的区别消失了,而整个社会必然分化为两个阶级,即有产者阶级和没有财产的工人阶级。"①但马克思同时也明确地指出,国民经济学从私有财产的事实出发,但并没有说明私有财产的本质,并没有说明劳动和资本分离以及资本和土地分离的原因。这也就成为马克思批判政治经济学的切入点。

首先,马克思提出了异化劳动理论,阐明了私有财产的本质。在马克思看

①《马克思恩格斯全集》第3卷,人民出版社2002年版,第266页。

来,工人的劳动产品作为一种异己的力量、作为不依赖于工人的力量同劳动相对立,其根本的原因就在于工人的劳动活动本身是作为一种异己的、与之格格不入的力量与工人相对立。因为在资本主义生产中,工人是通过出卖自己的劳动力给资本才使其劳动成为现实的。而资本作为积累起来的劳动,就是对劳动及其产品的支配权,就是对他人劳动产品的私有权。因而,工人的劳动是不属于他的,而是属于资本家的;工人的劳动产品同样不属于他。"因此,工人越是通过自己的劳动占有外部世界、感性自然界,他就越是在两个方面失去生活资料:第一,感性的外部世界越来越不成为属于他的劳动的对象,不成为他的劳动的生活资料;第二,感性的外部世界越来越不给他提供直接意义的生活资料,即维持工人的肉体生存的手段。"①

因此,异化劳动的最直接的后果就是使自然界、使人本身、人的类本质、人与人之间的关系相异化,亦即人之存在的总体性的异化。由于人对自身的任何关系只有通过对他人的关系才得到实现和表现。因而,"在实践的、现实的世界中,自我异化只有通过对他人的实践的、现实的关系才能表现出来。异化借以实现的手段本身就是实践的。因此,通过异化劳动,人不仅生产出他对作为异己的、敌对的力量的生产对象和生产行为的关系,而且还生产出他人对他的生产和他的产品的关系,以及他对这些他人的关系……总之,通过异化的、外化的劳动,工人生产出一个对劳动生疏的、站在劳动之外的人对这个劳动的关系。工人对劳动的关系,生产出资本家——或者不管人们给劳动的主人起个什么别的名字——对这个劳动的关系。因此,私有财产是外化劳动即工人对自然界和对自身的外在关系的产物、结果和必然后果。因此,我们通过分析,从外化劳动这一概念,即从外化的人、异化劳动、异化的生命、异化的人的这一概念得出私有财产这一概念。"②也就是说,私有财产就其实质而言不过是外化劳动的产物、结果和必然后果,但其同时也是劳动借以外化的手段和这

---

① 《马克思恩格斯全集》第3卷,人民出版社2002年版,第269页。
② 《马克思恩格斯全集》第3卷,人民出版社2002年版,第276—277页。

一外化的实现。不但如此,通过对异化劳动与私有财产的关系的分析,还可以进一步说明国民经济学的整个思想体系。所谓的商业、竞争、资本、货币等政治经济学的范畴,不过是异化劳动和私有财产这两个基本因素特定的、展开的表现形式而已。因为,建立在私有财产基础之上的政治经济学不过是把社会交往的异化形式作为本质和最初的形式,作为同人的本性相适应的形式确定下来,只不过是表述了异化劳动的规律罢了。

其次,对私有财产本质的揭示为阐明资本主义的本质奠定了现实的基础。因为私有财产作为外化劳动的物质的、概括的表现,包含着工人对劳动、对自己的劳动产品和对非工人的关系,以及非工人对工人和工人的劳动产品的关系。在私有财产的关系中劳动同它自身的分离等于工人同资本家的分离,等于劳动同资本的分离。而资本就是积累起来的劳动。也就意味着劳动与资本的分裂和对立其实质是死劳动与活劳动的分裂和对立,是人的自我分裂和对立。因此,"私有财产的关系潜在地包含着作为劳动的私有财产的关系和作为资本的私有财产的关系,以及这两种表现的相互关系。一方面是作为劳动,即作为对自身、对人和自然界因而也对意识和生命表现来说完全异己的活动的人的活动的生产,是人作为单纯的劳动人的抽象存在,因而这种劳动人每天都可能由他的充实的无沦为绝对的无,沦为他的社会的从而也是现实的非存在。另一方面是作为资本的人的活动的对象的生产,在这里,对象的一切自然的和社会的规定性都消失了,在这里,私有财产丧失了自己的自然的和社会的特质(因而丧失了一切政治的和社会的幻象,而且没有任何表面上的人的关系混合在一起),在这里,同一个资本在各种极不相同的自然的和社会的存在中始终是同一的,而完全不管它的现实内容如何。劳动和资本的这种对立一达到极端,就必然是整个关系的顶点、最高阶段和灭亡。"[1]因此,劳动与资本的矛盾和对立只不过是现实的人的自我分裂和对立的另一种表现形式,政治

---

① 《马克思恩格斯全集》第 3 卷,人民出版社 2002 年版,第 283 页。

经济学只不过是以物的运动的形式揭示出人的现实的分裂和对立。全部政治经济学所谓的物的运动的规律,不过是人的异化存在的规律。

这样,马克思通过对国民经济学的批判性分析,也就揭示了资本主义政治经济学的实质,即政治经济学所描述的物的运动的关系遮蔽之下的人的关系。正如恩格斯所说,"经济学研究的不是物,而是人和人之间的关系,归根到底是阶级和阶级之间的关系"①。另外,正是通过对劳动与私有财产、劳动与资本、工资与利润等关系的揭示,使马克思明确了商品的二重性即使用价值与交换价值、商品中劳动的二重性及其相互之间的关系,为揭示资本主义社会的实质、发现剩余价值规律奠定了基础。

再次,在对私有财产及其本质的分析过程中,马克思全面地阐释了现实的人及其对象性的实践本质,揭示了异化是如何根源于对人的对象性本质,以及如何在人的对象性的实践活动之中被扬弃。在阐明了异化劳动与私有财产的关系之后马克思指出,"现在要问,人怎么使他的劳动外化、异化? 这种异化又怎么以人的发展的本质为根据? 我们把私有财产的起源问题变为外化劳动对人类发展进程的关系问题,就已经为解决这一任务得到了许多东西。因为人们谈到私有财产时,认为他们谈的是人之外的东西。而人们谈到劳动时,则认为是直接谈到人本身。问题的这种新的提法本身就已包含问题的解决。"②换言之,异化劳动实质上是根源于人的发展的本质,是在人自身的发展进程中出现的,也必然在人类历史发展的进程中得以扬弃。

早在《德法年鉴》时期,马克思通过对政治解放与人类解放、市民社会与国家的关系的分析就明确提出了解答人的本质的基本思路。马克思指出,"人不是抽象的蛰居于世界之外的存在物。人就是人的世界,就是国家,社会";"人的根本就是人本身"、"人是人的最高本质"。③ 也就是说,不能以一

① 《马克思恩格斯选集》第2卷,人民出版社2012年版,第14—15页。
② 《马克思恩格斯全集》第3卷,人民出版社2002年版,第279页。
③ 参见:《马克思恩格斯选集》第1卷,人民出版社2012年版,第1、10页。

个外在的概念来规定人,人是自己确定自己的存在的,正是在建构现实的生活世界的过程中,人现实地创造着人与世界的统一并确证自己人的本质。因此对人的问题的解答必须从人自身出发才是可能的。如果说马克思在这里只是提出了人的本质规定,那么在《巴黎笔记》中则深入细致地阐明了人的本质的现实生成性。

在马克思看来,人作为生成的存在其本质并不是确定不变的,而是在以自然为对象的实践活动之中生成的。人作为自然的存在物,同自然界的其他们生命个体一样,依赖于自然界生活。但人又不是单纯的自然的存在,而是有意识的类存在物。所谓有意识的,是指人"使自己的生命活动本身变成自己意志的和自己意识的对象。他具有有意识的生命活动。这不是人与之直接融为一体的那种规定性。有意识的生命活动把人同动物的生命活动直接区别开来。正是由于这一点,人才是类存在物。或者说,正因为人是类存在物,他才是有意识的存在物,就是说,他自己的生活对他来说是对象。仅仅由于这一点,他的活动才是自由的活动。"①人的活动的自由就表现为其面对自然时的双重尺度——物的尺度与人的内在尺度——的统一。正是这种双重尺度,使人超越了自然的必然性链条,而成为自我确证的存在,同时也超越了自然的自在性,使之成为人的现实生活的构成部分。因为在对象性的实践活动之中,人将自己的内在尺度运用于对象,从而实现自己本质的对象化,进而在其所创造的世界之中直观到自身。这样,自然界也就由康德所说的"自在之物"变成了"为我之物"了。也就是说,自然界丧失了其存在的自在性和给定性,而成为在人的实践活动之中生成的存在,成为人的现实生活的构成部分。从人的方面来说,也正是在以自然为对象的实践活动之中,实现了人的本质的双重的确证,他既在创造性的活动中作为现实的人得以生成,又在创造性的活动中实现对自身及其创造的世界的理解和把握。因为在对象性的实践活动之中,人的

---

① 《马克思恩格斯全集》第 3 卷,人民出版社 2002 年版,第 273 页。

本质客观地展开的丰富性，人的感觉的丰富性才产生出来、发展起来，"不仅
五官感觉，而且连所谓精神感觉、实践感觉（意志、爱等等），一句话，人的感
觉、感觉的人性，都是由于它的对象的存在，由于人化的自然界，才产生出来
的。五官感觉的形成是迄今为止全部世界历史的产物。"①也就是说，人之为
人的全部感性丰富性并不是人的先天本质，而是在人的对象性的实践活动之
中生成的，而作为感性活动对象的，也正是那通过自身的实践活动生成的过程
本身。"正是在改造对象世界中，人才真正地证明自己是类存在物。这种生
产是人的能动的类生活。通过这种生产，自然界才表现为他的作品和他的现
实。因此，劳动的对象是人的类生活的对象化：人不仅像在意识中那样在精神
上使自己二重化，而且能动地、现实地使自己二重化，从而在他所创造的世界
中直观自身。"②因此，对于现实的人来说，他通过自身的对象性实践活动从自
然界中获取生活资料、实现自我确证的过程，同时也就是他作为现实的人的自
为生成过程，是自然界对人说来的生成过程。而且由于人的意识也是在这
一过程中现实的生成的，并始终以其自身的活动为对象，因此"历史的全部运
动，既是它的现实的产生活动——它的经验存在的诞生活动，——同时，对它
的思维着的意识来说，又是它的被理解和被认识到的生成运动。"③

因此，近代西方形而上学所面对的最基本的问题，即思维与存在、人与自
然的关系问题，已经不再表现为两个不同的实体之间的关系，而是同一个人的
存在的两个方面，或者说是主体性原则与客体性原则的分裂与对立在人的对
象性的实践活动之中实际上已经不可能了，意识的内在性原则所引发的困难
已经失去了现实意义。因为意识并不是独立于现实世界之外的存在，而是在
现实的世界本身之中生成的，其认识的对象也不在自身之外，而就内在于其本
身之中。也正是在这个意义上马克思说，"思维和存在虽有区别，但同时彼此

---

① 《马克思恩格斯全集》第3卷，人民出版社2002年版，第305页。
② 《马克思恩格斯全集》第3卷，人民出版社2002年版，第274页。
③ 《马克思恩格斯全集》第3卷，人民出版社2002年版，第297页。

又处于统一中。"①这样,马克思就颠覆了近代西方形而上学的基本建制,使哲学由传统的认识世界转向改变世界,实现了对世界的反思到批判和改造的根本性的革命,为唯物史观的创立奠定了坚实的基础。

三、政治经济学批判基础上的世界观的革命

马克思通过政治经济学批判,揭示了人的对象性的本质,将人自身的存在理解为一个在对象性实践活动中现实地生成的过程。这一过程既是自然界向人的生成过程,同时也是人向自然的生成过程,正是在这一过程中人现实地创造着其生活世界。因而,对于马克思来说,所谓的世界,并不是在人之外、与人无关的纯粹的自然界,而是现实的人的生活世界。这个现实的人的生活世界就是在人的对象性实践活动中生成的。

首先,从自然的方面来说,作为人的活动的对象的自然界与人是同在的,人与自然处于原初的关联之中。马克思指出,自然界和人是通过自身存在的,对于二者的统一,不需要一个外在的证明。近代形而上学却一直在追问人和自然界的创造问题,或者是它们二者谁创造了谁的问题,也就是要在外面为人与自然的统一寻找根基。对此,马克思指出,"我只能对你作如下的回答:你的问题本身就是抽象的产物。……既然你提出自然界和人的创造问题,你也就把人和自然界抽象掉了。你设定它们是不存在的,你却希望我向你证明它们是存在的。那我就对你说:放弃你的抽象,你也就会放弃你的问题,或者,你想坚持自己的抽象,你就要贯彻到底,如果你设想人和自然界是不存在的,那么你就要设想你自己也是不存在的,因为你自己也是自然界和人。不要那样想,也不要那样向我提问,因为一旦你那样想,那样提问,你把自然界的和人的

---

① 《马克思恩格斯全集》第3卷,人民出版社2002年版,第302页。

存在抽象掉,这就没有任何意义了。"①

因而,所谓的自然界,就是人生活于其中、作为人的活动对象的自然界。脱离开人也就无所谓自然界。"作为自然界的自然界,这是说,就它还在感性上不同于它自身所隐藏的神秘的意义而言,与这些抽象概念分隔开来并与这些抽象概念不同的自然界,就是无,是证明自己为无的无,是无意义的,或者只具有应被扬弃的外在性的意义。"②而对自在自然的扬弃正是通过人的对象性实践活动完成的。

其次,从人的方面来说,人并不是超自然的存在,并不是纯精神性的,其生存的根基就深深地植根于自然界之中。从肉体的方面来看,人与自然界的其他生命个体一样,只有依靠自然提供的产品才能生活。在这个意义上,"自然界,就它自身不是人的身体而言,是人的无机的身体。人靠自然界生活。这就是说,自然界是人为了不致死亡而必须与之处于持续不断的交互作用过程的、人的身体。"③从精神方面来说,人与动物最大的不同就在于动物和自身的生命活动是直接同一的,而人则把自己的生命活动变成自己意志和意识的对象。人在自己的生命活动中,现实地生成一个意识的、精神的世界。"从理论领域来说,植物、动物、石头、空气、光等等,一方面作为自然科学的对象,一方面作为艺术的对象,都是人的意识的一部分,是人的精神的无机界,是人必须事先进行加工以便享用和消化的精神食粮"。④ 因此,人的生存就其整体来说,是自然界的一部分,是在自然界中的生活。正是在与自然的相互关联之中,人作为肉体的、有自然力的、有生命的、现实的、感性的、对象性的存在物才能得以生成。

但是,人之所以能够通过自身的活动在自然中现实地生成,其根本原因在

---

① 《马克思恩格斯全集》第 3 卷,人民出版社 2002 年版,第 310 页。
② 《马克思恩格斯全集》第 3 卷,人民出版社 2002 年版,第 336 页。
③ 《马克思恩格斯全集》第 3 卷,人民出版社 2002 年版,第 272 页。
④ 《马克思恩格斯全集》第 3 卷,人民出版社 2002 年版,第 272 页。

于人先行存在于自然界之中。对象之所以成为对象,取决于对象的性质以及与之相适应的人的本质力量的性质。人的每一种独特的本质,都有其借以实现的独特方式,也就是它的对象化的独特方式,它的对象性的、现实的、活生生的存在的独特方式。只有借助于对象的独特性,人的本质才能真正成为现实。或者说,如果不存在与人的独特的本质相适应的对象,人的这种本质也就不可能成为现实的、人的本质,只能是无。因此,"一方面,随着对象性的现实在社会中对人来说到处成为人的本质力量的现实,成为人的现实,因而成为人自己的本质力量的现实,一切对象对他来说也就成为他自身的对象化,成为确证和实现他的个性的对象,成为他的对象,这就是说,对象成为他自身。"①在这种意义上可以说,人先行存在于对象世界之中。正是在人的对象性的活动中,才扬弃了对象世界的外在性和给定性,使现实的自然界得以生成。

再次,人的对象性的活动并不是抽象的、孤独个体的活动,而是处于一定的社会关系中的人的、现实的活动,是在社会中的活动。只有在社会中,通过真正的人的关系,这种对象性的活动才表现为人的自我确证的过程。在对象性的活动中,每一个人都双重地肯定了自己和另一个人的存在。一方面,在生产活动中每一个人都使自己的个性和特点对象化了,并在其中享受到自己的个人的生命的表现,从而认识到自己的个性是对象性的、可以感性地直观的,因而是毫无疑问的权力而感受到个人乐趣。另一方面,在他人享受其产品时,生产者意识到的是自己的劳动满足了人的需要,从而使人的本质对象化,并创造了与另一个人的本质相符合的物品。也就是说,每一个人都是他人与类之间的媒介,是对他人人的本质的补充和不可分割的一部分。因此,"社会性质是整个运动的普遍性质;正像社会本身生产作为人的人一样,社会也是由人生产的。活动和享受,无论就其内容或就其存在方式来说,都是社会的活动和社会的享受。自然界的人的本质只有对社会的人来说才是存在的;因为只有在

---

① 《马克思恩格斯全集》第3卷,人民出版社2002年版,第304页。

社会中,自然界对人来说才是人与人联系的纽带,才是他为别人的存在和别人为他的存在,只有在社会中,自然界才是人自己的人的存在的基础,才是人的现实的生活要素。只有在社会中,人的自然的存在对他来说才是自己的人的存在,并且自然界对他来说才成为人。因此,社会是人同自然界的完成了的本质的统一,是自然界的真正复活,是人的实现了的自然主义和自然界的实现了的人道主义。"①

因此,人与自然是相互包含、相互设定的。正是在人的现实的活动中,人与自然才获得了其存在的现实性。所以马克思说,"当现实的、肉体的、站在坚实的呈圆形的地球上呼出和吸入一切自然力的人通过自己的外化把自己现实的、对象性的本质力量设定为异己的对象时,设定并不是主体;它是对象性的本质力量的主体性,因此这些本质力量的活动也必须是对象性的活动。对象性的存在物进行对象性活动,如果它的本质规定中不包含对象性的东西,它就不进行对象性活动。它所以只创造或设定对象,因为它是被对象设定的,因为它本来就是自然界。因此,并不是它在设定这一行动中从自己的'纯粹的活动'转而创造对象,而是它的对象性的产物仅仅证实了它的对象性活动,证实了它的活动是对象性的自然存在物的活动。"②因此,在这里并不存在人与自然的创造问题,而是二者的相互确证,并通过人的对象性活动现实地生成过程。

但是,人的生成并不是一次性完成的。人的对象性活动的意义是双重的,一方面是人的本质通过它而得以确证,另一方面则将人的内在本质外化为人的活动的对象。"一个有生命的、自然的、具备并赋有对象性的即物质的本质力量的存在物,既拥有它的本质的现实的、自然的对象,而它的自我外化又设定一个现实的、却以外在性的形式表现出来因而不属于它的本质的、极其强大

---

① 《马克思恩格斯全集》第3卷,人民出版社2002年版,第301页。
② 《马克思恩格斯全集》第3卷,人民出版社2002年版,第324页。

的对象世界,这是十分自然的。"①即对象性实践活动的结果同时也是作为对象而存在的。因此,人的本质的自我确证只能表现为一个永恒的自我超越的过程。但是,人作为自然的存在,其生命是有限的,在一个有限的生命之中,如何实现这永恒的过程呢? 尽管个人的生命是有限的,但人在有限生命活动中所创造的现实的世界却不会随着个体的死亡而消失的,正是这个现实的世界为人的自我超越活动奠定了基础,尽管它本身的存在也是应该被超越的。也就是说,每一代人的生存都必须以其先辈所创造的世界为前提,而其本身的自我确证却是对已知世界的超越过程。这样,人的本质的自我确证就表现为人类世代相传、有限的生命相续的无限过程。因此,人、人的世界的存在本身就是历史性的。换言之,现实的人的生活世界本身就是一个历史的世界,而历史就是现实的人的生活世界的生成过程。

正是基于对人之存在的历史性的深刻理解,使马克思最终超越了近代西方哲学开启了哲学的生成论转向,并将人与世界的存在阐释为人通过自身的对象性的实践活动现实地生成的过程。因而,"对社会主义的人来说,整个所谓世界历史不外是人通过人的劳动而诞生的过程,是自然界对人来说的生成过程,所以关于他通过自身而诞生、关于他的形成过程,他有直观的、无可辩驳的证明。因为人和自然界的实在性,即人对人来说作为自然界的存在以及自然界对人来说作为人的存在,已经成为实际的、可以通过感觉直观的,所以关于某种异己的存在物、关于凌驾于自然界和人之上的存在物的问题,即包含着对自然界的和人的非实在性的承认的问题,实际上已经成为不可能的了。"②这样,马克思也就阐明了现实的人类世界的本质,从而奠定了理解历史的基本原则,只有从现实的人及其实践活动分析出发,才能真正阐明人类的世界及其历史进程。在这个意义上,唯物史观的创立,不仅仅是以"历史"作为解释原则

---

① 《马克思恩格斯全集》第 3 卷,人民出版社 2002 年版,第 323 页。
② 《马克思恩格斯全集》第 3 卷,人民出版社 2002 年版,第 310—311 页。

完成了世界观的革命,同时也是以"唯物主义"为解释原则实现了历史观的革命。因为在马克思那里,世界观与历史观是统一的,是同一个东西。

因此,唯物史观的基本原则的确立是从现实的人及其活动的分析入手的。在《德意志意识形态》中马克思从现实的人及其实践活动出发阐明了唯物史观的基本原则。针对德国古典哲学及黑格尔的继承者的思辨唯心主义性质,马克思提出了构成人类历史的基本因素,即物质资料的生产、新的需要的形成和满足新的需要的生产,以及他人生命的生产,并且强调"不应该把社会活动的这三个方面看做是三个不同的阶段,而只应该看做是三个方面,或者,……,把它们看做是三个'因素'。从历史的最初时期起,从第一批人出现以来,这三个方面就同时存在着,而且现在也还在历史上起着作用。"①这三个因素的统一就构成了双重关系,即自然关系和社会关系——在现实的社会活动中就表现为生产和交往。只有通过对上述双重关系的分析才能真正阐明人类的历史。"由此可见,事情是这样的:以一定的方式进行生产活动的一定的个人,发生一定的社会关系和政治关系。经验的观察在任何情况下都应当根据经验来揭示社会结构和政治结构同生产的联系,而不应当带有任何神秘和思辨的色彩。社会结构和国家总是从一定的个人的生活过程中产生的。但是,这里所说的个人不是他们自己或别人想象中的那种个人,而是现实中的个人,也就是说,这些个人是从事活动的,进行物质生产的,因而是在一定的物质的、不受他们任意支配的界限、前提和条件下活动着的。"②

因此,对现实的人及其生成活动的分析,就应当成为理解马克思唯物史观的出发点。但是,对现实的人及其生成活动的分析,我们必须注意以下两个方面:其一,是马克思对近代西方形而上学的基本建制的超越,即不能把自然关系和社会关系及其在现实的社会活动中的表现——生产和交往视为两个不同的社会存在,而是要将其视为同一个社会存在的两个方面、两个因素,因而也

---

① 《马克思恩格斯选集》第1卷,人民出版社2012年版,第159—160页。
② 《马克思恩格斯选集》第1卷,人民出版社2012年版,第151页。

就不存在生产力与生产关系谁决定谁的问题,而是二者如何造成了现实的社会结构及其变革的可能性问题;其二,对生产力与生产关系的分析必须是历史性的,即必须将其纳入到人类历史的连续性进程之中去理解,才可能说明现实的资本主义生产关系是如何根源于人类现实的社会历史进程及如何才能消解其造成的现实的人的生存结构,从而在批判资产阶级政治经济学的过程中阐明未来人类社会的可能性。正是通过批判资产阶级政治经济学,马克思将政治经济学批判、一般形而上学批判和空想社会主义批判统一起来,从而使政治经济学批判超越了古典政治经济学,而成为一种社会历史批判。

四、政治经济学批判的社会历史批判性质

对于马克思政治经济学批判的性质,我们从不同的立场或视角切入也就会形成不同的理解。传统上更多的是根据恩格斯对马克思思想贡献的概括——唯物史观和剩余价值学说——将政治经济学批判视为揭示资本主义社会发展的规律和资本主义剥削的秘密;关注马克思思想当代价值的理解则从现代性批判出发,将政治经济学批判理解为一般形而上学批判与资本逻辑批判的统一;各门具体科学则更多是在知识论的意义上将马克思的政治经济学批判理解为"科学的"理论体系,最典型的表现就是经济学界将马克思的政治经济学批判理解为揭示当代资本主义经济运行规律的新的经济学体系——马克思的政治经济学。但是,考虑到马克思各个不同时期思想之间的内在关联,对政治经济学批判的性质就必须从其面对的根本问题入手予以说明。

马克思开展政治经济学研究,其目的绝对不是在知识论的意义上建构一个不同于资产阶级政治经济学的关于资本主义经济运行规律的科学的知识体系。因为在马克思看来,对资本主义现实的经济运行规律的描述,在经历了货币主义、重商主义、重农学派再到重工主义的历史发展之后,已经在大卫·李嘉图的政治经济学中最终完成了。"李嘉图的价值论是对现代经济生活的科

学解释;……李嘉图从一切经济关系中得出他的公式,并用来解释一切现象,甚至如地租、资本积累以及工资和利润的关系等那些骤然看来好象是和这个公式抵触的现象,从而证明他的公式的真实性;这就使他的理论成为科学的体系。"①也就是说,从描述现代资本主义社会的现实来说,"李嘉图已经科学地阐明了作为现代社会即资产阶级社会的理论"②。在这个意义上,我们不能对马克思的政治经济学批判作出知识论的阐释,即它绝不是关于资本主义社会的社会学,也不是关于如何增加社会财富的经济学,尽管在政治经济学批判之中马克思比政治经济学家更为准确地理解和把握了资本主义社会的现实和资本运行的规律。那么究竟应该如何理解马克思的政治经济学批判呢?

对于政治经济学批判的理解,我们必须注意到马克思在《〈黑格尔法哲学批判〉导言》中的一句话:"真理的彼岸世界消逝以后,历史的任务就是确立此岸世界的真理。人的自我异化的神圣形象被揭穿以后,揭露具有非神圣形象的自我异化,就成了为历史服务的哲学的迫切任务。"③也就是说,在完成对宗教的批判之后,马克思明确地意识到近代以来的整个西方哲学正是在批判宗教神学的过程中建构起来了,其最终的完成就是黑格尔哲学。近代以来的西方哲学的根本就是要批判宗教神学,以揭露人在神圣形象中的自我异化。但是,整个近代西方哲学,包括黑格尔哲学只是消解了人在神圣形象中的自我异化,而人在非神圣形象——现实的社会生活中的异化则未被其触及。因此,马克思将自己哲学的任务确定为"揭露人在非神圣形象中的自我异化"。而政治经济学恰恰是描述现实的社会生活的科学,因此,对现实的社会生活的批判就必须从政治经济学的批判入手。也正是通过对政治经济学的批判,马克思揭示了政治经济学的非批判性质,并在对政治经济学的批判分析之中阐明了现实的社会生活的历史性,从而为超越近代西方哲学并最终阐明人在"非神

---

① 《马克思恩格斯全集》第4卷,人民出版社1958年版,第93页。
② 《马克思恩格斯全集》第4卷,人民出版社1958年版,第89页。
③ 《马克思恩格斯选集》第1卷,人民出版社2012年版,第2页。

圣形象中的自我异化"奠定了基础。

如果说在《德法年鉴》时期马克思通过对黑格尔法哲学和国家哲学的批判而开启了政治经济学批判,那么对政治经济学的批判则使马克思批判黑格尔哲学,并最终超越近代西方形而上学建制得以实现。也正是在《德法年鉴》时期,马克思通过对政治解放局限性的分析,明确了其批判哲学的根本目标,即人的解放。因此,通过政治经济学批判提出的共产主义思想本身必然内蕴着对各种空想社会主义的批判。政治经济学批判本身就内在地包含着一般形而上学批判与空想社会主义批判。换言之,一般形而上学批判、政治经济学批判和空想社会主义批判三者是统一的,共同构成了马克思唯物史观,脱离三者任何一个,都无法真正理解马克思思想。

首先,政治经济学批判对现实的人的发现为马克思超越黑格尔哲学并最终完成对近代西方形而上学的批判奠定基础。

在《1844 年经济学哲学手稿》中马克思明确指出,人作为对象性的存在是通过对象性的实践活动现实地生成的,这一生成的过程既是人向自然的生成过程同时也是自然向人的生成过程,因而在人的对象性的实践活动之中现实在创造着人与自然的统一,现实地创造着人的生活世界。正是对现实的人及其存在的历史性的理解,成为马克思批判黑格尔哲学的基础。在马克思看来,"黑格尔的《现象学》及其最后成果——辩证法,作为推动原则和创造原则的否定性——的伟大之处首先在于,黑格尔把人的自我产生看作一个过程,把对象化看作非对象化,看作外化和这种外化的扬弃;可见,他抓住了劳动的本质,把对象性的人、现实的因而是真正的人理解为他自己的劳动的结果。"①但是,"黑格尔惟一知道并承认的劳动是抽象的精神的劳动。"②因此,"当他把财富、国家权力等等看成同人的本质相异化的本质时,这只是就它们的思想形式而言……它们是思想本质,因而只是纯粹的即抽象的哲学思维的异化。……

---

① 《马克思恩格斯全集》第 3 卷,人民出版社 2002 年版,第 319—320 页。
② 《马克思恩格斯全集》第 3 卷,人民出版社 2002 年版,第 320 页。

这些对象从中异化出来的并以现实性自居而与之对立的,恰恰是抽象的思维。哲学家——他本身是异化的人的抽象形象——把自己变成异化的世界的尺度。因此,全部外化历史和外化的全部消除,不过是抽象的、绝对的思维的生产史,即逻辑的思辨的思维的生产史。"①也就是说,黑格尔哲学不过是人的本质的异化的另一种形式和存在方式而已,不过是对人在非神圣形象中的人的自我异化的思辨的表达。也正因如此,马克思才指认黑格尔的思辨哲学坚守的只不过是国民经济学家的立场。因而对政治经济学的批判本身就包含着对黑格尔哲学以及以黑格尔哲学为代表的整个近代西方形而上学的批判。

其次,马克思对黑格尔哲学的批判是从真正的人与人的社会关系作为理论原则出发的,现实的人及其活动就构成了马克思唯物史观的真正出发点。

在早期的政治经济学批判中,马克思一方面批判政治经济学的非历史性特征,阐明了社会生产的历史性;另一方面在对劳动的分析中,阐明了生产活动对于社会生活和人类历史的基础性地位。在马克思看来,"人的本质是人的真正的社会联系,所以人在积极实现自己本质的过程中创造、生产人的社会联系、社会本质,而社会本质不是一种同单个人相对立的抽象的一般的力量,而是每一个单个人的本质,是他自己的活动,他自己的生活,他自己的享受,他自己的财富。"②因此,对社会或历史的研究,必须从现实的、活生生的,特殊的个人开始。从而将历史的研究转换到现实的人生存的历史尺度,而人的历史性存在是从物质生活资料的生产开始的。

因为人们为了能够"创造历史",必须能够生活。但是为了生活,首先就需要吃、喝、住、穿以及其他一些东西。因而生产也不是人应该具有的先验设定,而是从动物生存(肉体组织的生物内驱力所致)历史性地跨出这一步"开始生产"那一刻,人才历史地、具体地、现实地获得了这种新的、在历史性生存的质的规定性。因为"一当人开始生产自己的生活资料,即迈出由他们的肉

① 《马克思恩格斯全集》第 3 卷,人民出版社 2002 年版,第 318 页。
② 《马克思恩格斯全集》第 42 卷,人民出版社 1979 年版,第 24 页。

体组织所决定的这一步的时候,人本身就开始把自己和动物区别开来。人们生产自己的生活资料,同时间接地生产着自己的物质生活本身。人们用以生产自己的生活资料的方式,首先取决于他们已有的和需要再生产的生活资料本身的特性。……它是这些个人的一定的活动方式,是他们表现自己生命的一定方式、他们的一定的生活方式。个人怎样表现自己的生命,他们自己就是怎样。因此,他们是什么样的,这同他们的生产是一致的——既和他们生产什么一致,又和他们怎样生产一致。"①因而,对历史的研究必须从具体地分析人们的物质生活出发,只要描绘出这个能动的生活过程,也就是阐明了人类的历史。

如果说黑格尔哲学阐述的是思辨的历史,那么唯物史观则是对黑格尔思辨历史观的颠倒,是真实的、活生生的现实生活的历史。但是,如果仅止于对现实生活的描述,那么唯物史观就无法真正超越黑格尔哲学。使唯物史观超越黑格尔哲学的根本就在于马克思通过政治经济学批判而展开的空想社会主义批判,即以改变世界为根本目的的人的解放的学说的创立。换言之,正是通过批判空想社会主义而赋予了唯物史观以人的解放这一最终的价值目标,从而使唯物史观超越了黑格尔的历史哲学而成为人的解放的学说。

再次,马克思对空想社会主义的批判是以政治经济学批判为基础的,正是借助于政治经济学批判对资本主义本质的揭示,才实现了社会主义从空想到科学的发展。

空想社会主义就其实质而言,是看到了资本主义的一切罪恶现象而展开的对资本主义社会的批判。这些空想社会主义者"和启蒙学者一样,并不是想解放某一个阶级,而是想解放全人类。他们和启蒙学者一样,想建立理性和永恒正义的王国;但是他们的王国和启蒙学者的王国是有天壤之别的。按照这些启蒙学者的原则建立起来的资产阶级世界也是不合理性的和非正义的,

---

① 《马克思恩格斯选集》第 1 卷,人民出版社 2012 年版,第 147 页。

所以也应该像封建制度和一切更早的社会制度一样被抛到垃圾堆里去。……对所有这些人来说，社会主义是绝对真理、理性和正义的表现，只要它被发现了，它就能用自己的力量征服世界"。① 但是，由于他们不了解资本主义的本质，只是把社会主义当作一种与现存社会相对立的和给定的理想状态而加以设定，以消灭私有制和铲除人间不平等为核心来制定关于未来社会理想世界的详尽而周密的图景，并希望通过宣传、典型示范等手段，把它从外面强加于社会。因此"这种新的社会制度是一开始就注定要成为空想的，它越是制定得详尽周密，就越是要陷入纯粹的幻想。"②恩格斯指出，要想使社会主义从空想变成科学，关键的问题在于，"一方面应当说明资本主义生产方式的历史联系和它在一定历史时期存在的必然性，从而说明它灭亡的必然性，另一方面应当揭露这种生产方式的一直还隐蔽着的内在性质。"③这两方面的任务正是由马克思的政治经济学批判完成的。

正是通过政治经济学批判，马克思阐明了共产主义的本质。在《1844 年经济学哲学手稿》中马克思指出，共产主义作为对私有财产的积极扬弃，是通过人并且为了人而对人的本质的真正占有，是人向自身、向人的——社会的——人的复归，是人的本质的现实的生成过程。这种共产主义是从把人和自然界看作本质这种理论上和实践上的感性意识开始的。正是由于意识到了人和自然界的本质，人的现实的活动才能成为一种总体性的活动，才能在自由的创造性活动中促进人自身的现实的生成。"共产主义对我们来说不是应当确立的状况，不是现实应当与之相适应的理想。我们所称为共产主义的是那种消灭现存状况的现实的运动。"④共产主义其实质是人的本质得以全面发展和展现的过程，在其中，人的实践本性——自我超越、自我创造——得到了全

---

① 《马克思恩格斯选集》第 3 卷，人民出版社 2012 年版，第 393—394 页。
② 《马克思恩格斯选集》第 3 卷，人民出版社 2012 年版，第 781 页。
③ 《马克思恩格斯选集》第 3 卷，人民出版社 2012 年版，第 402 页。
④ 《马克思恩格斯选集》第 1 卷，人民出版社 2012 年版，第 166 页。

面的发挥。但人的存在并不是一成不变的，而是一个不断创生的过程。因此，共产主义所展现的并不是人之存在的一个终极的社会状态，而是一个永恒的生成过程。

因此，政治经济学批判绝不仅仅是马克思创立的科学的政治经济学，更是通过对资本主义政治经济学批判而展开的对现实的资本主义社会及其思想体系的全面的批判，其根本性质是一种社会历史批判。也正是通过政治经济学批判，马克思完成了对黑格尔的辩证法和整个哲学的批判和对空想社会主义的批判，从而使三者统一的起来。通过政治经济学批判，马克思完成了对唯物史观的进一步深化和发展。也正因如此，恩格斯称《资本论》为马克思的历史观。

五、唯物史观在政治经济学批判中的深化发展

如果说政治经济学批判就其实质而言是一种社会历史批判，那么它就不是马克思将唯物史观用于研究资本主义社会的结果，而是唯物史观的进一步深化和发展。换言之，正是在批判分析资产阶级政治经济学的过程中，马克思实现了对唯物史观的基本原则系统化，使之成为认识和理解人类历史的科学理论。

首先，通过对资产阶级政治经济学的深入分析，马克思明确了生产对于社会存在的基础性地位。如果说在《德意志意识形态》中马克思还仅仅是将物质资料的生产和人自身的生产视为同一个人的存在的"三个因素"或"三个方面"，那么在政治经济学批判中则将其明确为同一个人类生产活动的不同的环节，共同构成了现实的人类社会存在的基础。在《德意志意识形态》中，马克思和恩格斯指出，"德国哲学从天国降到人间；和它完全相反，这里我们是从人间升到天国。这就是说，我们不是从人们所说的、所设想的、所想象的东西出发，也不是从口头说的、思考出来的、设想出来的、想象出来的人出发，去

理解有血有肉的人。我们的出发点是从事实际活动的人,而且从他们的现实生活过程中还可以描绘出这一生活过程在意识形态上的反射和反响的发展。"①也就是说,现实的人及其活动,始终是马克思批判地分析历史的出发点。因此,在《〈政治经济学批判〉导言》的开篇马克思指出,"摆在面前的对象,首先是物质生产。在社会中进行生产的个人,——因而,这些个人的一定社会性质的生产,当然是出发点。"②但是,必须注意的是,马克思这里所说的生产,并不是指单纯的物质生产,而是总体性的、人的全面的生产。针对政治经济学家将生产、交换、分配和消费割裂开来的理解,马克思明确指出,生产就是消费,即是生产资料和生产工具的消费,同时也是人的精力和体力的消耗;消费同样是生产,即通过消费使人的精力、体力得到恢复,新的劳动力被再生产出来。这既是劳动者自身生命的生产,同时也包括他人生命的生产。更为重要的是,消费不但使生产最终得以完成,而且将生产作为观念再生产出来,即使新的需要作为观念再生产出来。而交换和流通不过是生产得以实现的不同的环节。因此,"我们得到的结论并不是说,生产、分配、交换、消费是同一的东西,而是说,它们构成一个总体的各个环节,一个统一体内部的差别。生产既支配着与其他要素相对而言的生产自身,也支配着其他要素。过程总是从生产重新开始。交换和消费不能是起支配作用的东西,这是不言而喻的。分配,作为产品的分配,也是这样。而作为生产要素的分配,它本身就是生产的一个要素。因此,一定的生产决定一定的消费、分配、交换和这些不同要素相互间的一定关系。当然,生产就其单方面形式来说也决定于其他要素。……最后,消费的需要决定着生产。不同要素之间存在着相互作用。每一个有机整体都是这样。"③因而,对于马克思来说生产不再是单纯的物质生产活动,而是整个社会的生产和再生产,在生产的过程中不仅仅生产出社会存

---

① 《马克思恩格斯选集》第 1 卷,人民出版社 2012 年版,第 152 页。
② 《马克思恩格斯选集》第 2 卷,人民出版社 2012 年版,第 683 页。
③ 《马克思恩格斯选集》第 2 卷,人民出版社 2012 年版,第 699 页。

在所需要的物质财富,而且生产出人的全部能力和社会关系,从而使整个社会再生产出来。因此,这种总体性的生产就不仅仅是现实的人类社会存在的基础,而且构成推动社会发展根本动力。资产阶级政治经济学家囿于资本逻辑的限制,将生产仅仅理解为物质财富的生产,割裂了生产、分配、交换和消费之间的关系,从而陷入物的绝对的统治。

其次,通过对资本主义社会形成过程的历史性分析,阐明了人类社会特别是西欧社会的历史进程,实现了人类历史发展的"三形态"理论与"五形态"理论的统一。在《德意志意识形态》中,马克思一方面根据分工发展的不同阶段将人类社会的发展划分为部落所有制、古代公社所有制和国家所有制、封建的或等级的所有制等几种社会形态;另一方面又以"自然产生的生产工具"和"文明创造的生产工具"的不同区分了前资本主义社会和资本主义社会两种人的不同的生存状态。① 而在政治经济学批判中,马克思则进一步明确了这一思想,全面地阐释了两种不同的划分方式之间的相互关系。

在政治经济学批判中,马克思一方面根据生产过程中人的相互关系区分了人的依赖状态、物的依赖状态下人的独立性和人的自由自觉存在三种人的不同的生存状态,从而进一步发展了《德意志意识形态》中由生产工具的不同而形成的人的不同的生存状态的观点。另一方面,马克思通过对生产过程中人的关系及其变化的分析,在阐明了原始的、亚细亚的、古代的和日耳曼的几种社会形态的区别的同时指出,"在所有这些形式中,都存在着以下的特点:(1)对劳动的自然条件的占有,即对土地这种最初的劳动工具、实验场和原料贮藏所的占有,不是通过劳动进行的,而是劳动的前提……劳动的主要客观条件本身并不是劳动的产物,而是已经存在的自然。一方面,是活的个人,另一方面,是作为个人再生产的客观条件的土地。(2)但是,这种把土地,把大地当做劳动的个人的财产来看待的关系……直接要以个人作为某一公社成员的

---

① 参见隽鸿飞:《〈德意志意识形态〉中的社会形态理论》,载《学习与探索》2012年第4期。

自然形成的、或多或少历史地发展了的和变化了的存在,要以他作为部落等等成员的自然形成的存在为中介。"①因此,人与人之间的关系以及人与物之间的关系是建立在共同体基础之上的,是以共同体之下的劳动为基础的那种所有制的必然和当然的结果。在这里并没有出现劳动者与其生存的无机条件的分离,只是社会的一部分被社会的另一部分简单地当作自身再生产的无机自然条件来对待。而劳动本身,无论采取的是奴隶的形态,还是农奴的形态,都是作为生产的无机条件与其他自然物同属一类的,都是土地的附属物。奴隶制和农奴制在这里既不破坏劳动的条件,也不改变本质的关系,而是以共同体为基础的和以共同体下的劳动为基础的那种所有制的必然的和当然的结果。因而他们共同构成了人的依赖关系为基础的"最初的社会形态"。相对于上述社会形态而言,资本主义的出现则意味着一个本质的变化。

这种变化表现在生产的目的及人在生产中的地位问题上。在前资本主义社会,生产的目的是生产使用价值,在其中人既是目的也是手段。"财产最初(在它的亚细亚的、斯拉夫的、古代的、日耳曼的形式中)意味着,劳动的(进行生产的)主体(或再生产自身的主体)把自己的生产或再生产的条件看做是自己的东西这样一种关系。因此,它也将依照这种生产的条件而具有种种不同的形式。生产本身的目的是在生产者的这些客观存在条件中并连同这些客观存在条件一起把生产者再生产出来。"②因此这种生产是全面的,既是社会的生产,同时也是人自身的再生产。但在资本主义社会,"这种劳动的目的和它的存在已经不同了。产品是作为价值,作为交换价值,作为等价物来生产的,不再是为了它同生产者直接的个人关系而生产的。"③也就是说,在资本主义社会,生产的目的是生产交换价值,人沦为单纯的手段,而物的交换价值则变成了目的。因此,马克思说:"根据古代的观点,人,不管是处在怎样狭隘的民

① 《马克思恩格斯选集》第2卷,人民出版社2012年版,第736页。
② 《马克思恩格斯选集》第2卷,人民出版社2012年版,第748页。
③ 《马克思恩格斯全集》第42卷,人民出版社1979年版,第28页。

族的、宗教的、政治的规定上,总是表现为生产的目的,在现代世界,生产表现为人的目的,而财富则表现为生产的目的。"①正是在这个意义上,马克思将资本主义社会称为"物的依赖状态下人的独立存在"。这也正是马克思所指认的"人在非神圣形象中的自我异化"的存在状态。因而,对这种状态下社会存在的基本矛盾及其运行规律的揭示,就成为推翻资本主义的统治、变革现实的人的生存结构,实现共产主义最有力的武器。也正是通过政治经济学批判中对资本主义经济事实的分析,对资本主义经济运行规律和剩余价值规律的揭示,使社会主义实现了从空想到科学的发展。

再次,通过对资本主义政治经济学的批判性分析,进一步深化了唯物史观的基本方法——辩证法。只是政治经济学批判中的辩证法并不是黑格尔的概念的逻辑,而是在对现实的人及其活动的历史性分析之中揭示出来的人类实践活动的历史的逻辑。列宁指出,"马克思得出他的结论的方法,……,就是'对有关事实的细心研究'。"②而所谓"对有关事实的细心研究"就是具体地去分析分析每一个时代人们的现实的生活过程,特别是在生产中人与人的相互关系及其与生产资料之间的关系,从而阐明调节这个社会产生、存在、发展和死亡,以及这一有机体由另一更高有机体来代替的特殊规律。这就是《资本论》的辩证方法。因此,马克思说:"我的辩证方法,从根本上来说,不仅和黑格尔的辩证方法不同,而且和它截然相反。在黑格尔看来,思维过程,即甚至被他在观念这一名称下转化为独立主体的思维过程,是现实事物的创造主,而现实事物只是思维过程的外部表现。我的看法则相反,观念的东西不外是移入人的头脑并在人的头脑中改造过的物质的东西而已"。③ 也就是说,黑格尔所谓的"思维的过程",不过是在经验地分析历史的事实基础之上所形成观念结构。但是,由于黑格尔仅仅把劳动理解为精神活动,仅仅是以概念的逻辑

① 《马克思恩格斯选集》第2卷,人民出版社2012年版,第739页。
② 《列宁选集》第1卷,人民出版社2012年版,第5页。
③ 《马克思恩格斯文集》第5卷,人民出版社2009年版,第22页。

来把握历史。也正在这个意义上马克思称黑格尔哲学是德国历史在观念上的继续。

与黑格尔不同,马克思在整个政治经济学批判之中始终贯彻了历史与逻辑相统一的原则。在马克思看来,"在形式上,叙述方法必须与研究方法不同。研究必须充分地占有材料,分析它的各种发展形式,探寻这些形式的内在联系。只有这项工作完成以后,现实的运动才能适当地叙述出来。这点一旦做到,材料的生命一旦在观念上反映出来,呈现在我们面前的就好像是一个先验的结构了。"①这个"先验的结构"就是列宁所说的《资本论》的"逻辑学"。这个"大写的逻辑"尽管形式似乎是先验的,但其实质是历史的。因为"哪怕是最抽象的范畴,虽然正是由于它们的抽象而适用于一切时代,但是就这个抽象的规定性本身来说,同样是历史条件的产物,而且只有对于这些条件并在这些条件之内才具有充分的适用性。"②也就是说,构成这一逻辑结构的每一个概念本身都是历史的,只有在历史的进程之中才能展现出其全部的意义和内涵。因而,当把逻辑结构中每一个概念的历史进程展开之后,《资本论》的逻辑所展现出来的就不仅仅是资本主义社会现实的经济结构,而是在历史与逻辑相统一基础上对资本主义社会形成和发展的全部的历史过程深刻的理解和把握。

---

① 《马克思恩格斯文集》第5卷,人民出版社2009年版,第21—22页。
② 《马克思恩格斯选集》第2卷,人民出版社2012年版,第705页。

参考文献

1.《马克思恩格斯文集》第 1—10 卷,人民出版社 2009 年版。

2.《马克思恩格斯选集》第 1—4 卷,人民出版社 2012 年版。

3.《马克思恩格斯全集》第 1 卷,人民出版社 1956 年版。

4.《马克思恩格斯全集》第 2 卷,人民出版社 1957 年版。

5.《马克思恩格斯全集》第 3 卷,人民出版社 2002 年版。

6.《马克思恩格斯全集》第 4 卷,人民出版社 1958 年版。

7.《马克思恩格斯全集》第 19 卷,人民出版社 1963 年版。

8.《马克思恩格斯全集》第 25 卷,人民出版社 2001 年版。

9.《马克思恩格斯全集》第 37 卷,人民出版社 1971 年版。

10.《马克思恩格斯全集》第 40 卷,人民出版社 1982 年版。

11.《马克思恩格斯全集》第 42 卷,人民出版社 1979 年版。

12.《马克思恩格斯全集》第 46 卷上册,人民出版社 1979 年版。

13.《列宁选集》第 1—4 卷,人民出版社 2012 年版。

14.《列宁全集》第 19 卷,人民出版社 2017 年版。

15.《列宁全集》第 23 卷,人民出版社 2017 年版。

16. 黑格尔:《哲学史讲演录》第 4 卷,贺麟、王太庆译,商务印书馆 1978 年版。

17. 黑格尔:《精神现象学》(上、下),贺麟、王玖兴译,商务印书馆 1979 年版。

18. 黑格尔:《历史哲学》,王造时译,上海书店出版社 2006 年版。

19. 黑格尔:《法哲学原理》,范扬、张企泰译,商务印书馆 1982 年版。

20. 费尔巴哈:《费尔巴哈哲学史著作选》第 1 卷,涂纪亮译,商务印书馆 1978 年版。

21. 费尔巴哈:《费尔巴哈哲学史著作选》(第 2 卷),涂纪亮译,商务印书馆 1979 年版。

22. 卢卡奇:《青年黑格尔》,王玖兴译,商务印书馆 1963 年版。

23. 卢卡齐:《历史和阶级意识》,杜章智等译,商务印书馆 1992 年版。

24. 施密特:《历史和结构》,张伟译,重庆出版社 1993 年版。

25. 柯亨:《卡尔·马克思的历史理论———一个辩护》,段忠桥译,高等教育出版社 2008 年版。

26. 威廉姆·肖:《马克思的历史理论》,阮仁慧等译,重庆出版社 1989 年版。

27. 戴维·麦克莱伦:《青年黑格尔派与马克思》,夏威仪、陈启伟、金海民译,商务印书馆 1982 年版。

28. 费尔南多·布罗代尔:《资本主义论丛》,顾良、张慧君译,中央编译出版社 1997 年版。

29. 爱弥尔·涂尔干、马塞尔·莫斯:《原始分类》,汲喆译,上海人民出版社 2000 年版。

30. 高清海:《哲学与主体自我意识》,吉林大学出版社 1988 年版。

31. 张奎良:《马克思的哲学历程》,上海人民出版社 1993 年版。

32. 吴晓明:《马克思早期思想的逻辑发展》,云南人民出版社 1993 年版。

33. 吴晓明:《形而上学的没落———马克思与费尔巴哈的当代解读》,人民出版社 2005 年版。

34. 张一兵:《回到马克思》,江苏人民出版社 1999 年版。

35. 张一兵主编:《资本主义理解史》(第 1-5 卷),江苏人民出版社 2009 年版。吴晓明:《当代哲学的生存论路向》,载《哲学研究》2001 年第 12 期。

36. 吴晓明:《内在性之瓦解与马克思哲学的当代境遇———一个批判性的对话》,载《江苏社会科学》2002 年第 2 期。

37. 吴晓明:《马克思的哲学革命与全部形而上学的终结》,载《江苏社会科学》2000 年第 6 期。

38. 孙正聿:《现实的历史:〈资本论〉的存在论》,载《中国社会科学》2010 年第 2 期。

39. 孙正聿:《历史的唯物主义与马克思主义的新世界观》,载《哲学研究》2007 年第 3 期。

40. 孙正聿:《历史唯物主义与马克思主义的新世界观》,载《哲学研究》2007 年第 3 期。

41. 孙正聿:《历史唯物主义的真实意义》,载《哲学研究》2007 年第 9 期。

42. 孙正聿:《怎样理解作为世界观理论的哲学?》,载《哲学研究》2001 年第 1 期。

43. 俞吾金：《重新认识马克思的哲学与黑格尔哲学的关系》,载《哲学研究》1995年第 3 期。

44. 聂锦芳：《重新研究〈资本论〉:基本原则与基础文献》,载《云南大学学报》(社会科学版)第 6 期。

45. 韩立新：《〈巴黎手稿〉的文献学研究及其意义》,载《马克思主义与现实》2007年第 1 期。

46. 齐效玫：《马克思〈关于费尔巴哈提纲〉中"总和"概念的辨析》,载《南京政治学院学报》2015 年第 3 期。

后　记

作为社会历史批判的政治经济学批判理论来源于我们对唯物史观的生成论阐释。正是在重新理解和阐释唯物史观的过程中我们开始关注政治经济学批判在马克思思想中的地位及其与唯物史观的关系。对这一理论的研究断断续续进行了有十年之久，终于在知天命之年基本完成了对这一理论的阐释，也算是对自己二十余年的学术研究做了总结。回顾自己的学术研究的历程，首先要感谢我们的博士导师，是他引导我们走上了学术研究的道路；感谢他使我们从传统的教科书体系之中解放出来，使我们真正开始从马克思的思想文本出发去重新理解和阐释马克思的思想。同时，也要特别感谢我们的博士后导师吴晓明先生和孙正聿先生，本书许多的思想都得益于他们的授课、讲座给我们的启示，这种影响是那么的大，以至于在多年之后阅读他们的论文、著作之时，依然拥有聆听他们授课时一样的感受。当然也要感谢丁立群先生，他在各个方面给予我们的关心、支持和帮助，使我们能够坚守着学术之路。

尽管书中对作为社会历史批判的政治经济学批判的阐释还不完善，还有许多不足，但这毕竟是我们"多年诚实研究的结果"，是在对马克思、恩格斯思想文本研究中获得的，其存在问题的解决，也只有通过深入到马克思、恩格斯思想文本的研究中才是可能的。

责任编辑:杜文丽
封面设计:江　莹

图书在版编目(CIP)数据

作为社会历史批判的政治经济学批判/隽鸿飞,郭艳君 著. —北京:
　人民出版社,2024.9
ISBN 978-7-01-024325-2

Ⅰ.①作…　Ⅱ.①隽…②郭…　Ⅲ.①马克思主义政治经济学-研究
　Ⅳ.①F0-0

中国版本图书馆 CIP 数据核字(2021)第 256413 号

作为社会历史批判的政治经济学批判

ZUOWEI SHEHUI LISHI PIPAN DE ZHENGZHI JINGJIXUE PIPAN

隽鸿飞　郭艳君　著

人民出版社 出版发行
(100706　北京市东城区隆福寺街 99 号)

北京九州迅驰传媒文化有限公司印刷　新华书店经销

2024 年 9 月第 1 版　2024 年 9 月北京第 1 次印刷
开本:710 毫米×1000 毫米 1/16　印张:17.25
字数:265 千字

ISBN 978-7-01-024325-2　定价:82.00 元

邮购地址 100706　北京市东城区隆福寺街 99 号
人民东方图书销售中心　电话 (010)65250042　65289539